コーパス分析に基づく認知言語学的構文研究

ひつじ研究叢書〈言語編〉

【第76巻】格助詞「ガ」の通時的研究　　　　　　　　　山田昌裕 著
【第77巻】日本語指示詞の歴史的研究　　　　　　　　　岡﨑友子 著
【第78巻】日本語連体修飾節構造の研究　　　　　　　　大島資生 著
【第79巻】メンタルスペース理論による日仏英時制研究　井元秀剛 著
【第80巻】結果構文のタイポロジー　　　　　　　　　　小野尚之 編
【第81巻】疑問文と「ダ」－統語・音・意味と談話の関係を見据えて　森川正博 著
【第82巻】意志表現を中心とした日本語モダリティの通時的研究
　　　　　　　　　　　　　　　　　　　　　　　　　　土岐留美江 著
【第83巻】英語研究の次世代に向けて－秋元実治教授定年退職記念論文集
　　　吉波弘・中澤和夫・武内信一・外池滋生・川端朋広・野村忠央・山本史歩子 編
【第84巻】接尾辞「げ」と助動詞「そうだ」の通時的研究　漆谷広樹 著
【第85巻】複合辞からみた日本語文法の研究　　　　　　田中寛 著
【第86巻】現代日本語における外来語の量的推移に関する研究　橋本和佳 著
【第87巻】中古語過去・完了表現の研究　　　　　　　　井島正博 著
【第88巻】法コンテキストの言語理論　　　　　　　　　堀田秀吾 著
【第89巻】日本語形態の諸問題
　　　　　－鈴木泰教授東京大学退職記念論文集　須田淳一・新居田純野 編
【第90巻】語形成から見た日本語文法史　　　　　　　　青木博史 著
【第91巻】コーパス分析に基づく認知言語学的構文研究　李在鎬 著
【第92巻】バントゥ諸語分岐史の研究　　　　　　　　　湯川恭敏 著
【第93巻】現代日本語における進行中の変化の研究
　　　　　－「誤用」「気づかない変化」を中心に　　　新野直哉 著

ひつじ研究叢書〈言語編〉第91巻

コーパス分析に基づく
認知言語学的構文研究

李 在鎬 著

ひつじ書房

まえがき

　本書の背景には、二つの出会いがあった。一つ目は、認知言語学との出会い、二つ目は言語処理研究との出会いである。95年、夏のある日、神田のとある書店でたまたま見つけた一冊の本で、私は認知言語学に出会った。山梨正明先生の『認知文法論』（1995、ひつじ書房）である。ちょうど学部3年生の時のことであった。もともと研究書を読むのは嫌いではなかったので、時々神田の古本町で日本語学関連の文献を買っていた。また、大学では、文法論のゼミに所属していたこともあり、文法関連のネタで卒論を書くつもりでいた。そんな私にとっては、『認知文法論』は、タイトルからしてとても斬新なものであった。認知って何だろう、メタファーって何だろう、メトニミー、イメージスキーマ、文法化、カテゴリー化、プロトタイプ、意味ネットワーク等など、すべての用語が未知でありながらも、好奇心を刺激するものであった。個々の分析内容について、当時の私がどこまで理解していたかは定かではないが、「認知格」モデルに強く感銘を受けた。格助詞における意味役割が発話者の視点によって揺らぎうるという分析や、意味役割の解釈は本質的に連続的だという分析に出会えたことは、まさしく目からウロコが落ちるような体験であった。その影響もあって、「ヲ格のプロトタイプ効果」というタイトルの卒業論文を書き、その後、迷うことなく山梨正明先生の元で勉強することを決め、2000年から京都での研究生活が始まった。

　大学院時代は、毎週木曜日のゼミで1時半から6時すぎまで2名の発表者が自らの研究テーマについて熱く語り、参加者たちは所属や身分に関係なく激しく主張をぶつけ合っていた。緊張感漂う研究会で、最先端の認知言語

学の手ほどきを受ける日々であった。そして修士課程の時には、格助詞から構文研究へと視点をシフトさせ、動詞中心の文法研究から脱却し、構文中心の文法研究を目指し、研究を進めてきた。この姿勢は、本書においても貫かれており、今現在も正しい方向であると信じている。

　そして、博士課程の時には、誰かに薦められたわけでもなければ、教えてくれる人がいたわけでもなかったが、コーパスを使った研究や統計処理に基づく言語研究の魅力にとりつかれていた。その理由としては、次のことが関係している。認知言語学が得意とする意味の研究は、多くの場合、分析者の内省や言語直感に依拠して行われる。この手法自体を否定するつもりはないが、手法として汎用性・一般性という面からはいささか限界があるように思う。こうした問題意識から、コーパスと統計処理に基づく言語研究の方法を認知言語学の研究に取り入れることを目指し、研究を進めていた。そして、博士課程の3年目が終わり、あるきっかけで、京阪奈にある独立行政法人情報通信研究機構で研究員として勤務する機会をもらった。そこで、二つ目の出会いとなる言語処理研究を知ることになった。

　情報通信研究機構では、自然言語グループに所属し、意味タグ付きコーパスを作るというプロジェクトに参加することになった。そして、必然的に工学的な方法で自然言語を処理する人たちと交流する機会も増えっていった。彼らとの交流を通じて、色々なことを学んだ。特に、研究に対する柔軟さや常に新規性を追求する姿勢にたくさんの刺激を受けた。というのは、工学系の研究者の多くは、異分野を横断しながら研究を進めていて、ついこの前まで画像処理の研究をやっていた人がいつの間にか機械翻訳の研究をやったりするのである。あるいは、日英翻訳で使っていた方法をそっくり日中翻訳に応用するといったことが普通になされており、様々な形でブレイクスルーを求めながら研究を楽しんでいた。4年間の在籍期間中、彼らから学んだことが一つ。それは研究の方法論に対して常に精緻化をしていくことが、自らの研究を継続させ、ひいては自らの研究分野全体の活性化にとっても、重要だということを学んだ。工学系の研究者は、「何を明らかにしたか」よりも「どうやってそれを明らかにしたか」の部分に常に関心を払いながら、研究

を行っていた。そのため、いわゆる発見の手続きたるものが非常に明快であり、かつ発見の結果に対する評価の方法も明快である。こうした明快さ故、他の研究との比較や異分野への応用も容易であることが分かった。部分的ではあるが、本書においても、彼らから学んだものは反映されており、問題点の正確な定義と問題を解決するための方法論をできる限り、具体的に提示している。

　こうした背景を踏まえ、次に、本書の目的および位置づけについて述べたい。本書は、第一に認知言語学的視点に基づく日本語の構文研究、第二にコーパス分析に基づく実証的構文研究を目指している。第一の認知言語学的視点に基づく日本語の構文研究において、二つの方向性を提示している。一つ目に、従来の動詞中心主義による構文研究の問題点を指摘した上で、名詞の特徴を取り入れた文法研究・構文研究の方向性を示し、二つ目に、抽象的な規則の記述説明ではなく、表現の構造に対する具体的かつ実質的な記述説明としての文法研究・構文研究の方向性を示している。これらの方向性を実践すべく、「XがYにVする」パターンにみられる様々な構文現象について、表現タイプ単位で詳細な分析を試みた。そして、名詞の意味的特徴に基づく構文研究の必要性・妥当性を実証すべく、名詞の意味的特徴から構文の意味がどこまで捉えられるかを実験的に調査した。

　第二のコーパス分析に基づく実証的構文研究においては、具体的な調査の手順や方法論を提示している。コーパス分析に基づく日本語研究は、まだまだ歴史が浅いため、研究の方法論に関しても試行錯誤の状態にあると言える。また、多くの言語研究者にとって「コーパス＝用例収集の方法」ということでしか理解されておらず、分析内容についても拾った用例を「数えているだけ」の研究として過少評価されることも少なくないように思う。この点において、コーパス分析が持つ潜在的な可能性については、必ずしも十分に認知されていないように思う。そこで、本書ではコーパスから収集した用例に対して、分析者が意味づけをした後、統計的手法で分布実態を可視化していく方法を提案している。この方法は、実証性と汎用性を兼ね備えた分析方法であり、コーパス分析の新たな可能性を確認することができるであろう。

本書の執筆においては、様々な方からご指導および励ましをいただいた。まず、指導教官の山梨正明先生には、言葉を研究することの面白さや難しさばかりでなく、研究を楽しむ心の大切さや科学者としての物の見方を教えてもらった。そのおかげがあって、今現在も研究者としての道を歩むことができたように思う。また、論文の執筆過程においては、鋭く問題点を指摘いただきながらもたくさんの激励をいただいた。本書の完成は、山梨先生の熱意と忍耐と激励の賜物である。

　次に、博士論文の副査であった服部文昭先生と大木充先生には専門的見地からのご指導をいただき、論文全体の完成度をより高めることができた。学部ゼミの時から暖かく見守ってくださった今泉喜一先生（杏林大学）には、伝統的な日本語学の観点から研究全体に対する問題点などを指摘していただいた。中本敬子先生（文教大学）には統計的分析について様々な助言や実験心理学的の知見から貴重なコメントをいただいた。井佐原均先生（豊橋技術科学大学）には、2005年から2009年までの4年間、独立行政法人情報通信研究機構自然言語グループで研究する機会を与えていただき、コーパスをはじめとする言語資源に対する理解を深めることができた。そして、自然言語グループに所属していた当時、黒田航さん、野澤元さん、村田真樹さん、内元清貴さんなど多くの研究員と交流することで、工学的な言語処理の方法論に触れることができた。それにより、クラスタ分析や決定木分析といった手法についても理解を深め、本書における分析の基本軸を定めることができた。

　次に、データ整理や評定実験においては、以下の方々に協力してもらった。山嵜章裕さん、横森大輔さん、澤田淳さん、奥田芳和さん、高嶋由布子さん、土屋智行さん、中谷求仁さん、太田ふみ野さんに大変お世話になった。彼らの協力なしでは実験的手法の導入は不可能だった。また、本書の校正において、永田由香さん、大谷直輝さん、中村愛さんに協力をいただいた。出版を薦めてくださったひつじ書房の松本功さんと森脇尊志さん、編集作業を担当してくださった細間理美さんには大変お世話になった。以上の方々に心よりお礼を申し上げたい。

　本書のデータおよび元となる考察の多くは、次の研究助成による成果であ

る。(財)博報堂「ことばと文化」の研究助成グループ研究「定量的手法に基づく日本語の記述的研究：教育的応用の観点」（研究代表：李在鎬、課題番号：06-B-0039）、科学研究費補助金「コーパス分析に基づく認知言語学的構文研究と日本語教育文法への応用」（研究代表：李在鎬、課題番号：19720111）、特定領域研究「日本語コーパス　リーダービリティ班」（研究代表：柴崎秀子、課題番号：19011003）から研究支援をいただいた。

　最後に、研究と生活のあらゆる面において励まし支えてくれた妻と二人の息子に感謝したい。特にネイティブチェックを口実に、ほとんどすべての原稿を読まされながらも、応援し続けてくれた妻には、心から感謝したい。

　そして、10年近い日本での学業を支えてくれた、今は亡き母に、本書を捧げる。

東京　四谷
2011年2月1日

李在鎬

　本書は、2008年に京都大学人間・環境学研究科に提出した博士論文に若干の修正を加えたものである。本書の出版には、独立行政法人日本学術振興会平成22年度科学研究費補助金(研究成果促進費、課題番号225076)の助成を得ている。

目　次

まえがき　　v

第 1 章　序論　　1

1.1　はじめに―構文研究が使用基盤であるべき理由　　1
1.2　本研究の射程―言語現象面　　4
1.3　本研究の射程―方法論面　　7
1.4　本研究の構成　　11

第 2 章　理論的背景　　15

2.1　文法現象に対する認知言語学的アプローチ　　15
2.2　認知文法　　18
　　2.2.1　シンボリックビューとしての文法　　18
　　2.2.2　事態認知の反映としての文法　　20
　　2.2.3　文法理論としての特徴　　21
　　2.2.4　使用基盤モデル　　22
2.3　構文文法　　34
　　2.3.1　構文文法の成立　　34
　　2.3.2　構文文法の特徴　　35
　　2.3.3　主要分析モデル　　44
　　2.3.4　日本語学における構文研究との関連性　　48
2.4　まとめ　　49

第3章 本研究の分析モデル─関連モデルの統合へ向けて　53

- 3.1 本研究の分析モデルの概要　53
- 3.2 本研究における構文の位置づけ　55
  - 3.2.1 構文を定義する二つのキーワード　55
  - 3.2.2 二つの構文(対立する文法観・言語観)　58
  - 3.2.3 本研究の構文観　61
- 3.3 観察記述の基盤　63
- 3.4 まとめ　65

第4章 統語形式の振舞いに関する一般的問題　67

- 4.1 問題の所在　67
- 4.2 現象観察　74
  - 4.2.1 データと調査方法　75
  - 4.2.2 対面表現　77
  - 4.2.3 移動表現　85
  - 4.2.4 変化表現　92
- 4.3 まとめ　97

第5章 統語形式の振舞いに関する実験的分析　101

- 5.1 問題の所在　101
- 5.2 実験の方法　103
  - 5.2.1 評定:データの特徴づけ　103
  - 5.2.2 解析:多変量解析　104
- 5.3 結果　105
  - 5.3.1 主成分分析の結果　105
  - 5.3.2 クラスタ分析の結果　110
- 5.4 まとめ　116

第6章　先行研究と問題提起　　117

- 6.1　先行研究と記述的問題　　117
- 6.2　語彙主義による分析　　118
  - 6.2.1　語彙主義の基本的主張　　118
  - 6.2.2　語彙主義による具体的な分析　　120
  - 6.2.3　語彙主義による問題点　　124
- 6.3　文法構文による分析　　136
  - 6.3.1　文法構文による分析の基本的主張　　136
  - 6.3.2　文法構文による分析の問題点　　140
- 6.4　問題提起　　143
- 6.5　まとめ　　147

第7章　使用基盤・実験基盤としての構文分析　　151

- 7.1　実験の目的と概要　　151
- 7.2　データと解析方法　　154
  - 7.2.1　使用データ　　154
  - 7.2.2　文意の評定について　　155
  - 7.2.3　コーディングについて　　161
  - 7.2.4　解析方法：判別分析と決定木　　162
- 7.3　結果　　164
  - 7.3.1　実験1の結果(高一致の対面、移動、変化グループ)　　164
  - 7.3.2　実験2の結果(高一致の存在、知覚、様態グループ)　　169
  - 7.3.3　実験3の結果(低一致の対面、移動、変化グループ)　　173
  - 7.3.4　実験4の結果(低一致の存在、知覚、様態グループ)　　175
  - 7.3.5　実験のまとめ　　179
- 7.4　考察　　183
  - 7.4.1　文意と動詞の問題　　184
  - 7.4.2　文意の方向性　　188

	7.4.3　用法とスキーマのネットワークから捉えた構文	190
7.5	まとめ	193

第8章　具体的構文の定義　195

8.1	理論化に向けての問題提起	195
8.2	非線形的現象としての文の意味	196
8.3	名詞の意味的特徴を構文の定義に含める問題	198
	8.3.1　予想される問題点	199
	8.3.2　形式から表現パターンへ、意味から認知事態へ	199
8.4	構文文法への見直し―身体性への回帰	201
8.5	関連分野の知見との統合	203
8.6	使用基盤の構文研究の一般的展望	205
8.7	まとめ	208

第9章　結語　209

9.1	本研究の意義	209
9.2	今後に向けて―残された課題	209

Appendices	213
参考文献	233
言語資源とコーパスツール	244
索引	245

第 1 章　序論

本章では、本研究の問題意識の原点を示すと同時に、研究の最終的なゴールや意義について述べる。また、全体の考察で扱う言語現象と方法論について概略的に示した後、考察の具体的な流れや論点についても述べる。

1.1　はじめに—構文研究が使用基盤であるべき理由

本研究は、認知言語学的構文研究の観点から日本語の構文分析を行う。主として文単位の言語現象を扱い、使用の「動機づけ(motivation)」の問題を中心に考察する。理論的視点としては、「認知文法」および「使用基盤モデル」(Usage-based Model; Langacker1999、「用法基盤モデル」または「使用依拠モデル」とも言う)の観点から記述説明を試みる。

本論に先駆け、構文研究が使用基盤であるべき必要性について簡単に述べる。構文研究が使用基盤であるべきと考える最大の理由は次のようにまとめられる。それは、構文現象の記述は、理論化のための一般化・抽象化ではなく、日本語の具体的な「使用(Usage)」に対する記述でなければならないということである。これは一見当然のことを述べているだけのようにも見えるが、果たして本当にそうであろうか。

筆者が認識する限りにおいて、これまでの言語の科学的研究プログラムにおいて上述の問題は重視されてこなかった。というのは、20世紀の理論言語学を代表する、ソシュール(F. Saussure)の言語理論にしろ、チョムスキー(N. Chomsky)の言語理論にしろ、用語の相違こそあるものの、言語の構造

態的特徴と使用態的特徴をモジュール的に捉えており、言語研究の本質的対象は前者であると位置づけてきた。こうした態度は、理論言語学(特に構文研究に関して)の典型的な分析手法の一つとして次のような方法論を確立させた。各々の分析者は自らの研究対象を使用面・運用面から切り離し、(現実のノイズをすべて排除した)真空状態の中で言語現象を捉えている。具体的には、自らが依拠している理論に従って予測や仮説を立て、その仮説の妥当性を示すために(分析者の頭の中で)作例をする。さらには、それに対する容認度判断を(自らの主観で)行うなどして、可能な構造や言語的制約を明らかにしていく、という方法論である。これは、(程度の差こそあるものの)ほとんどの分野において構文研究のもっとも基本的研究手法の一つとして受け継がれ、多くの研究において支持され、実践されてきたと言えるであろう。

さて、こうした従来型の方法論の問題点として、言語の構造態(ソシュールの言うラング(langue)もしくはチョムスキーの言う言語能力(linguistic competence)なるもの)を過度に均一化・平均化していることが挙げられる。その弊害として、分析者の直観ないしは理論的予測に合わないものは、運用(performance)ないしはパロール(parole)の問題として扱われ、言語の科学的研究プログラムの対象ではないとされてきた。こうした従来型の方法論は、言語の多様性を認めず、記号計算論的な少数の制約から言語現象を一般化しようとしたものであり、これまでの認知言語学の研究成果はこれらの方法論に対し、様々な問題点を指摘してきた (cf. Langacker 1987、1990、1991、1999、Lakoff 1987、Talor 1989、2002、山梨 1995、2000、2001)。というのは、こうした方法論では、観察バイアスの問題は言うまでもないことであり、(理論が先鋭になりすぎてしまったせいで)実際の言語使用に対する具体的な記述説明からはかけ離れてしまうという問題もしばしば起きているのである。その誤った一般化の象徴とも言えるものが、極度の形式主義者が生み出した言語モジュール論であるように思われる。彼らは、理論化を優先した結果、過度の抽象化や高いレベルの一般化を追求し、形態論、語彙論、意味論、語用論、統語論といった個別モジュールの領域固有性を常に前提にしてきた。そして、多くの研究はそのような前提を鵜呑みにして、言語事実を捉

え、(言語使用者の心的実在性とはかけ離れた)一般化をすることも少なくなかったように思われる。実際の言語使用の実態、または言語使用者の観点から見れば、統語論にしろ、意味論にしろ、それらがモジュールとして存在する必然性は必ずしも明らかではない。使用基盤モデル、さらには認知言語学の多くの分析モデルはこうした問題意識を共有しており、80年代以降の研究の深化によって、数多くの研究成果を世に示してきた。

さて、使用基盤としての構文研究はどのようにして、実現されるべきものであろうか。三点が考えられる。一点目は、言語研究のもっとも基本的とされる個々の下位領域、例えば統語論、語彙論、意味論といった領域のモジュール性や自律性を前提にせず、それらを統合する形で記述分析を行うのが望ましい。二点目は、母語話者のカテゴリー化の実態に対して、可能な限り説明しうるものでなければならない。というのは、構文研究はその使用に反映されるカテゴリーの誕生や成長、さらには定着に至る一連の動的プロセスに答えられるものでなければならないからである。三点目は、実際の使用例が作例に優先されなければならない。ただし、本研究は、すべての作例に問題があるとも、使用例のみを用いるべきだとも考えてはいない。しかし、少なくとも作例のみによって構築された理論には問題があると考えている。というのも、外部データによる評価ないしは検証がなされていない理論は、単なる観念論になる危険性を孕んでいるからである。

以上の考察で示した三点の方向性に対し、その実践策として、次の三点を行う。一点目の問題意識を踏まえ、意味と形式のゲシュタルト的結合からなる「構文(Construction)」という統合的記述の単位から分析を行う。二点目の問題意識を踏まえ、複数の母語話者に対するアンケート調査の方法で、認知主体のカテゴリー化の実態を捉え、さらに、定性的・定量的分析手法で母語話者の直観に対する体系的説明を試みる。三点目の問題意識を踏まえ、コーパスデータを優先的に取り入れ、考察を行う。これに関しては次の点を断っておく。本研究はコーパスを使って、ただ単に大量の言語データを機械的に収集し、たくさんの言語現象を羅列することを目的とするものではない。実際、日本語を主たる研究対象とする国語学および日本語学の流れの一

つとして、現象の記述に重点が置かれ、データの集積を重視する流れが存在する。しかし、こうした流れの限界として、記述が表面的なものになりすぎ、単なる現象の報告に留まってしまうという問題があり、この点は本研究においても十分に考慮されている。

1.2　本研究の射程―言語現象面

　本研究では、「X ガ Y ニ V する」の形式に見られる文意の多様性に関する問題を扱う。具体的には、(1)から問題の所在を明らかにした上で、ここで浮上してきた問題を他の事例から検証する。

(1) a.　女が立ち上がった。物静かに廊下の闇に消えた。
　　b.　東京にいたころは、ひと月で8万以上が飲み代に消えたこともあるんですよ。
　　c.　私は窓の外に眼をこらした。光の塔が次第に近づき、やがて林の陰に消えた。

(1)はいずれも、「新潮文庫100冊」から収集した事例である。(1)に共通する特徴として「消える」という一つの動詞が、「(X ガ) Y ニ V する」形式に生起している点がある。しかし、ここで注目すべき点は、(1a)から(1c)の例がすべて同じ事態を表しているとは考えられない点である。具体的に言えば、(1a)がある女が廊下の奥に行ってしまったことを表すのに対して、(1b)ではお酒を飲んだことが原因となってお金がなくなったことを表している。さらには、(1c)では乗り物に乗っているという文脈で、知覚の対象となる光の塔が視界からなくなったことを表しているなど、事態レベルでは全く異なった解釈を持つ。これらの事実から、断片的とは言え、同じ動詞の同じ構文パターンといっても、その意味は一枚岩ではないことが示唆される。

　こうした現象は、「消える」のみに見られる特殊例ではない。具体的には、(2)から(4)の対に注目する。すべての事例は(1)同様、「新潮文庫100

冊」から収集された事例である。

(2) a. エレベーターで四階に <u>上がった</u>。
 b. 母からはじめて父の詩集を見せられたのは高等学校に <u>上がった</u>としである。
(3) a. でも、べつに、あいつのおかげで懸賞に <u>当たった</u>わけじゃなし、おれが出すわけはねえと思うんだが、
 b. 走っているさいちゅうに、飛んで来る弾丸に <u>当たって</u>撃ち倒される、というだけだ。
(4) a. 久子は初めて言葉に <u>詰まった</u>。
 b. トイレに流した肉片が下水管に <u>詰まった</u>為、トイレの水が流れなくなった。

(2)、(3)、(4)におけるaとbのペアは単一の動詞による、単一の格パターンの生起例である。しかし、両者の間には意味的に大きな隔たりが存在する。寺村(1982)の分析によれば、(2)の「上がる」は移動を表し、(3)の「当たる」は対面、(4)の「詰まる」は変化を表す動詞であると分析されている。しかし、この分析には二点の問題点が見られる。一点目は、(2)から(4)の対に意味的同一性が保持されているのかという問題、二点目は、個々の事実への表現クラスの定義に関する問題が見られる。一点目の問題として、(2)を例に考えてみよう。(2a)は、四階という場所への位置変化を表す用法であり、移動という分析には概ね同意できる。しかし、(2b)についてはどうであろうか。(2b)が表現全体として表していることは、中学生から高校生になったことを表していると捉えるべきであり、この解釈が正しければ、これを移動であると分析することは間違いとは言わないまでも(2b)に対する最適な記述でないことは明らかである。となると、二点目の問題として、(2)を一まとめに移動表現としてカテゴリー化することはできないということになろう。(2b)は既述の意味的特徴から考えて、むしろ(4)の変化表現と非常に酷似した振舞いを見せており、変化表現の具体例としてカテゴリー化

する必要がある[1]。こうした事実は、(3)や(4)においても概ね同様の問題提起ができるであろう。

　この種の問題に関する従来の研究には、大きく二つの流れが存在する。一つ目には、動詞を軸としての記述の枠組みがある。二つ目には構文(格パターン)を中心とする記述の枠組みがある。一つ目の動詞基盤の分析モデルは、理論言語学的研究(特に語彙概念構造に基づく研究など)に限らず、日本語学的研究(益岡1987や仁田1980、村木1991など)においても広く行き渡っている考え方の一つであり、世界規模で研究の蓄積がある。この種の考え方においては、(2)から(4)の問題は動詞の意味を拡大させることで分析できるとされ、何らかの語彙操作によって、記述説明を行うという方法論が採用されている。しかし、この種の考え方においては、どこまでを語彙の意味と規定するかという問題をめぐって、依然として問題が山積している。これに関する具体的な考察は第6章で行う。

　二つ目の構文基盤の分析モデルは、構文文法(Construction Grammar)の研究成果を日本語研究に取り入れたもので、文法構文(Gramatical Construction)に基づく一般化を提案しており、主として認知言語学の枠組み(例えば李2002a、2002b、2003b、伊藤2005、永田2005、2006など)において研究がなされてきた。これらは、研究の量こそ少ないものの、語彙主義の限界を乗り越え、興味深い一般化を提案している点で注目すべき方向と言える。とりわけ日本語に関しては、格パターンの制約から問題を捉えており、動詞に還元できない意味の問題があると主張している。この種の考え方においては、上述の(2)から(4)の問題は構文の多義(Constructional Polysemy; Goldberg 1995)によるものと捉えられ、(動詞の意味を弱め)構文のカバー範囲を拡大させることで現象を記述する。しかし、このようなアプローチにおいては、どのような条件づけを与えた際、その構文が多義的になり、また反対に多義性が解消されるのかという問題についてはあまり議論されておらず、記述的一般化として多分に結果論的な分析になっているという問題点がある。おそらくこの問題を議論していくと、最終的には語彙の意味に回帰してしまうというジレンマに陥る可能性があり、今後の方法論的精緻化が強く望まれる。

さて、本研究の立場について述べる。まず、現象を基盤に考えてみた場合、(2) から (4) の問題は、上述の二つのいずれの分析モデルでも妥当な意味記述ができないと考えている。というのは、表層の分布に忠実であるならば、これらの例には、いずれも同じ格パターンで生起しており、従来の構文研究のアプローチでは問題が解決できない。動詞に基づく分析においても同様のことが言える。これらの例における表層レベルの相違をもっとも明確に特徴づけているのは、個々の共起名詞である。この共起する名詞の問題を正確に捉え、一般化していくことで、初めて (2) から (4) の問題を正当に扱うことができると考えている[2]。

これまで名詞の意味を考慮した構文分析は、比較的最近の研究 (例えば、小野 2005 や鄭 2006 など) において試みられているが、あまり注目されてこなかった部分であると言える。こうした現状を踏まえ、本研究では、コーパスから一貫した方法でデータを収集し、かつ自然言語処理の分野で利用されている言語資源を利用し、定性的・定量的に分析する。これは科学的・実証的な方法論で言語現象を分析することを目的とするものであり、認知言語学、さらには日本語研究に対する新たな方向性を提唱することを目指すものである。

1.3　本研究の射程—方法論面

本研究は、様々な分析モデルを統合した方法論で日本語の構文現象を記述分析する。ここで言う「統合した方法論」とは、次の三点の意味を持つ。一点目は、構文文法と認知文法の統合である。二点目は、認知言語学と計量言語学の統合である。三点目は、理論言語学と日本語学の統合である。そして、これらの統合に対する理論的基盤を提供するのが、使用基盤モデルであると考えている。

まず、一点目の構文文法と認知文法の統合について述べる。両枠組みは、80 年代後半において提唱された認知言語学の主要な理論であり、90 年代以降、様々な研究成果を挙げており、多くの言語現象に対して深いレベルの記

述説明ができるようになった。この点において、現在の認知言語学の発展を支えてきた研究モデルであると評価することができる。両者は基本的な問題意識として、動機づけの重要性を指摘している点や意味記述の必要性を訴えている点など、多くの点で共通の見方をしているが、部分的に異なった見方を示している。例えば、Langacker(2003)では、認知文法と構文文法の違いとして、分析の開始点を「意味(Meaning)」と「形式(Form)」のどちらに置くかで見解の相違があると指摘している。というのは、認知文法では意味こそが言語の本質であり、言語形式の選択に「動機づけ」を与えるものとして捉えられている。このことから、認知文法の主たる考察の対象は、意味の問題である。一方の構文文法では、慣習化された統語パターンなど、言語形式の重要性を指摘しており、それによって記号化される意味の問題について様々なレベルで考察を行ってきた（例えば Fillmore 1988 や藤井 2002 では句レベル、Boas 2003、Goldberg 1995、2006 では文レベル、Michaelis 1998 では形態素レベルの現象を取り上げている）。このことから、構文文法の主たる記述の対象は、形式の問題であると考えることができる。

　さて、本研究では、両モデルを統合することで新たな知見をもたらすことができると考えている。それは、一方が一方に対して得意とする側面（構文文法が認知文法に対して、言語の形式面で精緻化された記述の枠組みであることなど）を取り入れることで、より妥当で一般性の高い分析モデルが構築できると考えている。具体的には、本研究の分析モデルは次の特徴を持つ。それは、意味と形式の双方向的制約によって慣習化された「表現パターン」と、それによって記号化される「認知事態(cognitive event)」との関係を記述の対象とし、モデル化を行っているということである。というのは、前節の(1)や(2)から(4)に見られる日本語の構文現象に対しては、格パターンのような単純な形式と意味の対応を考えるだけでは十分な分析ができないのである。名詞の意味の問題にまでも踏み込んだ「表現パターン」として形式を捉え、それが表す事態の問題を考えていかなければならない。この点において、本研究は、構文文法と認知文法を統合した方法論で理論的一般化を試みる。

次に、二点目の認知言語学と計量言語学の統合について述べる。記号計算主義のパラダイムに基づく形式的アプローチは、言語研究の独自性を強調しすぎたあまり、自らの記述モデルの正当性を自らの研究プログラムの中でしか評価できないという方法論的限界に陥っている。こうした閉じた研究パラダイムの問題点を早い時期から指摘してきた認知言語学は、開かれた研究プログラムを目指しており、他の関連分野との互換性によって、自らの方法論ないしは分析モデルの妥当性を評価するという、新たな評価基準を提唱してきた。例えば、認知言語学の主要モデルの一つであるカテゴリー化モデルは、70年代の認知科学の知見を取り入れたものであることは良く知られている。また、認知言語学で盛んに議論されている身体性の問題は、近年の認知科学の研究においても中心的なトピックの一つとして浮上しており、認知言語学と認知科学の連携はますます必要不可欠なものになりつつある。認知言語学では、他の分野との互換性、さらには他の分野での応用可能性があればあるほど、そのモデルの記述説明的妥当性は高いと考えられている。実際、近年の認知言語学においては確実にこうした流れが形成されており、その具現化された枠組みの一つがグリス（S. Gries）らによって推進されている、コーパス分析と認知言語学の統合である。本研究のアプローチも基本的にはこの種の流れを汲んでおり、認知言語学の理論的視点からの記述分析を計量言語学的手法で検証し、精緻化していくという分析モデルを用いている。両者を統合する背景として、筆者は認知言語学と計量言語学は相互補完的関係であるべきと考えている。まず、計量言語学にとっての認知言語学の意義を考えてみよう。まず、確認しておきたいこととして、計量言語学は用例の収集と収集した用例を数量化し、分析することを基本とする枠組みであることから言語理論については、ある種中立的な立場を貫いている点である。こうした中立性の維持は一長一短あると言えるが、マイナス面の側面として、研究が表面的な観察のままで留まってしまうという問題が考えられる。この点において、認知言語学における使用基盤モデルは、用法から構造への動的プロセスを体系化しているものであるため、計量言語学に対してより良い理論を提供しうるものと考えられる。次に認知言語学にとっての計量

言語学の意義を考えてみよう。認知言語学は、言語現象の忠実な記述を目指すものであり、そのため、様々な理論的視点や分析モデルを提案してきた。しかし、近年の認知言語学に見られる問題点として、発見の手順に関する明示化という点でいくつか議論の余地があるように思われる。というのも、認知言語学が主たる記述の対象としている言葉の意味の問題は直接的に観察できるものではないために、体系的に捉えることが非常に難しい研究対象である。こうした問題点もあり、多くの分析は分析者の主観に頼らざるを得なくなったという問題、そして、それに伴う実証性・客観性が欠如するという問題が起きている。こうした限界や問題点に対して、計量言語学は、発見の手順に関する体系化を早い時期から行ってきており、様々な研究の蓄積がある。この点において、認知言語学の方法論的精緻化に大きく貢献できるものと考えられる。ということは、認知言語学と計量言語学の統合は相互利益的な関係にあり、大きな可能性を持つものと考えられる。

　最後に、理論言語学(特に認知言語学)と日本語学の統合について述べる。国語学ないしは日本語学の研究において、理論言語学的視点が導入されたのは、70年代以降であると指摘されている。その先頭に立つものが、井上(1976)や柴谷(1978)や奥津(1974)といった生成言語学に基づく研究である。これらの国語学・日本語学の研究史上の位置づけとして次の点に注目したい。それは、いわゆる戦前の五大文法(大槻文法、山田文法、松下文法、橋本文法、時枝文法)は、主として古典語研究に付随する形での構文研究であったり、あるいは(松下文法を除いて)主として言語の表層的形式に重点が置かれたり、さらには、山田文法のような多分に観念論的な概念が多く、現代語の体系的な記述という点では必ずしも十分とは言えなかった点である。こうした状況に対して、上述の井上らの研究は西洋の理論言語学的知見に基づいて現代語の体系的分析を試みたという点では、一つの転機を作ったとも言える。そして、西洋の理論言語学の知見と国語学的研究の成果を統合する形でなされた研究が寺村(1982)である。また、仁田(1980)や益岡(1987)などの研究を起点にして、様々なケーススタディによる個別研究の深化がなされ、近年の日本語学は独自の進化を遂げてきた。

さて、こうした流れにおいて近年目立つ傾向の一つとして、理論言語学的日本語研究と日本語学の記述的研究の間で議論が分断され、研究成果の共有が難しくなってきていることである。具体的には、生成文法で代表されるような先鋭的な理論による日本語の研究と、寺村 (1982)、さらには仁田 (1980)、益岡 (1987) 流の語法の記述を中心とする日本語学的研究とで、相互交流がなくなりつつある。こうした現状に対して、本研究は寺村らによる研究成果と理論言語学、特に認知言語学の研究成果を統合し、日本語の記述的研究に応用することを目的としている。この種の方向性が持つ意義の一つとして次の点に注目したい。本研究の理論的軸の一つになっている構文文法では、形式主義による計算論的考え方や予測性のみを追及する方法論の危険性を幾度となく問題視してきた。そして、個々の語法に対する忠実かつ具体的な記述こそが、言語研究のあるべき姿であるという点を強く主張してきた。こうした問題意識は、実のところ近年の日本語学が行ってきた研究を強く肯定するものである。別の見方からすれば、日本語学の語法重視の研究態度は、構文文法の考え方そのものであるとも言えよう。ただ、日本語学的研究が無条件に構文文法的アプローチと互換性を持つわけではない。特に大きな相違点として次の点を指摘しておきたい。これまでの日本語学的研究の多くはどちらかと言えば動詞や形態素といった構成要素の制約を中心に現象を捉えてきた。しかし、構文文法の研究成果が示すことでもあるが、実際の言語使用において重要なのは、表現全体の意味であり、表現の構造に対する体系的な記述が必要である。この点において、構文文法の視点は、従来の日本語学的研究に欠けていた視点を補ってくれる可能性があり、両者の統合は大きな可能性を秘めているものと言える。

1.4　本研究の構成

　本研究の全体的な構成について述べる。全体としては、三つのまとまりから構成されている。一つ目は、第 2 章と第 3 章からなる、分析モデルについての考察である。二つ目は、第 4 章から第 7 章まででなる言語現象の具

体的な分析である。三つ目は、第8章で構文の再定式化に関する理論的考察と、第9章の結論と今後の課題である。

まず、分析モデルの考察として、第2章では本研究の理論的背景について述べる。特に認知文法と構文文法の言語観・文法観を概略的に述べる。そして認知文法のサブモデルとして、2.2.4節で使用基盤モデルの誕生から現代に至るまでの研究状況について述べる。具体的には、使用基盤モデルが言語の使用態に対するもっとも実質的なモデルの一つであることを示した上で、頻度効果をめぐる問題についても部分的に触れ、コーパスベースの分析と使用基盤モデルの関係について考察する。そして、後者の構文文法については、2.3節で、構文文法の成立背景や理論的特徴について述べると同時に2.3.3節では、構文文法のサブモデルとして提案されている具体的な分析モデルを紹介する。このことを踏まえ、第3章では、本研究における構文の位置づけをめぐる問題を考察する。主として本研究が提案する構文モデルを概略的に示す。特に3.2節では、本研究の構文観を定義するため、「非還元主義的アプローチ (non-reductive approach)」と「シンボリックビュー (symbolic view)」の重要性を指摘する。そして、3.2節では、本研究の中核とも言える「具体的な構文」の必要性・重要性について述べる。

次に、実際の言語現象の具体的な分析として、第4章では、「XガYニVする」形式の問題として「消える」の事例分析を通し、問題の所在を明確にする。そして、この問題は「消える」のみならず、日本語の様々な部分において観察される一般的現象であることを示す。特に様々な共起テストを用いて構文現象を特徴づけると同時に、先行研究の記述的妥当性を検討する。次の第5章では、アンケート調査に基づく考察を行う。そこでは、第4章で行った理論的・記述的一般化の妥当性を検証し、結論として、母語話者の文意に対するカテゴリー化は動詞の相違からは予測できないことを示す。そして、第6章では第5章で明らかになった事実を過去の研究に照らし合わせて、どのような問題があるのかを明示化する。具体的には格パターンや動詞による一般化の本質的な限界と矛盾を指摘する。そして、第7章では、第6章までで明らかになった事実をコーパスデータを用いて総合的に検討する。

結論としては、日本語の構文現象が、名詞の意味的特徴によって体系的にカテゴリー化されているという事実を報告する。

次に、構文の再定式化に関する理論的考察として、第 8 章では、第 5 章や第 7 章で明らかになった事実を認知言語学的構文研究の枠組みにおいてどのように位置づけるべきかという問題、さらには、どのような理論的態度をとるべきかという問題について考察する。結論としては、従来の「形式」と「意味」の一対一の単純化された構文モデルから脱却すべきであると主張する。そして、代替案となるモデルとして、名詞の意味的特徴を取り入れた「表現パターン」と外部世界における「認知事態」の双方向的対応に基づく構文モデルを提案し、日本語の構文現象を捉えていくべきと主張する。

最後に第 9 章では、結語として全体の議論を簡潔にまとめた後、残された課題として、名詞が持つ意味的多様性について述べる。

注
1 この現象は Lakoff(1987) が主張する空間のメタファー、「移動は変化である」に関連づけて分析することができる。これは正しい一般化であることは確かであるが、一方で、なぜこれがメタファーであると理解できるのかという問題について、循環しない形で説明を行わねばならない。これがメタファーの実例であるというだけでは、現象にレッテルをはった以上のものではないという見方もできるであろう。いずれにしろ、(2)の対において空間のメタファーが成立するのであれば、意味的非同一性は明らかと言える。
2 この点をめぐるより詳細な議論は、第 4 章以下で展開するが、(3)の現象に関連し、名詞の意味に着目する根拠として以下の現象が挙げられる。
　(1) a.　彼女が宝くじに当たった。
　　　b.　宝くじが彼女に当たった。
(1)のペアは名詞の単純な入れ替えを行った事例であるが、a と b でははっきりとした意味的相違が見られる。というのは、b においては、a にはない意味があり、それは物理ドメイン (physical domain) における物としての宝くじが彼女に当たったという解釈が成立する。このことは、文の意味を決定づけるのは、名詞が持つモノとしての潜在的な移動可能性の問題、格助詞の問題、語句の配列による意味

解釈の優先性の問題が複雑に絡んでおり、そのすべての関係性を正しく捉えてこそ、正当な構文の意味を導きだすことができることを表す。

第 2 章　理論的背景

　本章では、本研究の理論的背景をなす認知言語学の理論面の特徴を中心に考察する。とりわけ言語の意味をめぐる科学的研究プログラムとしての認知言語学の位置づけや文法現象をめぐるアプローチの特徴を明確にした後、本研究の理論的・方法論的背景になる、認知文法と使用基盤モデル、そして構文文法の中心的主張を明らかにする。

2.1　文法現象に対する認知言語学的アプローチ

　言語研究の理論的パラダイムとしての認知言語学を特徴づけるのは、次の二点である。一点目に、客観主義的言語観を批判的に捉え、言語の使い手となる認知主体の知のメカニズムから言語現象を捉えようとするアプローチだという点が挙げられる。二点目に、従来の言語観が支持するモジュール論的見方を否定し、言語構造と言語運用を連続的に捉え、言語現象の意味論、語用論、統語論に至るあらゆる側面に対する包括的な記述・説明を目指すアプローチだという点が挙げられる。このことを理解するには、次の背景を理解する必要がある。ソシュール (F. Saussure) を基点とし、ブルームフィールド (L. Bloomfield) で花咲いた構造言語学 (Structural Linguistics) の時代においては、言語研究の客観性および科学性を保証する手がかりは、音韻形態に代表される形式・構造の側面にあり、意味や運用の領域は形式・構造に比べて捉えどころのない存在とされ、客観性を重視する科学的な研究の対象ではないとされてきた (cf. Bloomfield 1933、Harries 1951)。さらにチョムスキー (N.

Chomsky)による生成文法においては、形式・構造の側面と意味・運用の側面をモジュールとして規定し、前者こそが生成的であり、言語の本質であると位置づけられてきた。

しかし、認知言語学では、言葉は生きた文脈の中で、使用される形式と意味の対応からなる記号系であると位置づけている。よって、言葉の問題は実際の使用文脈や話し手の主観性の問題、さらには日常の経験世界に対する把握の仕方の問題を考慮しなければ、日常言語の多様性や複雑性に対する実質的な答えを出すことはできないと主張する。こうした問題意識のため、認知言語学的アプローチでは、言語の形式的側面は外部世界を解釈し、外部世界と相互作用していく認知主体の概念化のプロセスを反映する意味によって動機づけられているという視座から言語現象を分析する[1]。例えばLakoff(1987)では、身体性を軸にし、言語に見られるカテゴリー化の諸問題が認知の多様性に根ざしていることを示した。またLangacker(1987、1991)やDeane(1993)では文法や統語構造が私たちの認知能力や認知プロセスを反映していることを明らかにした。さらにTraugott(2002)では、意味変化にはテクストに対する解釈の主観性の問題が関与していることを明らかにした。Fauconnier(1985、1997)では指示の問題をきっかけとし、真理条件値に基づく意味分析の限界を指摘し、発話者間の認知レベルにおける動的な意味構築プロセスの存在を示している。

こうした認知言語学の研究パラダイムでは文法に対しても従来とは異なる見方に立つ。従来の文法理論を特徴づけるものとして、下記の四点が挙げられる。

(5) a. 文法は言語事実を一般的に規定する一連の規則の集合からなる。
　　 b. 文法的な知識は、言語外的な知識とは区別される。
　　 c. 規則によって規定される文法は、辞書から区別される。
　　 d. 文法の中核をなすシンタクスに関する知識は意味論や語用論に関する知識からは独立した自律的な知識として位置づけられる。

一方、認知言語学的アプローチにおいては上述のテーゼを疑うことから出発し、次の見方に立つ(山梨 2001: 1–2)。

(6)a. 運用的側面の重要性を認め、具体事例までも文法の一部として含まれるべきである。
　 b. 複合的言語単位を部分の総和として捉えるのではなく、それ自体をゲシュタルトとして捉え、分析する。
　 c. 文法的・構造的側面は認知主体の身体性や日常経験に基づく意味的要因に動機づけられている。
　 d. 先験的モジュール構造を排除し、文法と辞書あるいは統語と語彙は連続的関係にある。
　 e. すべての言語表現を慣習性・定着性の視点から相対的に規定する。
　 f. すべての言語単位(語彙レベル、句レベル、構文レベル)には認知主体の概念化プロセスが反映される。

(6)は(5)の一般化と対立する見方であるが、単なる対立を超え、(6e)や(6f)が示すように、認知言語学では、文法能力・言語能力を閉じた体系として捉えるのではなく、認知主体の身体性を基盤とする開かれた系として位置づけている。これらの見方に対して理論的正当性を与えるのが、本章の 2.2.4 節で紹介する使用基盤モデルであり、認知言語学の科学的言語研究のプログラムとしての位置づけを考える上でもっとも重要なモデルの一つと言える。
　さて、以上の見方に対する実践として、認知言語学的文法研究ではどのようなアプローチが取られているのであろうか。三点を指摘することができる。

(7)a. 経験世界における「事態」の構造からアプローチする(Langacker 1987、Barlow and Kemmer 1992、Goldberg 1995、李 2003a、2003b、2004e、伊藤 2005)。
　 b. 下位レベルのスキーマからボトムアップ的にアプローチする

（Bybee 1985、Barlow and Kemmer 1992、Langacker 1999）。
c. あらゆるレベルの言語現象を構文スキーマと位置づけてアプローチする (Langacker 1991、2003、Goldberg 2006)。

(7a) の詳細は、2.2.2 節で、(7b) の詳細は 2.2.4 節で、(7c) の詳細は 2.3 節で、順に取り上げていく。

2.2 認知文法

本節では、本研究の理論的基盤の一つである認知文法について概観する。前半ではシンボリックビュー (symbolic view) をはじめとする理論的特徴と、その位置づけを考察する。後半では使用基盤モデルを提唱するまでの背景と記述的戦略について考察する。

2.2.1 シンボリックビューとしての文法

認知文法では、すべての言語単位を意味と形式の対応から捉える。このことは Langacker (1987) のシンボリックビューという考え方においてもっとも明示的に表現されている[2]。その構図は非常にシンプルなものであり、図 2-1 のように表すことができる (Taylor 2002: 21)。

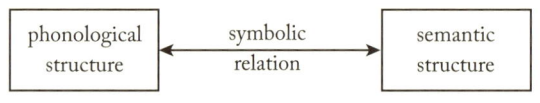

図 2-1 言語表現における三つの基本要素

認知文法では、形態素であれ、語であれ、句であれ、文であれ、すべての言語単位において図 2-1 の基本構造が認められると主張する。同時に、すべての言語現象が図 2-1 に示す、(1) 意味構造 (semantic structure)、(2) 音韻構造 (phonological structure)、(3) (1) と (2) の間のシンボリックな関係 (symbolic relation) の三つのみで記述できると主張する。なお、(1) の音韻構造とは音で代表されるような物理的に知覚可能な言語表象のことであるが、実際は言

語の形式的特徴全般を指すものとして理解すべきである。また(2)の意味構造に関しても、認知文法では単なる命題構造のみに限定されず、様々な認知モードを反映した概念化プロセスの全般を指すものとして理解すべきである。そして、(3)のシンボリックな関係に関しては、意味と音韻が双方の矢印で示されているところに注目すべきである。これは、意味と音韻が直接的かつ双方向的に関係しあっていることを表すのである。このことは認知文法の理論的位置づけを考える上で非常に重要な点であり、Taylor (2002: 22)によれば、生成文法のような統語論を中心とする言語理論においては、図 2-2 のような一方向性が仮定され、認知文法と異なる見方に立っていると指摘されている。

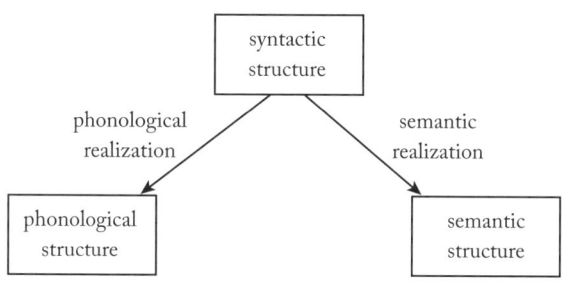

図 2-2　生成文法の考え方

　図 2-2 において注目すべき点は、次の二つである。一つ目は、統語構造からの一方向的写像によって意味構造や音韻構造が実現されるという点である。二つ目は、音韻構造と意味構造の間に直接的な接点がない点である。生成文法では、音韻構造と意味構造は統語構造からトップダウン的に規定されるものであって、両者の直接的な関係は認められていない。一方、認知言語学では図 2-1 が示す通り、音韻構造と意味構造は(直接的な)記号的関係を持つものとされており、同様の考え方は近年の単層文法理論、例えば RRG (Role and Reference Grammar; Van Valin 1993) や LFG (Lexical Functional Grammar; Bresnan 2000) や HPSG (Head-Driven Phrase Structure Grammar; Sag and Wasow 1999)、さらには構文文法 (Construction Grammar; Fillmore 1988、Kay 1997) においても支持される考え方であり、その妥当性は広く認められ

ていると言えよう。

2.2.2　事態認知の反映としての文法

　前節で示した通り、認知文法では言語表現の基本をシンボリックな関係として捉えている。この規定は、一見意味と無関係に思える統語構造や文法構造に関しても同様に適用されるものと考えられており、事態（event）に対する認知の反映としての文法観を推し進めている。このような文法観においては、その事態に関係する参与者（participants）間の関係に加え、それらがどのような解釈を受けたのか、という点が重要になる。例えば、どのような認知的スコープを設定しているか、どの参与者を前景化し、また背景化するかの問題までもが文法研究の対象となる。具体例として（8）から考えてみよう。

(8) a.　He opened the door.
　　b.　The door opened very easily.
　　c.　The door suddenly opened.
　　d.　The door was opened.

Langacker（1991: 335）では、（8a）が無標の他動詞文で、動作主が主格で表されている。これに対して（8b）の中間構文、（8c）の能格自動詞文では動作の対象が主格として表されている。さらに（8d）の受動構文では動作主は明示されていないが、意味理解の背景として存在している。ドアを開けるという単一の出来事に対して、（8）に示した多様性が存在する理由として、文法は外界の事態に対する人間の認知を反映するからと説明する。こうした捉え方の背景として、認知文法ではいかなる形式の違いであってもそれには意味の違いが反映されるという立場をとる。この種の立場を推し進めた場合、真理条件的規定に基づく従来の言語研究で言われるようなパラフレーズ（paraphrase）という概念は解体されることになり、（8a）と（8d）を単純に同一視することは難しい。

　では、こうした違いをどのように記述説明すれば良いのであろうか。認知

文法では、(8)の事実を説明する一般的概念として捉え方(Construal)という概念を提唱している。具体的には、(8)の現象に対して、図 2-3 の捉え方が存在すると説明する(ibid: 335)。

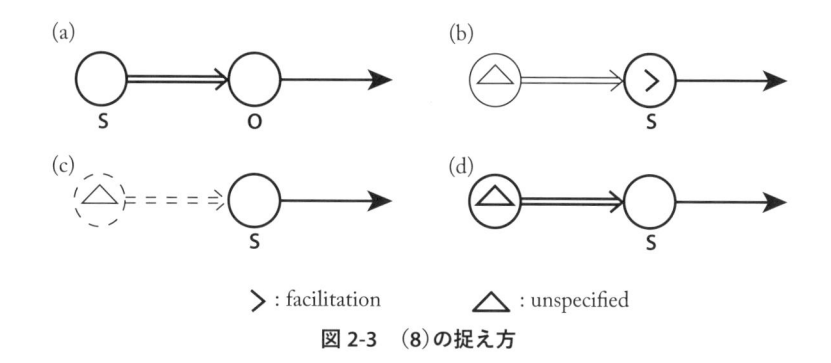

>: facilitation　　△: unspecified

図 2-3　(8)の捉え方

図 2-3 では、(8)に見られる多様な構文現象を図示している。例えば(a)では(8a)が表すもっともニュートラルな事態を表すのに対して、(b)では(8b)のように未指定の動作主によって、主格(S)における動作が促進されている。さらに、(c)は(8c)に対応しており、点線で示すように背景化された動作主によって、主格(S)における動作が引き起こされている。さらに、(d)は(8d)に対応しており、動作主が未指定なだけで基本的には(a)と同様のプロファイルが当たっていることを示している。認知文法では、こうしたプロファイルの相違は捉え方の相違を反映したものであり、これが文法構文によってそれぞれエンコードされていると考えている。

2.2.3　文法理論としての特徴

文法現象に対する記述・説明を目指す理論として認知文法が有する理論的特徴は(9)のようにまとめることができる。

(9) a.　意味的動機づけを重視する。
　　b.　連続性に基づく記述を行う。
　　c.　使用基盤である。

これらは構造言語学や生成文法で代表される従来の文法モデルとは根本的に異なる見方である。例えば、言語学の古典的問題の一つとして品詞の問題を取り上げてみよう。構造言語学以降の多くの文法研究では、品詞は純粋に形式的な分布事実から定義されるものであると認識されてきた (cf. Bloomfield 1933、Croft 1991)。しかし、認知文法では、たとえ名詞や動詞といった語彙範疇であっても意味的に動機づけられていると主張する。例えばLangacker (1987) では名詞に対しては物的捉え方という概念で一般化しており、各々の語彙範疇のスキーマ的意味がその分布に動機づけを与えていると分析する。また、語彙範疇の認定の仕方に関しても認知文法では異なる見方を示す。従来の文法研究では、名詞や動詞といった語彙範疇は形式的特徴からクリアカットに分類できるものと分析する。しかし、認知文法では、品詞間の境界は自明なものではないと主張しており、名詞らしさや動詞らしさに基づく連続体の一種としてすべての言語現象を捉えている[3]。

このように認知文法では従来の言語研究が当然のこととしてきた様々な理論的前提を根本から批判し、新たな見方を提唱している。こうした問題意識をもっとも決定的なものにしたのが、「使用基盤」という考え方である。認知文法が使用基盤を指向する背景として、(1) 言語獲得をめぐる多くの報告が示す通り、人の言語に関わる知識の本質として、高次の抽象的知識は低次の具体的知識（用法）によって構成されていること (cf. Tomasello 2003、Bates and Tomasello (eds.) 2001)、(2) 言語の知識は本来動的なものであり、新しい表現に接するなどの日常言語の経験によって変化することが挙げられる。

2.2.4 使用基盤モデル

本節では、使用基盤モデルについて述べる。2.2.4.1節では、使用基盤モデルが提案されるに至った背景について述べる。そして、2.2.4.2節では、使用基盤モデルの特徴として三点を挙げ、それぞれを概略的に示す。一点目に、言語構造と言語使用の連続性に関する問題、二点目に、言語表現と慣習化の問題、三点目にネットワークとしての文法観の問題を取り上げ、使用基盤モデルの理論的立場を明示化する。そして、2.2.4.3節では、使用基盤モ

デルに基づく具体的な研究を紹介する。

2.2.4.1 使用基盤モデルの誕生

言語の科学的研究プログラムの伝統的見解の一つとして「言語の構造的側面」と「実際の使用の問題」が分離できるというものがあり、ときには両者を自律的モジュールとして仮定する文法理論もある。構造主義言語学であれば、ラングとパロールによる二分法がそれであり、生成文法の枠組みで言えばI言語（Iは internalized の意味）とE言語（Eは externalized の意味）の二分法がそれに該当する。しかし、こうした従来の研究パラダイムが前提にしてきたことの多くは、理論的要請に基づくものであるなど、明確な経験的根拠ないしはデータによる裏づけを持たないことも少なくない。本節で紹介する「使用基盤モデル」の考え方は、上述の伝統的見方に対して真っ向から対立する考え方を示している。

さて、使用基盤モデルとは何であろうか。一言で定義するなら、実際の言語使用における文脈的特徴を重視した理論的モデルということになる。ただし、モデルとは言っても、具体的な実践策や方法論の細部まで規定したものではないことに注意が必要である。モデルの提唱者であるラネカーの論文 (Langacker 1999) では、「言語の構造的側面を捉える上で実際の使用とその使用についての話者の知識は重要である」と述べており、実際の使用を重視した結果として誕生したのが使用基盤モデルであるとされる。このことから、使用基盤モデルは経験基盤主義がたどり着いた一つの研究成果であると言えよう。ただし、Langacker (1999) でも述べられている通り、このモデルは決して一個人の試行錯誤のみによってできたものではない。というのは、使用基盤モデルのベースとなる発想は、ラネカー自身も認めている通り、Bybee (1985) や Hopper (1987) においてすでに示されていた。また広い意味での「使用基盤であること」は、多かれ少なかれ認知言語学全般において実践され、共有されてきた考え方の一つと言えよう (cf. Croft and Cruse 2004)。使用基盤モデルをめぐる具体的な研究として、Barlow and Kemmer (1999) をきっかけとし、2000 年以降海外で多くの実践的研究がなされてい

る（Tomasello 2000 や Diessel and Tomasello 2000、Stefanowitsch and Gries 2003、Tomasello 2003、Tummers et al. 2005）。また構文文法（Costruction Grammar; Boas 2003、Östman and Fried（eds.）2005、Goldberg 2006）や創発文法（Emergent Grammar; Hopper 1987、Bybee and Scheibman 1999、MacWhinney 2001、Bybee and Hopper（eds.）2001）などの隣接分野に対しても理論的基盤を提供する視点であることや、認知科学をはじめとする関連分野と認知言語学の接点を示すことから、認知言語学の理論的精緻化における新たな中心軸として注目されている。

2.2.4.2　使用基盤モデルの特徴

使用基盤モデルが持つ特徴は以下の三点としてまとめることができる。

(10) a.　文法と言語使用は共変関係にある（双方向的に影響しあう）。
　　 b.　言語構造を決定づける要因の一つとして、慣習化の重要性を認める。
　　 c.　文法構造における相互関係はネットワークとして表現することができる。

以下では、上述のテーゼをめぐる詳細な考察を行う。

2.2.4.2.1　文法と言語使用の関係

使用基盤モデルの特徴を一言で言うなら、言語の体系をその使用に応じて動的に変化するものとして位置づけている点である。このような見方は、生成文法の言語観、とりわけ言語を理想化された客観的実態として捉え、言語能力と言語使用を二分化することで自らの研究領域を定義してきたチョムスキー言語学と理論的な対立を示す[4]。両者の立場の相違を端的に示すなら、表2-1のようになる。

表 2-1　認知文法と生成文法の理論的対立

認知文法	生成文法
極大主義（maximalist）	極小主義（minimalist）
非還元主義（non-reductive）	還元主義（reductive）
ボトムアップ（bottom-up）	トップダウン（top-down）

表 2-1 に示す理論的立場の相違は、文法の位置づけをめぐる問題において表面化する。両者の相違は、図 2-4 のように表すことができる（Kemmer and Barlow 1994: 167）。

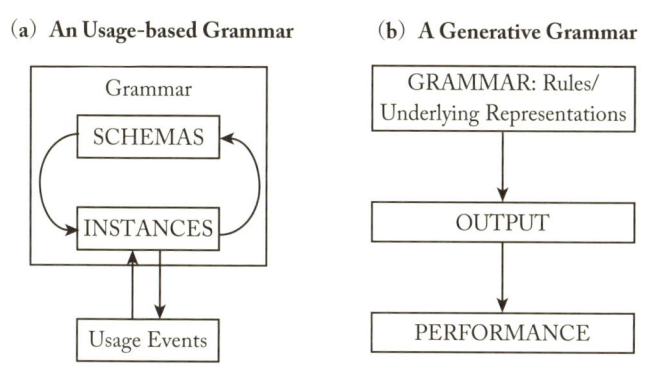

(a) An Usage-based Grammar　(b) A Generative Grammar

図 2-4　使用基盤モデルと生成文法

図 2-4 において注目すべきは、実際の言語使用や言語運用と文法の関係について本質的に異なる見方をしている点である。これは、以下の三点にまとめることができる。

(1) 使用基盤の考え方では極大主義の立場に立つため、図 2-4(a) の通り、文法は具体例をも含むものとして定義するのに対して、生成文法では極小主義の立場に立つため、ルールで表現できる場合、具体例は文法に含むべきでないと考えている。
(2) 使用基盤の考え方では、文法と言語使用は直接的に結びついているものとして位置づけられるが、生成文法の考え方では、文法と運用は出力を介して間接的にしか結びついていない。

（3）　トップダウン的考え方を基本にしている生成文法では、文法が出力を介して、運用に影響を与えることはあっても、運用が文法に影響を与えることはない。一方、使用基盤の考え方では、文法は言語使用からのボトムアップ的プロセスによって形成されるものと捉えられ、言語使用と言語構造（特に文法構造）は双方向の共変関係にあると捉えている。

以上に示した考え方を総括するものとして、使用基盤モデルを採用することの意味について、Langacker(1987)は次のように述べている。

> Substantial importance is given to the actual use of the linguistic system and a speaker's knowledge of this use; the grammar is held responsible for speaker's knowledge of the full range of linguistic conventions, regardless of whether these conventions can be subsumed under more general statements. <u>A non-reductive approach to linguistic structure that employs fully articulated schematic networks and emphasizes the importance of low-level schemas.</u>　　　　（Langacker 1987: 494　＊罫線は筆者による）

使用基盤モデルの従来の言語分析モデルとの差異を明確にする大きな特徴として、抽象度の低いスキーマの重要性を強調する点が挙げられる。従来の理論偏重で被覆率を重視した言語分析では、抽象的な制約に基づく一般化こそが言語の科学的研究であるかのような見方を示した。その背後に生成文法に代表される普遍性に対する過剰な期待があったことは容易に想像できるであろう。しかし、こうした一般化は必ずしも言語の使用者である私たちの直観を適切に捉えているわけではない。実際、近年の認知科学は私たちの言語使用が句構造規則に代表されるような抽象的表象の機械的操作ではなく、インスタンスレベルの具体化されたスキーマの動的運用によってなされていることを実証的に示している（例えば、中本・李・黒田 2006a、Nakamoto et al. 2007 など）。こうした事実に即して考えた場合、使用基盤モデルは言語の理

論を越え、認知科学に基づく言語研究を射程に入れたモデルであると言える。

2.2.4.2.2 言語表現と慣習化

認知言語学では、人間の知的営みの延長で言語現象を捉えており、知識構造の問題と言語構造の問題は分離できないものとして考えている。そこから派生する自然な流れとして認知言語学では言語を慣習化の産物として位置づけることに積極的な意義を認めている(Haiman 1985、Lakoff 1987、Langacker 1987)。ところで、言語が文化の産物であり、そこに慣習化というプロセスが関与していることが分かっていても、それをどう記述すれば良いかという問題が残る。この問題に対し正面から挑戦し続け、体系化を試みたのが Langacker(1999) のモデルであると言える。

Langacker(1999: 11) は使用基盤であるべき理由を考える上で慣習化の問題は欠かせないと述べる。そして、慣習化を捉えるため、図 2-5 に示すカテゴリー化の関係を仮定する。

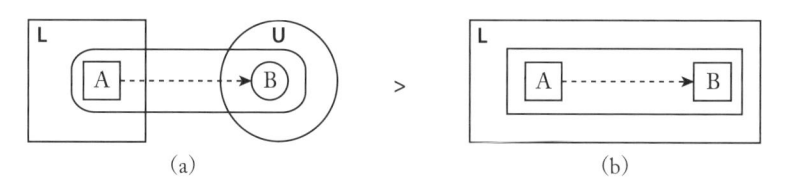

図 2-5　カテゴリー化モデル

図 2-5 の (a) の左側の四角は、ある確立された言語体系 [L] にすでに慣習化された言語ユニット A が存在することを表す。一方、右側の円は、それから逸脱した (まだ充分な慣習化がされていない) 拡張事例 B が具体的な言語使用の場 [U] において発話されていることを表す。そして、A と B を結ぶ矢印はカテゴリー化関係を表す。ここで注意しなければならないことは B は直接的に A を具体化した事例でないため、拡張事例として位置づけられている点である。しかし、この状況で繰り返し使用されることによって図 2-5(b) が示す状態、すなわち言語体系 [L] に B が取り込まれる状態へと変

化していく。Langacker (1999) では「ねずみ」を表す「mouse」が「コンピューターデバイス」としての「マウス」に拡張する過程を例に説明している。図 2-5 との対応で言えば、「ねずみ」の「mouse」が A であり、「コンピューターデバイス」の「マウス」が B ということになる。

　図 2-5 で概観した慣習化によるカテゴリー化関係は、様々な言語事実において確認できる。日本語の具体的研究として山梨 (2000) による複合動詞表現「V-倒す」のネットワークを紹介する。山梨 (2000) によれば、複合動詞表現「V-倒す」は図 2-6 のように示すことができる。なお、図 2-6 は山梨 (2000: 203) を一部修正したものである。

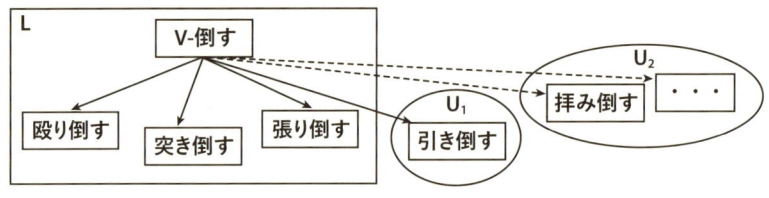

図 2-6　[V-倒す]の使用における語彙ネットワーク

　山梨 (2000) によれば、「V-倒す」の典型例は [L] の中にある「殴り-倒す」、「突き-倒す」、「張り-倒す」などのように、V は物理的行為を伴う。しかし、実際の言語文脈 (U_1) においては「引き-倒す」のような事例が適切な表現の一つとしてカテゴリー化されることもあれば、さらには、U_2 のような必ずしも物理的な行為を表さない動詞の場合においてもゆらぎながらカテゴリー化されうる。こうしたデータのばらつきと有縁性をネットワークとして示したのが図 2-6 である。

2.2.4.2.3　ネットワークとしてみた文法

　使用基盤モデルでは言語に関わる知識は多くの場合、ネットワーク構造をなしていると考えている。具体例として、Langacker (1999: 34) の語彙構文ネットワークから考えてみよう。

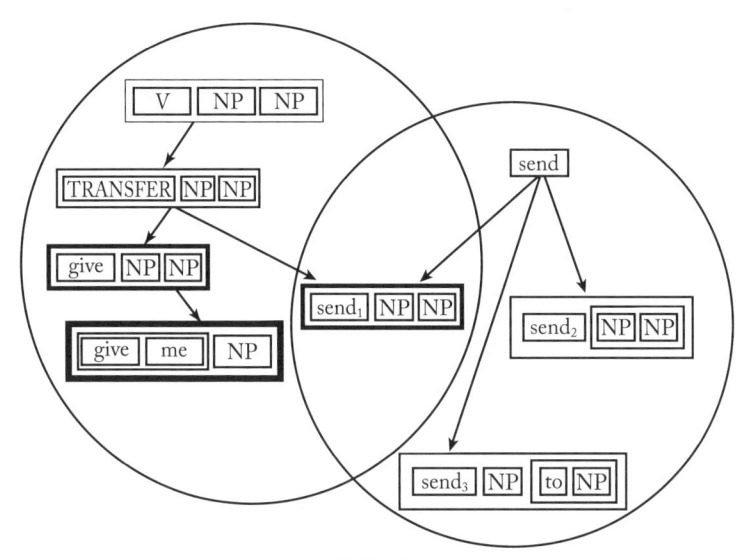

図 2-7　語彙構文ネットワーク

図 2-7 を理解する上でまず念頭に入れておかなければならないのは、認知文法では言語の記述装置として意味構造、音韻構造、記号的構造のみが仮定されている点である（cf. 2.2.1 節）。辞書や形態論的、統語論的現象はいずれも連続体をなしており、記号的構造として記述可能であると考え、独立したモジュール系としては仮定していない。このことを示す点として図 2-7 では抽象的なスキーマと思われがちな［[V][NP][NP]］でさえも［[give][me][NP]］のような具体的で語彙的なものと明確には線引きできないことを表している。図 2-7 の分析では(11)の事例に含まれる［[send][NP[NP]]］について興味深い見方を示す。

(11) a.　send me a package.

　　 b.　send your mother an eviction notice.

　　 c.　send Washington a message.

(11)の一般化では、［[send][NP[NP]]］が単に［send］という語彙項目の

具体化であるばかりでなく、二重目的語構文の [[V][NP][NP]] の具体化でもあることを同時に表している。このことは、[[send][NP[NP]]] は語彙項目と構文の両側から意味的な継承関係にあることを示しており、単純な動詞中心主義とも違えば、構文文法のような統語形式だけを中心とする分析とも異なっている。Langacker(1999)によれば、[[send][NP[NP]]] が二重目的語構文に属するものなのか、それとも send という語彙項目に属するのかという問題について、ラネカーは問題設定そのものが間違っていると指摘している。なぜなら、同時にどちらでもあるからである。すなわち、文法形式の具体的な用い方を指定する下位レベルの構文スキーマでもあれば、send という語彙項目との関連においては send という形式が表れる一つの文法的な環境を指定しているとも捉えることができるということである。

2.2.4.3　使用基盤モデルに基づく言語研究

これまで使用基盤モデルの理論的特徴について概観した。次の課題として使用基盤モデルを発展させ、実践していくため、どのような方法論が必要かを考えてみたい。この点に関しては、現在においても確立した方法論が存在するわけではないが、概ね二つの方向性が見られる。一つ目は、これまで紹介してきた、ラネカーを中心とし、内省に基づく記述的一般化を目指す研究の流れである。二つ目は、コーパスの定量的分析に基づく客観的・実証的一般化を目指す研究の流れである。両者の方法論レベルの特徴は以下のようにまとめられる。

表 2-2　使用基盤モデルに基づく研究の特徴

	内省基盤の分析	コーパス基盤の分析
データ	作例が中心 （コーパスデータは補足的）	コーパスデータが中心 （作例は補足的）
分析対象	拡張関係 （典型的には意味拡張）	分布関係 （典型的には共起関係）
着眼点	動的プロセス	静的結果状態
手法	動的ネットワークによる 相互関係の表示（アナログ的）	統計的手法による数値化 （デジタル的）

表 2-2 では、使用基盤モデルの主流となる方法論を比較している。内省基盤の分析は従来の言語研究の延長で、認知能力（例えばカテゴリー化能力や参照点能力など）に着目し、新たな一般化や統合を目指すものであるのに対して、コーパス基盤分析は電子化コーパスなどを用いた仮説検証型の分析手法である。以下では、頻度情報を用いた定量的分析を中心に具体的な研究紹介を行う。念のため、次の点を断っておく。議論の便宜上、両者のコントラストを示したが、両者は決して排他的なものではない。というより、使用基盤モデルの実践という点で考えた場合、両者がバランスよく組み込まれていることがもっとも望ましいと言える。3 章で示す本研究の分析モデルも、この点を重視しており、内省とコーパスの両方を用いた分析を試みる。

2.2.4.4　二つの頻度

　使用基盤の言語分析において重要な概念として「定着（entrenchment）」がある。Langacker（1987）によれば慣習的な言語単位（linguistic unit）は、実際の使用事態（usage event）とコード化の関係にあるとされ、このコード化が繰り返し起こることで定着が進み、いずれは自動化されると主張する。そしてこの定着の度合いは、どれだけの頻度でその言語表現に遭遇したかによって決まる。この点において使用基盤モデルにとって頻度の問題は非常に重要なものとなる。

　頻度とは（広義で言えば）特定の用法が実際の談話やテキストにおいてどの程度使用され、どの程度それに触れられたかを示す指標である。それ故、頻度は定着と共変関係にある。つまり、頻度が高ければ高いほどそれは定着度も高いものとなり、言語理解と生成の両面において（相対的に）顕著な位置づけを持つ（cf. Haiman 1994、Bybee 1985、Balrow and Kemmer（eds.）1999、Bybee and Hopper（eds.）2001）。使用基盤モデルでは、頻度は言語の外的要因が言語構造と相互作用する証拠の一つであるとして注目しており、特にコーパスを用いた実証的研究と強い接点を持つ。

　さて、一言で頻度といってもそれは必ずしも均質のものではない。言語使用や頻度に基づく研究で伝統的に区別しているものとして二つの指標があ

る。それは「タイプ」としての頻度と「トークン」としての頻度である。後者が個々の具体的ユニットの実数に基づく指標であるのに対して、前者は異なった種類に対する指標である。なお、前者のことを別名で「異なり頻度」と言い、後者のことを「延べ頻度」とも言う。早瀬・堀田 (2005) はトークンとタイプとスキーマを図 2-8 のように関係づけている。

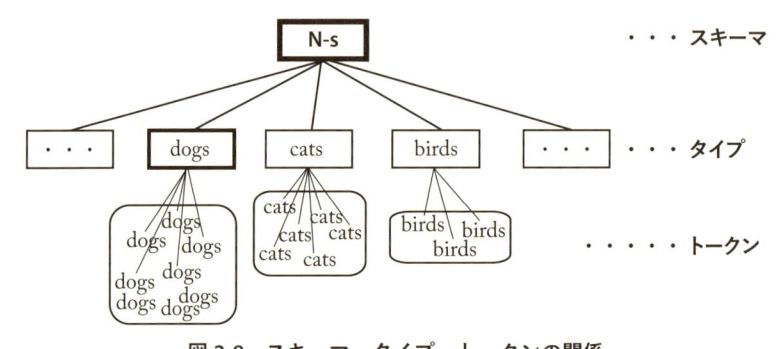

図 2-8 スキーマ、タイプ、トークンの関係

まず注意すべきは、トークン頻度とタイプ頻度は、そのネットワーク構成が同じだということである。いずれも結びついている下位事例が多く存在すればするほどその上位のスキーマの定着度が高くなる。図 2-8 で言えば、dogs のトークン頻度が高いため、上位のタイプとして dogs も定着度が高いことになる。早瀬・堀田 (2005: 80) によれば「頻度が上がることで定着度が上がると、今度はその定着度が認知情報の処理の仕方に変化をもたらすこととなる。定着度が高い情報単位のほうが活性化されやすく、従ってアクセスされやすいため、利用される可能性も高くなる。逆に定着度が低ければ活性化もアクセスもされにくく、次第に忘れ去られていくこととなる」。また使用基盤の考え方においては、頻度は普遍的なものではない。時代によっても違えば、社会的集団によっても違う。さらに言えば、年齢や性別といった個体レベルにおいても多様である可能性が認められる。

さて、以上で概観したタイプ頻度とトークン頻度は言語現象として異なる効果をもたらすことが指摘されている (Bybee 2001、Croft and Cruse 2004、早瀬・堀田 2005)。トークン頻度は語形の定着度と深い関連を持っている[5]。

タイプ頻度は、パターンの生産性の問題と深い関連を持っている。本研究の中心的テーマとなる構文の問題は、タイプ頻度の問題と不可分な関係にある。このことに関連し、よく知られている例として、英語では二重目的語構文が非常に発達しており、そのことから mail や fax のような新規語が二重目的語構文に使用されることなどが挙げられる (cf. Pinker 1989、Goldberg 1995)。

　最後に、上述したトークン頻度とタイプ頻度の棲み分けについては次の点に注意しなければならない。トークン頻度が高ければ、その特定の語形の定着度も高くなるが、その一方で、語とそれが関連する表現間の結びつきは弱くなる。具体例として、Thompson and Hopper (2001) では会話文に見られる項構造の変則形をめぐって興味深い観察を示している。

(12) a. 　We don't minutes this meeting.
　　 b. 　You can send me $5 to the department.

(12a) は minutes を臨時的に動詞化し、目的語を取る拡張を行っている。また (12b) では三項動詞の send にもう一つの項を追加している。(12) は一見奇妙に見える文であるが、使用基盤の考え方では、次のような位置づけになる。(12a) であれば、日頃から会議の進行役の人であれば、問題なく容認するであろう。ここで重要なのは、一見不自然な文でも生きた文脈において (12a) にふれることによって、その文の容認度は変化していくということである。この事実が示唆する記述的・理論的重要性は決して小さくない。二点を指摘しておきたい。一点目は、なぜこうした表現が使用されるかという問題をめぐって、「トークン頻度が高い動詞であればあるほど、パターンとの結びつきは弱くなり、その項構造を予測するのは難しい」という一般化に経験的支持を与えている点である。二点目は、Pinker (1989) に代表される語彙主義の研究モデルが主張するような、先験的項構造と単純化されたリンキングのルールでは、捉えることができない事例であるため、発話文脈に基づく動的なカテゴリー化のプロセスを考えなければならないことを示している点

である。

　以上で取り上げた頻度効果の問題は、英語に限らず、4章以降で見ていく日本語の具体的な言語現象においても同様に観察されており、使用基盤モデルの妥当性・信頼性を強く示唆している。

2.3　構文文法

　本節では、本研究のもう一つの理論的背景として、構文文法の理論的位置づけおよび分析手法について概観する。前半では、構文文法の成立に関わる研究史を概観し、後半では構文主義に基づく分析モデルを概観する。

2.3.1　構文文法の成立

　構文文法の成立の歴史は比較的新しく、70年代に行われたレイコフ (G. Lakoff) による一連の考察(特にCLSにおける1974年の"Syntactic Amalgams"と1977年の"Linguistic Gestalts")にその原点を求めることができる。レイコフの初期の研究が構文文法の成立に与えた影響として二点を述べることができる。一点目は、変形操作を基盤とする分析を批判し、ユニフィケーション (Unification) に基づく記述モデルの試案を示した点、二点目に音韻、統語、形態、意味のすべてのレベルにおいてゲシュタルト的性質が存在することを指摘した点である。このことが、関連分野の研究者に支持され、80年代以降の構文文法の成立を促進させたものと評価されている (cf. Östman and Fried 2005)。具体的にはフィルモア (C. Fillmore) やケイ (P. Kay) といったUC Berkeleyの研究グループを中心に語法の観察に基づくボトムアップ的な文法記述の重要性が唱えられ、生成文法のアンチテーゼとして構文文法が旗揚げされることになった。その研究成果の深化によって、徐々に文法現象における意味論的・語用論的性質の重要性が明らかになり、多くの生成意味論 (Generative Semantics) の研究者によって意味や語用論的効果と統語形式の結びつきをめぐる考察がなされるようになった (例えば Fillmore and Lakoff (eds.) 1974で、Berkeleyの研究グループによる研究成果の一端を見ることができる)。

70 年代、80 年代の研究成果は構文文法の成立において二点の影響を与えた。一点目は、統語論中心の文法研究を批判し、意味と形式の対応における単層文法としての方向性を作ったこと、二点目は、語法の問題に注視し、ボトムアップ的な記述態度を確立させたことである。

　90 年代に入り、上述の流れを継承する形で、Goldberg (1995) による項構造をめぐる考察が世界的に注目されるようになる。その背景には、Levin (1993) をはじめとする語彙意味論の枠組みとの生産的な議論がなされたことが挙げられる。Goldberg (1995) による構文研究が持つ研究史上の意義として二点を述べることができる。一点目は、構文文法の記述説明の射程が、周辺的な語法分析に限定されるわけではないことを示したこと、二点目は、Lakoff (1977) を継承し、文が持つ全体的 (holistic) な側面にフォーカスを置くことで、語彙主義との違いを明確にしたことである。これらによって、構文文法の研究ストラテジーがより明確になった。

　そして、2000 年以降の研究動向において注目すべきものとして、現象面での応用研究が着実に増えてきたことと、理論面での統合や拡張が試みられていることが挙げられる。前者の例として、Yamanashi (2001)、Stefanowitsch (2003) などによる Speech-act Construction の研究、Michaelis (1998) によるアスペクト構文、さらには Tomasello (2003) による言語習得への応用研究が挙げられる。後者の例として、Croft (2002) による新たな構文モデルの提案や、Boas (2003) による FrameNet との統合、さらには Östman and Fried (eds.) (2005) においては概念意味論 (Conceptual Semantics) や word grammar との統合による新たなモデル化が試みられている[6]。

2.3.2　構文文法の特徴

　一言で構文文法といってもそれは決して単一のモデルを指し示すものではない。というのも、構文文法の場合、開発段階においてすでに (複数の研究者によって) 複数の方向性をもっていたことが指摘されているからである (cf. 大堀 2001)。ということから、構文文法の特徴といってもそれは一言でまとめられるようなものではない[7]。例えば、構文文法の直接的な設計者とも言

えるフィルモアとその共同研究者であったケイは、HPSG (Head-Driven Phrase Structure Grammar)流の素性・値構造(attribute-value structure)とユニフィケーションという計算機構を用いて、独自の形式化を進めている (cf. Fillmore 1985、1988、1989、Fillmore et al. 1988、Fillmore and Kay 1993、Kay 2002)。その一方、レイコフはLakoff(1977)に始まる言語の形式とその概念化の問題に中核をおいた独自の議論を展開している (Lakoff 1977、1987)。以下では、これらの開発者による主要な研究の中から、その基本的主張を確認する形で考察を進める。

2.3.2.1 構文とは

構文文法の提唱者であり、設計者であるフィルモアは、理論構築の中核となる「構文」(Construction)に対して、以下のような見方を示した。

> By grammatical construction we mean any syntactic pattern which is assigned one or more conventional functions in a language, together with whatever is linguistically conventionalized about its contribution to the meaning or the use of structures containing it.　　（Fillmore 1988: 36）

構文文法を従来の枠組みと比較した場合、その最大の特徴は、文法をある限られた領域に制限するのではなく、意味論や語用論的特徴を含む包括的な記述を目指すところにある。そこで重要になるのが「慣習化」のプロセスである。というのは、言語の一定の構造が慣習化によって統合された意味を帯びることは良く見られることだからである。こうした事実に対しては適切な分析が必要であり、そのための基本単位が文法構文である。こうした視点をさらに一般化した場合、構文文法の理論的特徴は以下のようにまとめることができる。

> Construction Grammar is a *non-modular, generative, non-derivational, monostratal, unification-based* grammatical approach, which aims at *full*

coverage of the facts of any language under study without loss of *linguistic generalizations*, within and across languages. （Kay 1997: 123）

上述の引用から分かることとして、構文文法では文法を単なる形式的デバイスの集合と捉えるのではなく、形式 (Form) と意味 (Meaning) の (慣習化の結果による) 結びつきであると位置づけている点が挙げられる。こうした記述的態度を実際の言語分析で実践していくことで、中心 (core) から周辺 (periphery) に至るあらゆる経験事実を単一の記述システムで分析可能と考えている[8]。

以上で概観した見方の妥当性を示唆するものとして、様々なものがあるが、とりわけ強調したいものとして、文現象における語用論的力 (pragmatic forces) に対しても自然な記述を与えることができる。具体例として、Fillmore (1989: 21) による分析を紹介し、この点を確認したい。

(13) a. 今晩はパーティーに行くことは行きますが、少し遅れると思います。
b. この本は読んだことは読んだが、あまりよく分かりません。
c. バークレーのキャンパスはきれいなことはきれいですが、少し狭いです。
d. スタンフォードのキャンパスは広いことは広いんですが、少し殺風景です。

(13) の事例は、「A ことは A」構文の具体例として記述される。この現象において重要なのは、全体の構造の解釈には語用論的情報が必要である、という点である。この構文は左の項の文 ((13a) で言えば「パーティーに行くこと」) の真実性を認めつつ、そこから相手が当然期待すると考えられること ((13a) で言えば「定時にパーティーに参加してくれること」) を同時に打ち消す効果を持つ。そして、節の外側において、具体的にどういう形で推意が打ち消されたか ((13a) で言えば「少し遅れること」) が明記されている。すなわ

ち、「AことはA」構文は相手が期待することを最低限に止めさせる発話行為的力を持つ。

　こうしたフィルモアの観察とその分析は、理論構築の面においても重要な意味合いを持つ。とりわけ二点が指摘できる。一点目に、こうした事実関係は、形式主義に基づくアプローチでは扱えない問題であり、本質的な問題提起を可能にする。というのは(13)のような現象は単純に真偽の問題として片付けられないものであり、パターンの慣習化のプロセスを考慮しない限り、説明できない現象である。二点目として、言語使用が非合成的であることを強く示唆している。それは(13)の文のいずれの構成要素も「打ち消し」の効果を直接的にはコード化しておらず、要素の合成によって全体の意味を導き出すことは困難である。以上から得られる自然な帰結として、「打ち消し」の効果は「AことはA」構文全体の統合された効果と考えざるをえない。

　こうした観察と分析の結果、言語使用が内部構成要素の単なる加算的手続きによって導かれるものではないという発見に至った。同時にフィルモア自身の研究文脈としてもフレーム意味論以降の一貫した立場として語用論的効果と文法構造の有機的関係が強調されるようになった。こうした見方は後の研究として、Goldberg(1995)の項構造構文やCroft(2002)の根源的構文文法(Radical Construction Grammar)、さらにはTomasello(2003)の言語習得研究に応用され、構文文法の汎用性が立証されることとなる。同時にオブジェクト指向を標榜する身体的構文理論(Embodied Construction Grammar; Bergen and Chang 2005)や共起構文分析(Collostructional Analysis; Stefanowisch and Gries 2003)に代表される、実証的考察へと広がりを見せ、多くのサブモデルの開発を促す結果となった。これらの多方面における検証と開発者の努力によって構文文法は単なる語法の詳細な記述に留まらず、言語の本質を捉えるための文法理論として位置づけられることとなった。

2.3.2.2 動機づけ

　動機づけの問題を言語学に導入した最初の研究者はソシュールである。それは、予測可能性と恣意性の中間に位置づけられるものとして導入された概念である。この動機づけの問題は、Goldberg (2006) では、認知的構文アプローチを特徴づけるテーゼの一つであると考えられ、予測可能性とは異なる概念であると述べられている。同様の問題意識は Langacker (1987) においても述べられており、「ある言語がどのようなパターンを用いるかを予測することはできないからといって、そのパターンの選択が意味的基盤を持たないとは限らない」と主張されている。さらに、Lakoff (1987) では動機づけに対するより明示的な定義を与えており、「ある構文が、その言語が持つ別の構文から構造を継承しているほど、動機づけられていることになる」と述べている。これらの観察を踏まえ、構文現象における動機づけの問題をもっとも明示的に述べた研究が Goldberg (1995、2006) である。具体的には継承リンク (inheritance link) による構文間の関係 (の多様性) を明示的に述べている (cf. Goldberg 1995: 75) [9] [10]。この考え方の基本は非常にシンプルなものであり、Goldberg (1995) は、構文の目録が単なる寄せ集め的な集合ではないことを主張し、以下の法則を提唱している。

> The principle of Motivation: if construction A is related to construction B formally, then construction A is motivated to the degree that is related to construction B semantically. Such motivation is maximized.
>
> （Goldberg 1995: 67）

　Goldberg (2006: 218) では上述の法則に対する具体例として、英語の下半身部分につける衣類 (lower-trunk-wear; pants, shorts, knickers, leggings, trousers) のいずれもが必ず文法的複数形で使用される現象を取り上げ、図 2-9 に示す拡張の動機づけが存在すると指摘している。

```
Lower-trunk-wear construction:          Plural construction:
  form N-s                                form N-s
  sem: N Lower-trunk-wear                 sem: N(pl)
```

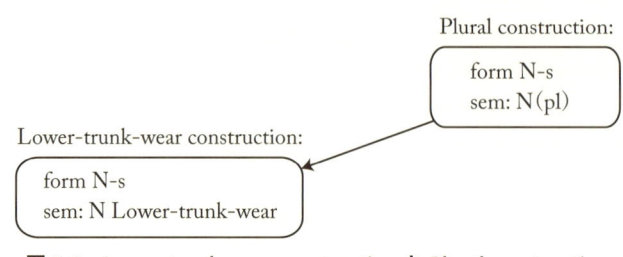

図 2-9 Lower-trunk-wear construction と Plural construction

上述の一般化と図 2-9 において、確認すべきことは両構文が同じ形式を共有していることである。また、両者の意味的関連性を示唆するものとして、(下半身に着る衣類が指し示すものからは予測できないが)その物体の種類の特徴としていずれもが「二つの部分で一対をなす」という構造的特徴を示すという事実がある。Goldberg (2006) では、こうした意味的関連性こそが、図 2-9 の拡張関係に強い動機づけを与えていると説明する。

図 2-9 に示す関係づけないしは組織化は、認知文法をはじめとする認知言語学の研究成果により、語彙論の分野ではかなり一般的なものとして受け入れられるようになっている。というのも、語彙が相互に関連性をもたない独立体であるという考えはほとんど否定されているからである (cf. Pustejovsky 1995、Croft and Cruse 2004、Taylor 1989、2002)。一方、構文の問題においてこの種の組織化が可能かという点をめぐっては未だ独立した証拠が示されておらず、動詞の問題を含め、包括的な議論が今後必要になるであろう (cf. 中村 2001)。

2.3.2.3 表層指向と非還元主義

構文文法は理論の成立当初から、言語の表層形に対する徹底した記述を目指している。その背景に、派生に基づく抽象的統語理論 (特に 80 年代半ばの GB 理論) に対する不満があったことは指摘するまでもないことであろう。派生基盤の分析では、非常に素朴な直観として、意味的に類似した構文同士には表面的には見えないが、背後に巨大な構造があると想定している。この背後の見えない構造に何らかの統語的操作が加わった結果として、表層

の文や句などの言語単位が生成されると考えている。この種の分析を後押ししたのが、言語単位間のルーズなパラフレーズ可能性の問題である（cf. Michaelis and Ruppenhofer 2001）。古典的な現象としては、受動態と能動態に見られる交替現象、さらには、場所格交替現象（cf. Fillmore 1968、岸本 2005）などが挙げられる。

　構文文法では、上述の伝統的アプローチに対して、理論面・経験事実面で問題提起をしてきた。具体的には Goldberg（1995、2006）は与格交替が各々の構文の、他に還元できない独立した意味に動機づけられていることを示した。同様のアプローチに基づく研究として Michaelis and Ruppenhofer（2001）では語の足し算的アプローチで文の意味を得ようとするアプローチを批判し、ドイツ語における場所格交替を取り上げ、意味的多様性の問題を構文文法的アプローチで分析している。また、同様のアプローチに基づくもので、日本語の場所格交替を分析した研究として、永田（2006）があり、日本語の格パターンは各々が異なる認知事態をエンコードしていることを言語現象の事実面から示している。これらの研究に共通するのは、いずれもパラフレーズ可能性に対し、批判的見方を示しており、意味的動機づけの面で、言語現象を捉えなおした場合、厳密な意味で、パラフレーズという概念は解体されることを示している。

2.3.2.4　意味と形式のペアリング

　2.3.2.1 節で例示した通り、文ないしは広義の複合表現においては、語や形態素といった構成要素からは直接には予測できない語用論的・意味的効果が存在する。構文文法では、こうした効果を捉えるため「文法構文（Grammatical Construction）」という概念を提唱しており、これは言語のあらゆる側面を構成しているものと位置づけられている（Fillmore 1988、Goldberg 1995、Bencini and Goldberg 2000、Östman and Fried（eds.）2005、Fried and Boas（eds.）2005）。その概念的定義はすべてにおいて共通認識があるわけではないが、もっとも明示的な定義づけを行ったのは Goldberg（1995）であると言える。

C is a CONSTRUCTION iff$_{def}$ C is a form-meaning pair $<F_i, S_i>$ such that some aspect of F_i or some aspect of S_i is not strictly predictable form C's component parts of from other previously established constructions.

(Goldberg 1995: 4)

上記の定義からも分かるように「構文」とは特定の形式に対して特定の意味がペアをなす場合に限って定義される概念である[11]。しかし、ここで問題になるのは、この「意味的効果」たるものがどのような条件下で観察でき、かつ、どのような条件を満足した場合、それが構文の意味的効果であると認定されるのか、という点である。この点を一般的レベルで捉えた場合、以下の二つの条件によって定義される。

(14) a. 条件 1：形式 F = $\{f_1, f_2, \cdots f_n\}$ とその意味 M が対をなす。
 b. 条件 2：全体の M が $\{m_1, m_2, \cdots m_n\}$ からの厳密な合成によっては表現できない。

これら二つの条件は、次のようにパラフレーズすることができる。あるまとまった形式 F = $\{f_1, f_2, \cdots f_n\}$ に構文効果があると認定されるのは、F の全体の意味 M が $\{f_1, f_2, \cdots f_n\}$ の意味の集合 $\{m_1, m_2, \cdots m_n\}$ から厳密に構成的な仕方で構築できない場合である。この定義に基づく現象記述をもっとも具体的に行ったのは、Goldberg(1995、1997、1998)による項構造構文(argument structure construction)の研究である。以下の(15)から考えてみよう。

(15) a. The fly buzzed into the room.
 b. She kissed him unconscious.
 c. Pat faxed Bill the letter.
 d. Pat sneezed the foam off the cappuccino.

(15)の言語事実において重要なのは、文内のいずれの形式 F も全体の意味

Mを直接的にはコード化していない点である。ここで言う全体の意味Mとは、(15a)で言えば、「X MOVES TO Y」（あるものXがある空間Yへ移動すること）であり、(15b)では「X CAUSES Y TO BECOME Z」（あるものXがあるものYへの働きかけによって、Zという状態に陥ったこと）であり、(15c)では「X CAUSES Y TO RECEIVE Z」（あるものXがあるものYにZを受け取らせる）であり、(15d)では「X CAUSES Y TO MOVE Z」（あるものXのYへの働きかけによってZへ移動させること）である。これらの意味Mをめぐる記述的要請に対し、（構成要素を超えたレベルで）全体の統語形式(e.g. SVO、SVOO)の機能であると結論づける、というのがGoldberg(1995)の中心的な主張である。

　同様の現象が日本語においても存在する点を指摘したのが李(2002b、2004d)である。

(16) a.　船が霧の中に消えた。
　　 b.　母がトンカツにレモンをしぼった。
　　 c.　太郎が花子を嫁に迎えた。

(16)においては(15)と同様にいずれの形式Fからも意味Mを直接は予測できない。(16a)における「ある移動主がある空間の中へ移動する」ことや、(16b)における「トンカツにレモン汁をしぼり落とすという使役移動」のこと、さらに(16c)における「花子が太郎の嫁になるという結果」のことを構成要素から予測することはできない。こうした事実関係をめぐる記述的戦略の一つとして、李(2002b、2004d)では格パターン（例えば、「XがYにVする」や「XがYにZをVする」）の制約として分析できると主張している。

　以上で例示した文全体の骨格となる意味の問題、すなわち構文効果の処理をめぐってGoldberg(1995、1997、1998)および李(2002b、2004d)では統語形式のまとまりが示す意味的効果として記述した。その中心的な狙いは二点ある。一点目は、文の意味における非合成的性質の体系的記述を図り、二点目は統語形式の意味論的振舞いの体系的記述を図る、というものである。た

だ、李 (2002b) が行った一般化が日本語の事実をどこまで体系的に説明できるかという問題があるが、この点をめぐる詳細な考察は、第 4 章で行う。

2.3.3　主要分析モデル

近年の構文研究の集大成とも言える Goldberg (2006) では、構文主義者 (constructionist) の分析モデルの類型化を行っており、以下の四つに分類している。

(17) a.　UCxG: Unification Construction Grammar
　　　　　　　　　（Fillmore 1988, 1989; Kay 2002, Kay and Fillmore 1999）
　　 b.　CG: Cognitive Grammar　　　　　（Langacker 1987, 1991, 2003）
　　 c.　RCxG: Radical Construction Grammar　　　　　（Croft 2002）
　　 d.　CCxG: Cognitive Construction Grammar
　　　　　　　　　（Lakoff 1987, Goldberg 1995, Bencini and Goldberg 2000）

Goldberg (2006: 215) では、(17b) から (17d) に比べ、(17a) が特殊であると述べており、表 2-3 のような特徴づけを行っている。

表 2-3　構文モデルの比較

	CG, RCxG, CCxG	UCxG
Constructions	Learned pairings of form and function	Learned pairings of form and function
Role of constructions	Central	Central
Non-derivational	Yes	Yes
Inheritance	Default	Default (previously monotonic)
Usage-based	Yes	Not uniformly
Formalism	Notation developed for ease of exposition only	Heavy focus on unification-based formalism
Role of "motivation"	Central	None
Emphasis on	Psychological plausibility	Formal explicitness; maximal generalization

表 2-3 で注目すべきは、UCxG は余剰性を排除した最大の一般化を目指すという点である。このモデルは既存のパターンからの予測可能性を重視し、認知主体におけるリアリティの問題は直接には反映されない。一方、CG、RCxG、CCxG においては、意味的動機づけの問題を重視し、使用基盤であることから、頻度の問題を射程に入れた記述分析を試みている。次節では、本研究のアプローチと関連が深い、CG、RCxG、CCxG を順に取り上げ、その問題意識を確認することとする。

2.3.3.1 認知的構文文法（CCxG）

CCxG とは、認知言語学的視点を取り入れた構文分析の枠組みである。古典的研究としては、レイコフやゴールドバーグを中心になされた一連の考察（例えば、Lakoff 1987 や Goldberg 1995）からはじまり、Kemmer and Verhagen (1994)、山梨 (2000)、Kemmer (2003)、さらには近年の Bergen and Chang (2005)、谷口 (2005)、Tomasello (2003)、李 (2002b、2003b)、永田 (2005、2006)、伊藤 (2005) も認知的構文アプローチであると言える[12]。これらの研究が扱っている現象および分析の道具立ては様々であるが、いずれの研究においても共通する態度として、次のことが指摘できる。

(18) a. 動機づけを重視。
　　 b. 動的構造の記述を重視。
　　 c. 心的実在性を重視。

(18a) の動機づけを重視する態度は、2.2.3 節で述べた通り、認知言語学の一般的傾向を継承するもので、単なる現象とその記述レベルに留まるのではなく、人間の身体経験や事態認知の観点からの一般化を目指す。次に、(18b) の問題として文の意味を確定的・静的な構造として捉えるのではなく、ネットワーク的視点から捉えている。代表例としては Goldberg (1995) が二重目的語構文の意味的多様性を放射状カテゴリーとして分析したことなどが挙げられる。次に、(18c) の問題として、フィルモアを中心とする UCxG では、普遍

的一般化を最優先課題として位置づけているのに対して、CCxG では認知主体における心的実在性の問題を重要視しており、慎重な記述を行っている。

2.3.3.2　根源的構文文法（RCxG）

根源的構文文法（Radical Construction Grammar）とは、認知類型論の先駆者クロフト（W. Croft）によって提唱された構文文法のサブモデルである。その全貌は Croft (2002) によって明らかになった。理論的前提の多くを CCxG と共有してはいるものの、ラネカーの認知文法（Cognitive Grammar）の考えを随所に取り入れつつ、類型論的要請に基づいてデザインされた枠組みである。従来の統語理論が前提としてきた概念の多くを批判的に捉えており、非常にユニークな統語モデルと言える。

根源的構文文法は、主として構文の内部構造の体系的記述を目指しており、現象面では主語や目的語といった統語範疇の問題、名詞や形容詞といった品詞の問題、主要部や補部といった統語関係の問題などを幅広く扱っている。分析上の視点として単一の言語の記述ではなく、複数の言語間の対照や比較による一般化を射程に入れており、どのような概念が必要か、どのような方法論を導入すべきか、という問題意識が盛り込まれている。

重要な論点としては次に示す従来の見方とは異なる点がある。統語的派生（syntactic derivation）に基づく抽象的統語論（abstract syntax）の研究モデルが一貫して擁護し続けてきた見方の一つに「言語事実の分布およびその可能な構造は構成要素およびそれらの組み合わせ規則によって、充分に予測可能である」というものがある。この考え方によれば、構文に特有な特性は（構成要素の制約に還元できるので）文法から排除され、結果的に「構文は単なる（現象レベルの）副産物にすぎない」という結論が導き出される。根源的構文文法は、こうした考え方に真っ向から反論を唱える。具体的には四点の問題提起を行っている。第一に、文法範疇（grammatical categories：語彙範疇や統語役割など）を先験的な存在物と位置づけておらず、個々の構文に固有の存在であると論じている。第二に、構文は統語表示の基本要素であると論じており、単なる副産物としては扱わない。この主張の背景には、認知文法を

中心とする語彙と統語の連続的関係に基づく包括的分析の意図があり、表2-4の構文タイプが存在すると論じている。

表 2-4 構文タイプ

Construction type	Traditional name	Examples
Complex and schematic	Syntax	[Sbj Verb Obj]
Complex and substantive	Idiom	[*kick the bucket*]
Complex but bound	Morphology	[Noun-s], [Verb-tns]
Atomic and schematic	Syntactic category	[Dem], [Adj]
Atomic and substantive	word/lexicon	[*this*], [*green*]

第三に、統語関係(syntactic relation)は否定し、統語役割(syntactic role)のみを認めるべきと論じる。第四に、構文は言語固有(language-specific)であると論じており、いわゆる普遍文法(universal grammar)の存在を否定している。この背景には根源的構文文法が言語類型論的観察に基づいて提案されたということが関係しており、品詞や統語関係までも言語固有(language-specific)であり、構文固有(construction-specific)であると位置づけている。

2.3.3.3 認知文法と構文文法

本章のこれまでの議論において、構文文法と認知文法の連続性は度々示唆された。もっとも、Goldberg (2006)では認知文法を構文アプローチの一つであると評価している通り、両者は多くの点で共通している。Langacker (2003)およびGoldberg (2006)が指摘するところによれば、下記に示す方法論的共通性が認められる。

(19) a. ルールを優先して、構文が文法記述の基本である。
　　b. 非派生(non-derivational)的枠組みである。
　　c. レキシコンと文法は、明確に境界づけられるものではない。
　　d. 構文は形式と意味のペアリングである。
　　e. 情報構造も構文の意味の一部である。

f. 構文はカテゴリー化関係としてネットワークを形成している。
g. 構文の規則的形式は具体的言語表現とスキーマ的に関係づけられる。
h. 言語の知識は膨大な量の構文によって特徴づけられる。
i. 特異な構文は一般的構文の特別な事例であると位置づけられる。
j. 文法性の問題と容認度の問題を線引きして区別することはできない。

両者における共通性は、Croft and Cruse(2004: 278)においても同様に認められており、認知文法における統語表示についての分析は構文文法そのものであるとも捉えられている。一方、認知文法と構文文法の相違としては、認知文法では純統語的と位置づけられた文法カテゴリーに対してさえも意味的・概念的な定義を行っている点が挙げられる。例えば、認知文法では、名詞や動詞といった純統語的カテゴリーと位置づけられてきた概念に関しても、非常にスキーマ的ではあるが、シンボリックビューの視点から意味的な定義が可能であると論じている。しかし、Goldberg(2006)、Croft(2002)、Croft and Cruse(2004)では、統語範疇そのものが構文固有であり、言語固有であることを理由に、このことに対して懐疑的な立場をとっている。

2.3.4 日本語学における構文研究との関連性

本研究は、構文文法や認知文法といった理論言語学の視点から、日本語の構文現象を捉えるものである。このようなアプローチは、従来の日本語学においても部分的に観察できるものであり、特に寺村(1982)や奥田(1985)、尾上(2001)、森田(2002)による分析は、本研究とも多くの部分で問題意識を共有することができる。これらの研究は、以下の点において2.3.2節および2.3.3節で述べた構文主義的研究の一種であると位置づけることができる。

(20) a. 抽象的ルールよりも語法の問題を重視している。

b. 形式の使用に意味の問題が深く関与していると考えている。
c. 表現のまとまりが持つ特異性を認識している。

(20a)は、これまでの日本語学的研究に散在する傾向の一つと言えるが、このことは、実のところ2.3.2.3節で述べた表層指向性と事実上、同じことであると言える。また、(20b)については、尾上(2001)において特に顕著と言える傾向で、意味の問題を取り入れた分析の必要性・重要性は日本語学的研究においても認識されている。(20c)については、奥田(1985)による連語論や、森田(2002)による文型の意味論といった分析に明示的に表れているもので、その考え方の根本は、構文文法の主張と重なる部分が多々あると言える。

以上の理由から、従来の日本語学的研究の問題意識は認知文法・構文文法と共有できる部分が多い。本研究においても寺村(1982)による研究成果を積極的に取り入れながら、認知言語学的分析との接点を模索する。同時に寺村(1982)の分析のどこに、どのような限界があったかを明らかにしたいと考えている。

2.4 まとめ

本章では、本研究の理論的背景として、認知言語学の枠組みで提唱された文法現象への記述モデルを概略的に考察した。2.1節では、文法現象に対する認知言語学的アプローチの特徴を述べた。そして、その実践例として、2.2節では使用基盤モデルを含む認知文法の特徴を、2.3節では構文文法の理論的特徴を考察した。次章では、本章の考察を踏まえ、本研究の分析モデルの詳細を示し、その理論的位置づけを明らかにする。

注

1. 山梨(2000: 253)が指摘することでもあるが、認知言語学のパラダイムの基本的考え方は、突然出現したものではない。生成意味論(Generative Semantics)のアプローチにその原点を窺うことができる。具体的には次の点で共通している。(1)言語的知識と言語外的知識の区分は不可能である。(2)統語部門は意味部門によって解釈的に規定されるのではなく、後者から前者へと生成的に規定される。(3)文法は意味的要因や語用論的要因から独立したモジュールとしては規定できない。(4)文法に関わる現象は意味的・語用論的要因に動機づけられており、推論、発話の力、会話の含意などの自然論理(natural logic)と切り離して研究することはできない。(5) 文法カテゴリーとそれに関わる言語現象はファジー(fuzzy)であり、連続階層体(squish)を形成しており、絶対的な境界に基づく規定は不可能である。(6) 言語現象の規定に導入される記述・説明項は形式的で恣意的な理論仮構物ではなく、記号系の外からの経験的要因によって動機づけられていなければならない。

2. ラネカーが言うシンボリック構造(symbolic structure)とは音韻構造と意味構造の関係を表すために用いる用語であり、数学や論理学などの関連分野で用いられる変項という意味ではない。言語学においてもPinker (1989)では統語規則や形態規則がシンボリックであると主張しているが、そこでは意味は捨象したN、V、VPといった表象に対する操作という意味において用いており、意味的動機づけを常に前提にしている認知文法とは本質的に異なる見方である。

3. 日本語の形容動詞の例を考えれば、この種のアプローチの妥当性は明らかである。具体的な研究として、上原(2002)ではあらゆる文法理論が無批判に取り入れている品詞分類の問題を扱っている。特に「形容詞」という類型的にも幅の大きいカテゴリーの特徴に対して一律的な規定を与えることは困難であることを示した上で、プロトタイプ論に基づく新たな分析モデルを提唱している。

4. 生成文法では「生成メカニズムとしての文法」、すなわち、何らかの入力があり、その入力に基づいて何らかの操作が加わった結果を出力として出す仕組みとしての文法を定義する(福井2001、中島・池内2003、北川・上山2004)。このことから、生成文法では言語のあらゆる現象が文法であるとは捉えておらず、「言語現象の中でメカニズムとして捉えられる部分、すなわちこういう場合には必ずこうなる、という形で捉えられる部分を追求しており、その対応関係を説明するもの」として文法を位置づけている(北川・上山2004: 190)。

5. 早瀬・堀田(2005)ではトークン頻度をめぐって保守化現象と縮約現象について分析を行っている。例えば、「帳尻合わせ、埒があかない、固唾を飲む、地団駄を踏む」のような現象で注目すべきは、表現全体としてトークン頻度が高い場合、その表現は一つのまとまりとしてルーチン化されるため、表現内部における意味と形式はかわることなく、保守的に維持される傾向にある。具体的に言えば「埒」

とは元々馬場の周囲の柵の意で用いられたが、現在は馬に対するニーズそのものが変化したため、ほとんどの日本語話者において認知されていない。こうした事例に共通する特徴として、いずれの表現も本来の意味は薄れてしまっても定型表現としてのトークン頻度が高いがために本来ならば使われなくなったはずの単語が生き残っているということが言える。

6 特にLeino(2005)は、本研究の問題意識と共有できる部分が多々あり、認知文法との統合を目指している。その背景として、認知文法と構文文法の両者は共に、(生成パラダイムに対して)アナログ的アプローチによる見直しを提案していること、道具立ての面で非常に類似していることが指摘されている。両者の相違といえば、それは、考察の開始時点の問題として、認知文法は意味から考察を開始しているのに対して、構文文法は形式から考察を開始していることくらいであると指摘している。認知文法と構文文法の関係をめぐる詳細な考察は、2.3.3.3 節で行った。

7 ただ、構文主義者(construction grammarian)に共通する点として、生成パラダイムが主張する自律統語論への反動者として位置づけられる。Fillmore(1988)によれば、「…construction grammars have similarities to a number of other approaches to grammar, meaning, and natural langusge understanding, construction grammarians differ from many other workers in the generativist tradition by their insistence on simultaneously describing grammatical patterns and the semantic and pragmatic purposes to which they are dedicated, …」と記されおり、意味や語用論効果に着目した記述を行っている点において、生成パラダイムとは異なる方向性を標榜している。なお、こうした姿勢はLakoff(1977)においても明確に表れている。

8 生成的(generative)な文法であることの理解をめぐって、次の点に注意しなければならない。構文文法が考える生成的特徴づけは、言語事実に基づくボトムアップ的プロセスであるのに対して、チョムスキー流の形式主義においては、形式デバイスに基づくトップダウン的プロセスであり、両者は単純には同一視できない。

9 「継承」という考え方の基本は言うまでもなく、単一化文法(Unification-based Grammar)からきたものである。ある下位クラスが上位に分類されるクラスの情報を保持する場合、それは継承(階層的)関係にあると規定される(cf. Fillmore and Kay 1993、Sag and Wasow 1999)。この種の考え方は、主として語彙情報を整理するために使用されている。

10 Goldberg(1995: 75–97)では次の四つの継承リンクが提案された。
    1. 多義性リンク：二重目的語構文(e. g. Joe gave Sally the ball.)→受益二重目的語構文(e. g. Joe baked Bob a cake.)
    2. メタファーリンク：使役移動構文(e. g. Joe kicked the bottle into the yard.)→結果構文(e. g. Joe kicked Bob black and blue.)

3. 部分関係のリンク：使役移動構文→自動構文 (e. g. The piano moved into the room.)
4. 具体例リンク：結果構文→ drive- 'crazy' 構文 (e. g. Chris drove Pat mad/bonkers/bananas/crazy/over the edge.)

11 この見方に関しては、次のような理論的前提に立っている点に注意しなければならない。それは古典的枠組みにおいて、しばしば言われてきた「文法的意味」と「語彙的意味」という二分法的とは本質的に異なる点である。「構文」的立場においては意味というものに関して語彙（lexicon）と統語構造（syntax）の本質的な相違は想定しておらず、統語構造においても語彙同様、特定の音韻極（phonological pole）に対して、特定の意味極（semantic pole）を持つものとして規定される。この種の規定に従うのであれば、統語形式も語と同様、多義的であったり、特定の統語形式が別の統語形式を動機づけたりするといった規定が可能となる。

12 Langacker(2005)でも明言されている通り、認知文法も認知的構文アプローチの一つではあるが、この点をめぐるより詳細な考察は、2.3.3.3節でまとめて述べる。

第3章　本研究の分析モデル
—関連モデルの統合へ向けて

　本章では、第2章の理論的背景を踏まえた上で、本研究が提案する分析枠組みについて述べる。本研究の分析モデルに関する特徴として、1) 使用基盤モデルを中心軸に、認知文法と構文文法の理論的統合を図っていること、2) コーパスに基づくデータ収集を行うことで、偏りのない現象観察を目指していること、3) 統計的手法に基づくデータ分析を行うことで、客観性のある一般化を目指していることである。

3.1　本研究の分析モデルの概要

　本節では、今後の議論に道標を与えるべく、本研究の分析モデルを概略的に示すとともに、大枠となる方向性を示す。本研究の基本的な着眼点として、コーパスの使用例に対する体系的分析を目指すこと、また記述枠組みの特徴として、認知文法と構文文法を統合し、そこから得られる新たな知見に基づいて構文を捉えること、そして、こうした統合によって、使用例に対するより一貫した分析が可能になると考えている。その見取り図を示す。

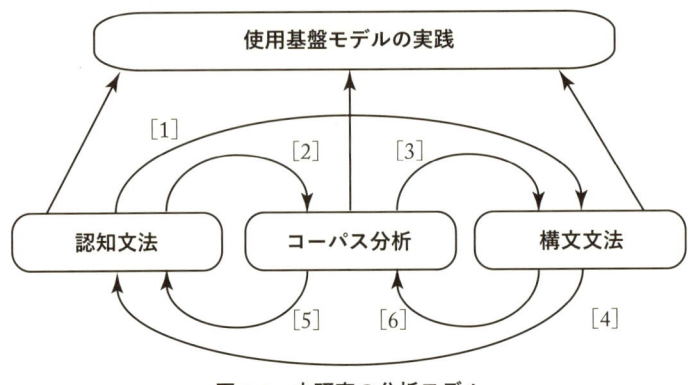

図3-1 本研究の分析モデル

図3-1は、使用基盤モデルの実践を意図した分析モデルで、三つの枠組みおよびその方法論を関連づけている。［1］から［6］は相互を補強するものであり、(21)の関係性を持っている。

(21) a. ［1］の関係性：認知的動機づけの明示化に貢献する。
　　b. ［2］・［6］の関係性：データに対する見方を提供する。
　　c. ［3］・［5］の関係性：理論的妥当性の評価を可能にする。
　　d. ［4］の関係性：文法現象に対する体系的一般化を可能にする。

図3-1において特徴的なのは、［2］、［6］や［3］、［5］の利点を生かし、コーパス言語学的視点を取り入れている点である。まず、［2］、［6］に関連し、次の点を強調したい。コーパス言語学は認知文法や構文文法のような言語理論ではない。というのは、コーパス言語学とは方法論からみた言語に対するアプローチの一つであり、データの収集法とその処理のための方法論を規定するものだからである。このことに対して、本研究の分析モデルは理論的研究の成果を踏まえ、積極的に考察を行う。この点において、本研究のアプローチは、従来のコーパス基盤の研究（具体的な方法論などは、齊藤（他）（編）1998参照）とは単純には同一視できない。また、［3］、［5］は次の点で重要な意味を有する。従来、作例を基盤とする理論的研究の多くは、言語現

象に対する部分的予測ないしは一般化を目的としてきた。この種の研究においては、(多くの場合)理論的予測ないしは一般化を実際の言語使用につき合わせて、その記述説明がどこまで妥当かを体系的に評価するということはあまり行ってこなかった。こうした問題点に対し、[3]、[5] が示す通り、本研究の分析モデルは、理論的予測に対する評価というサイクルを積極的に導入する。こうすることで真の使用基盤モデルの実践が可能になると考えている。最後に [4] については、前章の 2.3.3.3 節で述べたため、割愛する。

3.2 本研究における構文の位置づけ

本節では、まず構文を位置づけるための二つのキーワードを挙げる。そして、それに対する本研究の基本的立場を明らかにする。二つのキーワードとは「シンボリックビューとしての文法」と「非還元主義」である。これらの考察に基づいて構文を位置づけた場合、どのような位置づけが可能になるか、さらには、どのような展望が得られるかを考察する。

3.2.1 構文を定義する二つのキーワード

本研究が目指す構文的アプローチは、認知言語学に共有されている次のテーゼを擁護するものである。

(22) a. シンボリックビューとしての文法：文法体系もレキシコン同様、形式と意味の対応からなる記号と見なす。
   b. 非還元主義：言語は、そのいずれのレベルにおいても、(部分と部分、および部分と全体の関係において) 他の要素に還元できない動機づけを有する。

まず、(22a) は Langacker (1987、1991) を中心とする認知文法、さらには認知言語学の根底を支える基本的知見と言える。よって、既に多くの研究者間で共通理解となっていることを考慮し、これ以上の繰り返しは避けるが、次

の点のみ補足する。(22a)が述べるシンボリック・ビューから文法を捉えることの意義、ないしはその重要性を正しく理解するには(理論的整合性の面から)一つ考慮しなければならないことがある。それは、「言語の意味」というものの位置づけをめぐる問題である。

　ほとんどの分析者において、語彙や辞書は意味と切り離せない関係にあると考えられている。しかし、文法が意味を要請するかについては、少なからず意見が分かれるものであり、それほど自明なものではない。というのも、構成論的手法、すなわち意味の足し算的分析を支持する立場とそうでない立場で相違が見られるからである。一見単純そうに見えるこの二者の対立には、表面的立場上の相違以上に、本質的な考え方の違いが存在する。ここで問題の鍵を握るのは、意味というものをどのように定義するか、ということにある。というのは、(22a)において「意味」と称されるものは、客観主義、ないしは真理条件主義的意味観とは異なるのである。(22a)が基本とする意味観は、認知主体の「捉え方(Construal)」に基本をおく概念主義的意味観、さらにはプロトタイプ論を中心とする経験基盤主義的意味観に則したものである。

　次に、本研究が構文的アプローチの理論的背景として特に強調したいのは、(22b)の側面、すなわち非還元主義の立場に立つ点である。この点に関連し、近年の興味深い研究として、Croft (2002)が提示した「根源的構文文法(Radical Construction Grammar)」を取り上げることができる。

　根源的構文文法は、要素還元的手法に基づく従来の統語理論を厳しく批判しており、徹底した非還元主義、すなわち構文の個別性・固有性を重視した記述を一大特徴とする枠組みである。その中心的主張において、三点の問題提起を行っている。第一に統語関係(syntactic relation)の否定、第二に普遍文法(universal grammar)の否定、最後にもっとも重要な主張となる原子的統語範疇(primitive syntactic category)の否定である。特に、第三の主張の背後には、「構文こそ統語表示の基本であり、統語範疇は構文によって派生されるもの」(ibid: 4)と捉えており、興味深い問題提起を行っている。

　一見極論とも考えられる根源的構文文法の主張の意義を正しく評価するに

は、まず次の点を考慮に入れる必要がある。それは、根源的構文文法が「従来のシンタクスに対するアンチテーゼとして生まれた考え方」という点である。このため、Croft (2002) の問題提起およびその意義を理解するには、まず従来の枠組みについての理解、さらには両者の比較検討が必要となる。

従来、抽象的統語論 (abstract syntax) を援用する多くの研究が一貫して擁護し続けてきた（文文法に対する）態度の一つに、「言語事実の分布およびその可能な構造は、構成要素とその組み合わせ規則から予測可能である」という主張がある。この考え方によれば、構文に特有な特性は（構成要素に還元できるので）文法から排除され、結果的に「構文は単なる現象レベルの副産物にすぎず、文法の基本単位ではない」という結論が導き出される。こうした「構成要素から全体を得る」アプローチに対して、根源的構文文法はある意味、逆の方向性を主張していると考えられる。というのは、根源的構文文法は文法現象の中核に構文を位置づけており、従来の枠組みがプリミティブなものと仮定してきた統語範疇までもが構文によって派生されると主張しているからである。このことから、従来の「要素から全体へ」のアプローチに対して、根源的構文文法は、「全体から要素」という正反対の方向づけを行っている。もし、根源的構文文法を従来のシンタクス研究に対するアンチ・テーゼと位置づけるならば、それはまさしく、この構成要素と全体の関係をめぐり、本質的問題提起を行ったところによるのである。

では、次の問題として、「要素還元主義と非還元主義のいずれのアプローチがより妥当か」という問いかけに答えなければならない。この問いをより経験的なものにするため、次のように置き換えてみたい。いずれのアプローチがより言語事実に即して、具体例を正しく評価できるだろうか。しかし、一見単純に思える問題提起であるが、この問いに即答することは簡単ではない。というのは、実際の言語現象に即して考えてみた場合、両者ともに、事実のレベルで深く関与していると見るべきだからである。すなわち、二者択一として捉えることは、困難なものがある。となると「いずれのアプローチが妥当か」の問いは結局のところ、次の問いに置き換えて考えざるを得ない。「どのアプローチがより体系的記述説明を可能にするか」、さらには、

「どのアプローチがより一貫した記述の基盤を提供できるか」である。

本研究は、以上の問題意識のもと、第4章以下の具体的考察において、要素ベースのアプローチ、とりわけ動詞の制約に基づく分析の問題点を指摘すると同時に、構文的アプローチこそが体系的な記述・説明の基盤を提供できることを示す。

3.2.2　二つの構文（対立する文法観・言語観）

本研究の分析の基本となる構文という用語およびその概念は、従来様々な研究者によって異なる位置づけの中で用いられてきた。そのため、構文という用語には、定義以上の曖昧性が生じ、しばしば分析者が意図しない誤解を招く恐れもある。ここでは、今後の考察に対する予期せぬ誤解を防ぐべく、構文に対して、二つの相反する立場が存在することを明らかにする。同時に、二つの立場についての混同を避けるため、その背後に存在する文法観の相違を明らかにし、その理解を深めておきたい。

まず、本研究で用いられる構文を正しく捉えるには、次の関係を理解する必要がある。既述の通り、本研究では、語彙を形式と意味のシンボリックな対応関係で定義することと同様に、構文に関しても形式と意味のシンボリックな対応関係から定義する。すなわち、前節の (22a) からみた構文とは、語彙同様にダイナミックな性質を有するものであり、カテゴリー化といった一般的認知能力に支えられ、我々の日常言語使用を動機づける記号の一つである (cf. Goldberg 1995、山梨 2003)。この点において、前節で示した構文は、従来の見解と対立構造をなす。その対立構造は、単純な用語の問題を超え、文法観、さらには、言語観の相違までも反映したものとなっており、両者の違いを明確にすることは、今後の考察を展開していく上で必要不可欠なことである。

まず、従来の見解を代表するものとして、構成素統語論 (componential syntactic theory) と呼ぶべき考え方がある (cf. Newmeyer 1996、Van Valin 2001、Croft 2002)。この種の立場では、前節で述べた通り、構文は、動詞といった特定の構成素の制約から派生的に生じるものと規定される。こうし

た言語観で用いられる構文は、本研究で用いられる構文とは本質的に区別しなければならず、両者を混同してはならない。ここで、本研究が排除すべき構文観、ないしは文法観を一言でまとめるならば、次のように示すことができる。それは、構文を要素の統語的操作の副産物と捉え、構文を派生させる文法というシステムは予測可能なルールの集合と捉えるものである。

　以上のように本研究が排除する文法観を明らかにすることで、本研究が基本とする文法観が自ずと明らかになってくる。それは、構文と文法の関係に着目し、以下のように示すことができる（点線は図3-5同様シンボリックリンクを表す）。

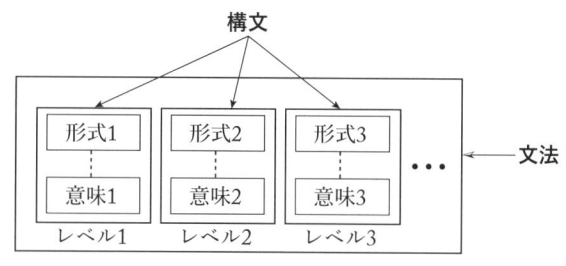

図 3-2　構文と文法

　まず、図3-2における文法とは、単純なルールの集合として定義されるものではない。それは、認知文法に従って「形式と意味の慣習的に定着された言語単位の（用例を含めた）連続的に構造化された目録」として位置づけられる（cf. Langacker 1987、熊代 2003、黒田 2003）。こうした枠組みの中で構文を位置づけた場合、図3-2が示すように複数のレベルにまたがったもの、すなわち、構文とは、決して単一のレベルの言語現象に還元されるべきものではないことに注意してほしい。

　また、図3-2では、次の点が色濃く反映されている。認知言語学では、言語単位をミクロ、マクロのいずれのレベルであれ、ゲシュタルト的に機能する単位として捉える（cf. 山梨 2000: 238）。すなわち、日常の言語単位は、ミクロ、マクロのどのレベルであれ、部分の総和から単純に予測できない特性を持つ統一体であるため、個々の単位は必ず他へ還元できない特性を有す

る。
　さて、具体的にどのようなレベルが認められるのであろうか。これは単純には規定できないが、以下の考察との関連で、必要最低限の論点だけ述べておく。構文に関わるレベル分けには、最低二つのスケールが必要になる。まず、記号列の長さの程度に還元すべき性質として、原子的（atomic）なものと、複合的（complex）なものに関係する長さのスケールが考えられる。次に、表現の抽象度の程度に還元すべき性質として、具体的（specific）なものと、スキーマ的（schematic）なものに関係する抽象度のスケールである。この二つのスケールを具体例とともに示した場合、以下の図3-3および図3-4のようになる。

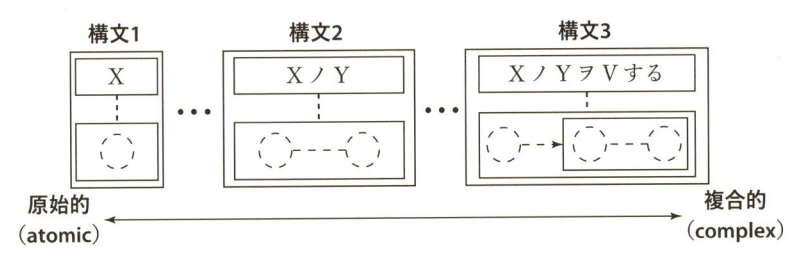

図 3-3　構文における長さのスケール

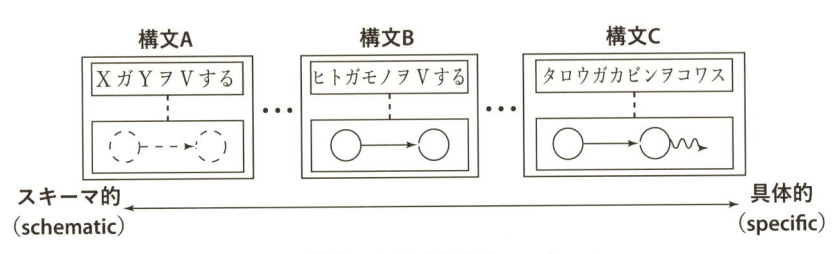

図 3-4　構文における抽象度のスケール

　図3-3と図3-4では、二種類のスケールをもとに、構文の分布を特徴づけている。これらの図が示すように、個々の構文はそれ自体として、具体的である場合もあれば、抽象的である場合もある。また、もう一方の側面においては、原子的なものもあれば、複合的なものもある。図3-3および図3-4のすべては、構文の下位タイプとして位置づけられるものであり、ここで、強調

しておきたい点として、構文は必ずしも抽象的で複合的なものでなければならないという前提は必要ないということである。

3.2.3 本研究の構文観

本研究は、前節で示した理論的テーゼの延長で次のように構文を位置づける。

1) 形式と意味の対としての構文：個別言語に内在する形式と意味の対からなるシンボリックユニットであり、かつその特性は他の要素に還元できない。
2) 表現パターンと認知事態の対としての構文：個別言語に内在する表現パターンと認知事態の対からなるシンボリックユニットであり、かつその特性は他の要素に還元できない。

本研究では、これまでの考察を踏まえ、2)のように構文を位置づける。なお、1)は従来型の認知言語学的構文文法が指向する構文観であり、本研究が主張する2)とは部分的に相違点が見られる。ただし、1)と2)のいずれも言語使用を重視すること、意味的・機能的観点から構文を定義する立場を擁護する点では同じと言える。これは、構文はそれ自体として一つの説明項になりうるという考え方を反映している。本研究の基本となる構文の位置づけを図3-5(b)に示す。

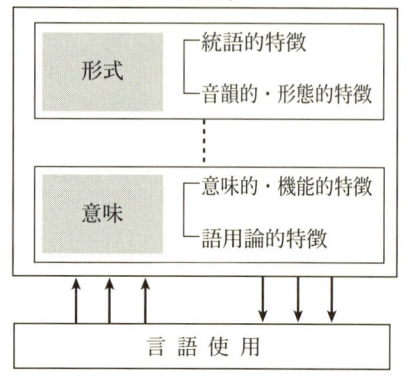

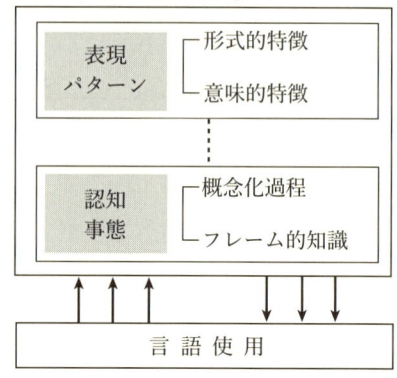

```
構文（CONSTRUCTION）                    構文（CONSTRUCTION）
┌─────────────────────────┐            ┌─────────────────────────┐
│  ┌────┐ ─統語的特徴      │            │  ┌────┐ ─形式的特徴      │
│  │形式│                  │            │  │表現│                  │
│  │    │ ─音韻的・形態的  │            │  │パターン│─意味的特徴   │
│  └────┘   特徴           │            │  └────┘                  │
│     ┊                    │            │     ┊                    │
│  ┌────┐ ─意味的・機能的  │            │  ┌────┐ ─概念化過程      │
│  │意味│   特徴           │            │  │認知│                  │
│  │    │ ─語用論的特徴    │            │  │事態│ ─フレーム的知識  │
│  └────┘                  │            │  └────┘                  │
└─────────────────────────┘            └─────────────────────────┘
     ↑↑↑    ↓↓↓                            ↑↑↑    ↓↓↓
┌─────────────────────────┐            ┌─────────────────────────┐
│      言 語 使 用         │            │      言 語 使 用         │
└─────────────────────────┘            └─────────────────────────┘
      (a) 従来の構文                          (b) 本研究の構文
```

図 3-5　構文の位置づけ

図 3-5 は、(a)に従来の構文文法が主張する構文を示し、(b)に本研究における構文を示した（形式と意味または表現パターンと認知事態間を結ぶ点線は、シンボリックリンクを表す。また、言語使用と構文を結ぶ相互の矢印はカテゴリー化関係を表す）。(a)と(b)の相違点として注目すべきは、従来の構文文法では、「形式」を統語的特徴および音韻形態的特徴という狭い範囲に限定してきたのに対して、本研究ではそのような「形式」を仮定することは日本語においては実質的でないと考える。その詳細は第 4 章以下で論じるが、ここでは、「形式」に代わる概念として形式的特徴に加え、意味的特徴も部分的に含意する「表現パターン」という概念を導入する。ここで言う表現パターンとは、日本語において慣習化された、表現のスキーマ的構造体を指すもので、格パターンと名詞の組み合わせによって定義される。次に注目すべき点として、従来の構文文法では、「形式」の問題を捉える上で、意味的・機能的特徴に基づく「意味」の問題を考察してきた。一方、本研究では概念化やフレーム的知識の問題を取り入れた「認知事態」との対応で、「表現パターン」の問題を捉える。このような考え方の背景には、「形式」の問題と同様の理由で、日本語の構文現象に対する具体的・実質的説明を与えるためには、単純な「意味」という捉え方ではなく、認知主体の概念化過程

の問題も積極的に取り入れた「認知事態」の問題として捉えるべきであるという考えがある。

図3-5の(a)と(b)に共通する問題意識として次の二点を強調したい。一点目として、構文とは、決して自律的に存在するものではなく、実際の言語使用との相互作用の中で存在するものである (cf. 山梨 2000、2003)。二点目として、言語現象の中核に構文を位置づけており、形式と意味または表現パターンと認知事態の相互関係から具体的分析を行う。このことは、構文を意味や認知事態から切り離した単純な形式の集合体としては扱わないことを意味し、この点において、生成言語学的な研究パラダイムとは対峙する方向性を持つものである。

次に、(b)に基づく構文の位置づけの背景として次の点に注目してほしい。本研究は、使用基盤モデルに基づく構文研究のための新たな枠組を提案するものである。具体的には、従来の構文文法が提案する、統語構造に基づく形式の定義を批判し、より具体的な、下位レベルスキーマとして構文の形式を定義しなおす必要があることを示す。

3.3　観察記述の基盤

本研究は、以上の理論的立場の他、言語現象を観察し、分析・記述していく上で、次の二つの見方を基本とする。第一に、言語使用を重視する。第二に、言語現象の本質的動機づけを意味的側面から求める。この二つの立場を一言でまとめるならば、「言語体系の実際の使用と、その使用についての話者の認識に、本質的な重要性を認める (Langacker 1987: 494)」ということに通じる。これは、Bybee (1985、2001) や Langacker (1987、1999) が明らかにした、使用基盤モデルに基づく考え方である。本研究では、生きた文脈における使用例を観察の基本単位としており、ノイズを含んだ、抽象度の低いスキーマの重要性を指摘する。具体的な手法として、コーパスといった大量言語データベースに見られる実際の構文使用を観察し、そこからの一般化を試みる。このような手法は、コーパス言語学 (Corpus Linguistics) および計算言

語学 (Computational Linguistics) の成果を取り入れた分析である。これらの分析枠組みは近年の計算機環境の充実や言語資源の整備によって可能になったもので、認知言語学や生成文法と同様、言語の科学的研究手法の一つとして注目されている。

　一般にコーパス言語学は電子化コーパスを用いた研究手法の総称であり、Leech (1992) の指摘によれば、Aarts and Meys (eds.) (1984) の出版以降、広く使われた名称であるとされている。ただ、一言で、コーパス言語学と言ってもその中身は様々であるが、コーパスの利用方法の観点から見た場合、二種類の方向が存在する。それはコーパス基盤アプローチ (Corpus-based Approach) とコーパス駆動アプローチ (Corpus-driven Approach) である。前者は、予め明確な仮説を立て、それを検証することに主眼をおいたアプローチである。後者は、コーパス調査を繰り返すことで、問題を発見した後、新たな問題提起をしながら、分析を進めていくアプローチである。本研究は前者の方法でコーパスを利用する。

　さて、コーパス言語学は以下の特徴を有する (cf. Leech 1992、斉藤 (他) (編) 1998)。

(24) a. 言語能力よりも、言語運用に中心をおく。
　　 b. 言語の普遍的特徴の解明よりも、個別言語の言語記述に中心をおく。
　　 c. 質的言語モデルのみならず、数量的な言語モデルにも中心をおく。
　　 d. 言語研究における合理主義的な立場よりも、経験主義的な立場に中心をおく。

(24) に示したコーパス言語学の特徴を注意深く捉えると、第2章で示した認知文法や構文文法とコーパス言語学の共通性を捉えることができる。コーパス言語学における (24a) および (24b) は言語使用を重視する使用基盤モデルの考え方と全く同一であると言える。(24c) は大量のデータを扱うコーパス言語学の特徴であり、使用基盤モデルや構文文法の研究においては見られ

ない。(24d) はコーパス言語学と使用基盤モデル、さらには構文文法においても共通する部分であり、経験基盤主義ということでまとめることができる。

以上を踏まえ、コーパスを利用する積極的な意義について考えてみよう。(25) が挙げられる。

(25) a. 具体的な言語の使用実態を詳細に調べることができる。
b. 網羅的に現象を収集することができ、データの偏りが解消できる。

経験科学としての言語研究の意義を考えてみた場合、もっとも必要とされるのは、理論へ貢献する言語研究ではなく、具体的な言語の使用の動機づけを説明しうるものでなければならない。コーパスを使うことで、(25a) が示すように、特定の表現が個々の生起環境においてどういう文脈を要求するかを具体的に調べることができる。また、コーパスを使うことで、特定の条件を指定し、その条件にマッチした全用例を収集することができるため、(25b) の利点が認められる。というのは、人間の創造力は限界があり、必然的に言語データの偏りの問題が発生するが、コーパスを使うことにより、人間の主観に左右されない客観的データが得られる。

3.4 まとめ

本章では、4章以降で具体現象を考察するための分析モデルについて述べた。3.1節の全体像では、関連するサブモデル間の相互補強性を中心に、使用基盤を実践するための方法論を示した。3.2節では本研究における構文の具体的な位置づけを示した。特に使用基盤モデルや認知文法の考え方を取り入れつつも、構文文法の古典的テーゼを継承する新たな認知的構文アプローチの方法論を示した。最後に3.3節では、本研究は使用基盤モデルの観点から、コーパスを導入することの重要性について述べた。

第4章　統語形式の振舞いに関する一般的問題

　本章では、本研究の問題提起の基本となる具体的な事実を取り上げ、それらの現象にどのような記述的問題が存在するかを明らかにする。主として共起テストに基づいて個々の現象に対する特徴づけを行ったあと、用例間の類似・非類似の問題を明らかにする。その上で、寺村 (1982) をはじめとする従来の分析における問題点を具体的に指摘する。

4.1　問題の所在

　本節では、主として Lee and Isahara (2006d) の考察に従って、一つの形式が持つ意味の多様性の問題を具体的に示す。(26) から考えてみよう。

(26) a.　患者が診察室に消えた。
　　 b.　富士山が春霞に消えてしまった。
　　 c.　長崎市長候補者が凶弾に消えた。
　　 d.　生活費が飲み代に消えた。

　(26) はそのいずれも「X が Y に消える」という一つの形式を共有している。このことは、形式と意味の対応という観点から考えてみた場合、いくつか興味深い言語事実が見えてくる。まず、ここで注目したい事実として、同じ構造を共有する以上、これらの文には意味的同一性が保証されていなければならない。しかし、これらの文に内在する意味の内実はかなり異なる。と

りわけ際立つ特徴として、以下の二点を指摘しておきたい。

1) 認知のドメインとして異なる。
   a. 物理的(動作の)ドメインで解釈されるもの。
   b. 抽象的(状態の)ドメインで解釈されるもの。
2) 認知事態として異なる。
   a. 動作主による移動事態。
   b. 隠れ動作主あり原因ありの変化事態。
   c. 隠れ動作主あり結果ありの変化事態。

1)で示したように、(26a)などの場合、物理的動作のドメインに関連づけられるものもあれば、(26c)や(26d)のように抽象的状態のドメインに関連づけられるもの、さらには(26b)のようにどちらの解釈も可能なものがある。そして、2)の問題として(26a)のようにXが移動主(トラジェクター)となり、Y(ランドマーク)の場所に移動した事態に関連づけられるものもあれば、(26b, c)のようにXは行為の受け手、Yは原因になって、Xの存在が消されるという事態に関連づけられるものもある。さらには、結果構文と酷似した振舞いを示すものとして、(26d)のように、Xは行為の受け手となるが、Yは結果とも取れる状態変化を表すものもあり、非常に多種多様であることが分かる。この種の多様性の実態を明らかにすべく、三つの共起テストを使って(26)に対する用法の分類を行った。

(27) a. テスト1：XがYに入った
    b. テスト2：XがYに変わった
    c. テスト3：XがYによって(い)なくなった

テスト1は、XのYへの移動性に対するテストである。テスト2はXのYへの状態変化性に関するテストである。テスト3はYの原因性に対するテストである。テスト1の結果を(28)に示し、テスト2の結果を(29)に、テ

スト 3 の結果を (30) にそれぞれ示す。

(28) a.　患者が診察室に入った。
　　 b.　?富士山が春霞に入った。
　　 c.　*長崎市長候補者が凶弾に入った。
　　 d.　*生活費が飲み代に入った。
(29) a.　*患者が診察室に変わった。
　　 b.　*富士山が春霞に変わった。
　　 c.　*長崎市長候補者が凶弾に変わった。
　　 d.　生活費が飲み代に変わった。
(30) a.　*患者が診察室によっていなくなった。
　　 b.　?富士山が春霞によってなくなった。
　　 c.　長崎市長候補者が凶弾によっていなくなった。
　　 d.　生活費が飲み代によってなくなった。

以上の結果が示す通り、単一のパターンを共有しながらも、意味的内実はかなり異なっていることが分かる。というのは、(26a) のタイプは、テスト 1 の「入る」という動詞との共起は全く問題なく容認されるのに対して、テスト 2 やテスト 3 については容認されないからである。次に (26b) のタイプは、テスト 2 が完全に容認されないのに対して、テスト 1 および 3 については完全ではないが、部分的に容認可能なものとなる。そして、(26c) のタイプは、テスト 3 は容認されるのに対して、テスト 1 および 2 については完全に非文となる。最後に、(26d) のタイプは、テスト 1 が容認されないのに対して、テスト 2 や 3 に関しては容認される。以上の共起テストの結果から、一見同じ語彙的・統語的情報を共有しているものの、その意味的振舞いはかなり異なっていることが示唆される。

　さて、上述の共起テストの結果をより一般的なものにするため、Lee and Isahara (2006d) で取り上げた事例を含め、クラスタ分析 (cluster analysis) を行った[1]。なお、入力データは、共起テストの評定結果を 1/0 の離散値でベ

クトル化したものを使った（Appendices 資料1参照）。クラスタ法は Ward 法を使用し、距離の定義はユークリッド距離を用いた。データ解析は SPSS Ver 14.0（Win 版）で行った。

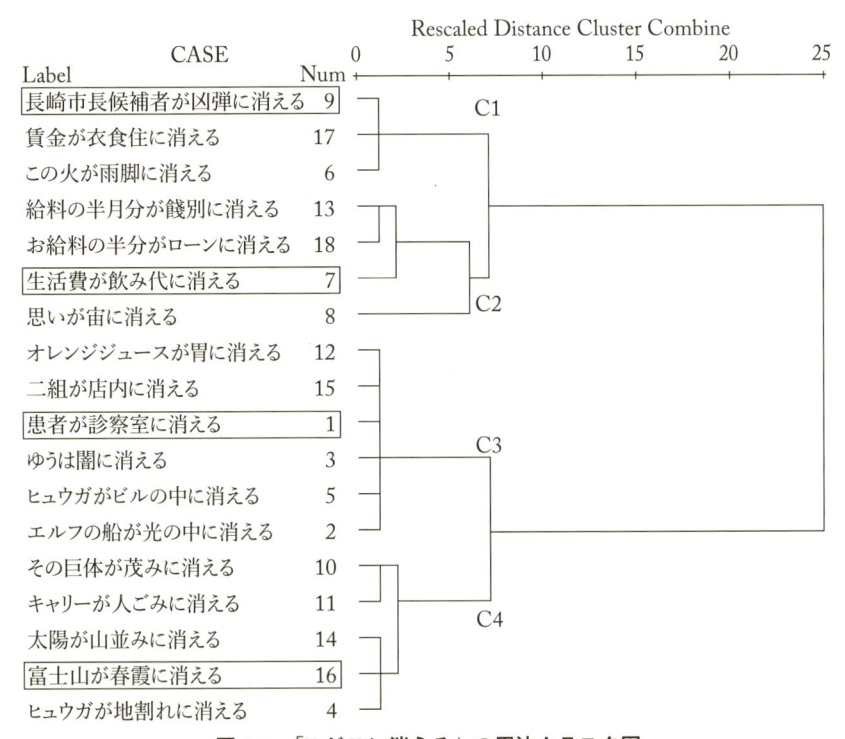

```
                             Rescaled Distance Cluster Combine
            CASE          0     5    10    15    20    25
Label                    Num   +-----+-----+-----+-----+-----+
長崎市長候補者が凶弾に消える    9  ─┐       C1
賃金が衣食住に消える         17  ─┤
この火が雨脚に消える          6  ─┤
給料の半月分が餞別に消える    13  ─┤
お給料の半分がローンに消える  18  ─┤
生活費が飲み代に消える        7  ─┤
思いが宙に消える              8  ─┘       C2
オレンジジュースが胃に消える  12  ─┐
二組が店内に消える           15  ─┤
患者が診察室に消える          1  ─┤
ゆうは闇に消える              3  ─┤       C3
ヒュウガがビルの中に消える    5  ─┤
エルフの船が光の中に消える    2  ─┤
その巨体が茂みに消える       10  ─┤
キャリーが人ごみに消える     11  ─┤
太陽が山並みに消える         14  ─┤       C4
富士山が春霞に消える         16  ─┤
ヒュウガが地割れに消える      4  ─┘
```

図 4-1　「X が Y に消える」の用法クラスタ図

図 4-1 では（26）に加え、Lee and Isahara（2006d）で取り上げたコーパスデータをクラスタ分析した結果が表示されている。図 4-1 によると、全体のデータは、まず、変化の事態に関連づけられるグループ（C1 と C2）と、移動の事態に関連づけられるグループ（C3 と C4）に分岐していることが確認できる。そして、変化の事態に関連づけられるグループの中には Y が原因になるグループ（C1）と、Y が結果になるグループ（C2）で分岐している。次に、移動の事態に関連づけられるグループの中身を見ると、物や人の物理的な移動に関連づけられるグループ（C3）と、それほど明確ではないが、Y の原因

性も部分的に観察されるグループ(C4)にまとめられている。

　さて、ここで注目したい事実として、(26) に示した事例がいずれも異なるグループに帰属されている点である。これは間接的ではあるが、(26) の事例が意味的振舞いとして相互に異質なものであることが示唆される。

　次にクラスタ分析の結果を受け、各々のクラスタが示す認知事態との対応を考察した。図 4-2 のように示すことができよう。上段の文字列は、Langacker (1987) の音韻極、下段のアクションチェーンは意味極に対応するものである。また両者を結ぶ線は、シンボリックリンクを表す。ここに示した対応は、Langacker (2003、2005) が主張する構文スキーマに基づく記述の一つとして位置づけることができる。

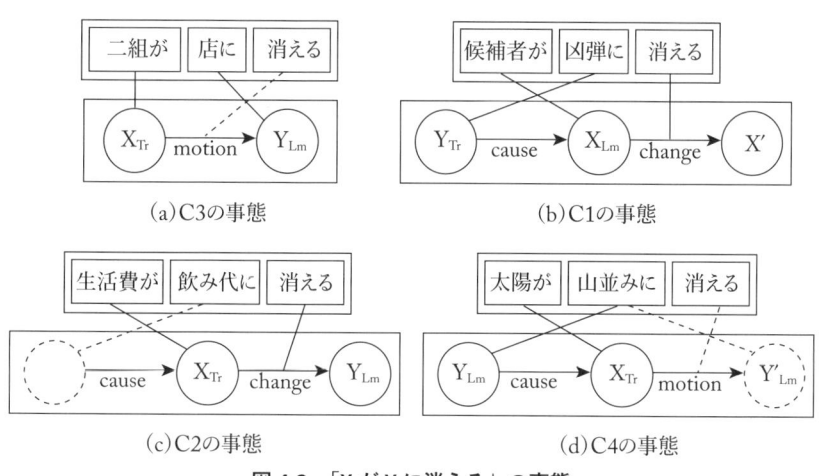

（a）C3の事態　　　　　　（b）C1の事態

（c）C2の事態　　　　　　（d）C4の事態

図 4-2　「X が Y に消える」の事態

　図 4-2 が示していることは、同じ動詞の同じ格パターンによる具体例であっても、事態レベルで捉えた場合、相互に異なる特徴を持つことを表している。C1 のように、Y が原因として働き、X は何らかの変化を被るタイプもあれば、C3 のように Y が X の移動に対する空間的着点として解釈されるタイプもある。なお、意味極と音韻極を結ぶ線には実線で結ばれているようなはっきりとした対応関係を示すものもあれば、点線で結ばれるような直接的な記号的関係を認めることが困難なものもある。

次に、図4-2で示したクラスタの事態認知的特徴に対して図4-1のクラスタ分析の結果に基づいて構文スキーマ間の関係づけを行った。図4-3のように示すことができよう。

図4-3におけるC1からC4は図4-1や図4-2のクラスタに対応する。また、各々のノードの分岐パターンも、図4-1に従って定義した。この図4-3で注目すべき点として、C1とC2の抽象化・スキーマ化によって形成されたS1の構文スキーマ、そして、C3とC4の抽象化・スキーマ化によって形成されたS2の構文スキーマである。最後に、S1とS2の構文スキーマを抽象化したのがS3である。図4-3において、上位レベルに進むにつれて意味の希薄化し、S3に至っては、意味極は中立的なものになっていることを示している。

さて、上述の観察に対して、従来の枠組みではどのような記述説明ができるであろうか。とりわけ、二つの方向性が想定できる。

(31) a. 動詞中心の分析モデル：動詞の制約として記述する立場
    b. 構文中心の分析モデル：格パターンの制約として記述する立場

(31a)では動詞の制約を基本とし、何らかの語彙操作から記述することになる。関連する研究として影山(1996)、中右(1998)、影山(編)(2001)、影山・由本(1997)、上野(2007)など多くの先行研究がある。一方、(31b)は格パターンの制約を基本とし、構文の多義現象として記述することになる。関連する研究として李(2001, 2002a, 2003b)、伊藤(2005)、永田(2006)が挙げられる。(31a)のモデルでは、語彙と構文の相互作用は原理的に許されていないため、図4-1のC1とC2の用法の「消える」は(BECOME関数で定義される下位事象に関わるものとして)非対格動詞の用法であると分析されるであろう。一方のC3とC4は(ACT関数で定義される上位事象に関わるものとして捉えられ)非能格動詞の具体例であると分析されるであろう。となると、この分析においては、図4-3のS1とS2を独立に分析することになり、S3に対する妥当な一般化ができないという問題が生じる。一方、

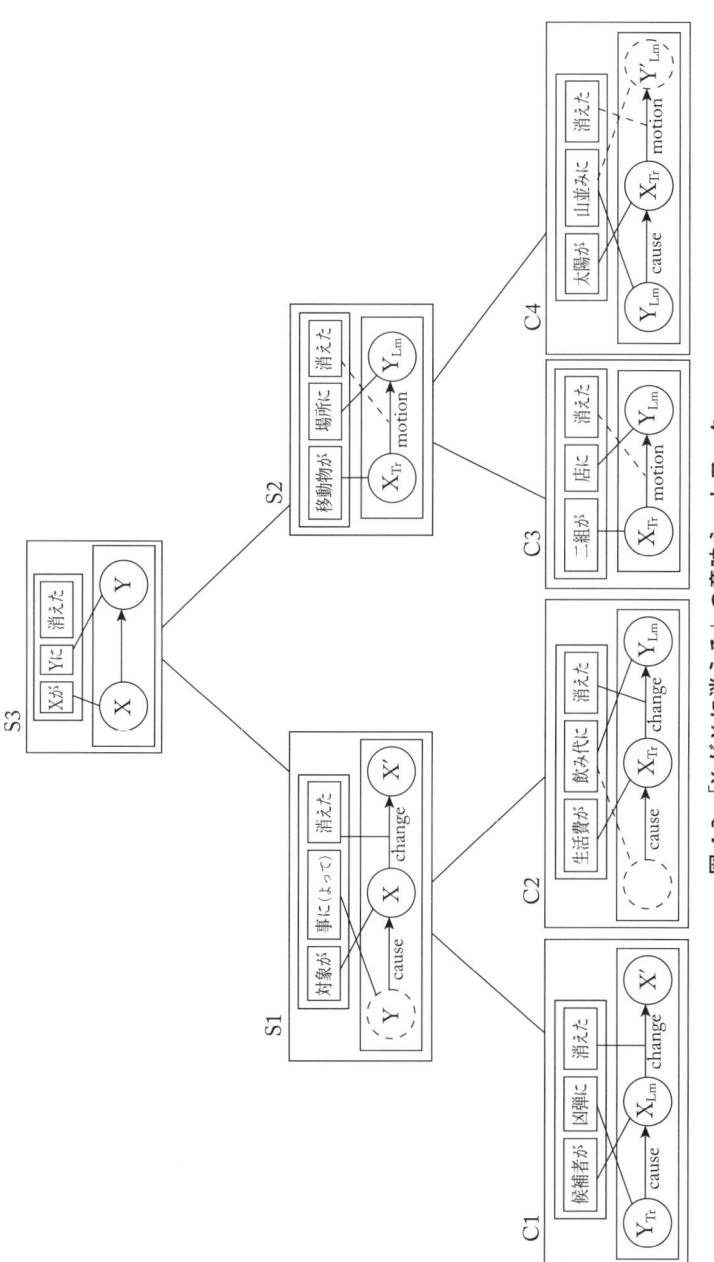

第 4 章　統語形式の振舞いに関する一般的問題　73

図 4-3　「X が Y に消える」の意味ネットワーク

(31b) のモデルでは、構文の多義性として分析され、多義性リンクによって相互を関係づける。この分析では、一見、用法間の関係づけをうまく捉えている点では (31b) のモデルに見られる問題点を克服しているようにも見えるが、実態として非常にあとづけ的なものになっている。というのは、結果的には構文自体が多義的な振舞いをするということは、妥当な一般化であるかもしれないが、なぜそのような振舞いをするようになるのかという問題を明らかにしない限り、動機づけを示したことにはならないからである。実際的な問題として、どのような条件づけをした場合に各々の構文の多義性が解消され、全体の意味が決定されるのかという問題を明らかにしない限り、実質的な解決にならないが、構文文法の現状では、この問題が明示的に議論されていない。

以上の考察が示す通り、先行研究が提案するいずれの分析モデルも (26) に見られる多様性に対する体系的説明としては不十分と言わざるを得ない。本研究は、こうした問題点を踏まえ、名詞の意味情報を取り入れた新たな構文スキーマの定義と、それに基づく一般化で、(26) を含む様々な言語事実に対する動機づけの問題を明らかにする。以下では、この点を確認すべく、まず、「消える」以外の表現においてはどのような観察結果が得られるかの調査を行った。主として、本節で行った考察が、「消える」という一動詞のみに見られる現象ではないことを示すため、「消える」以外の自動詞文を取り上げ、言語事実を観察していくことにする。

4.2 現象観察

本節では、4.1 節で浮き彫りになった問題が局所的現象ではないことを示すべく、「XガYニ」パターンと動詞の結合による様々な言語表現を概観する。方法として、寺村 (1982) による分類と『日本語基本動詞用法辞典』を付き合わせながら言語現象を捉えていく。最終的な目標として、同じ動詞の同じパターンであっても、名詞の意味特徴によって異なる事態を表すことを示し、そこには体系化された「表現の構造」が存在することを指摘する。

4.2.1　データと調査方法

　本節の調査では、寺村 (1982) と『日本語基本動詞用法辞典』を用いる。その背景として、本調査の第一目的が 4.1 節で示した現象が決して「消える」という一動詞のみに見られる特異な現象でない点を示すことにある。このためには (場当たり的に思いついた例を並べるだけでは一般性がないので) 日本語の構文現象を代表しうるリストを用いるのが正当であると考えられる。しかし、この要請を満たす上で、十分と言える確実なリストは今のところ存在しない。そこで、現在までの日本語の構文研究においてもっとも包括的で基礎的と言える研究成果として寺村 (1982) を用いることにした[2]。次に、『日本語基本動詞用法辞典』を用いた理由としては次の点がある。この辞典の特徴として日本語の語彙項目の意味が文型によって整理され、適切な文例を挙げており、日本語の構文現象を代表しうる 728 項目の基本動詞の用法が記述されている。なお、実際の調査においては、4.1 節の考察と並行性を保つため「X ガ Y ニ」パターンのみに対象を限定し、用例を検討した。

表 4-1　調査手順の詳細

区分	調査方法
レベル 1	寺村 (1982) のコトの類型に掲載されている表現パターンのうち、「X ガ Y ニ V する」と動詞が共起する事例をすべて収集する。
レベル 2	レベル 1 の中から、『日本語基本動詞用法辞典』に登録されており、かつ軽動詞表現を除いて、二つ以上の意味項目が設定されている事例を収集する。
レベル 3	レベル 2 で収集された用例に寺村 (1982) の一般化を当てはめ、どの程度の妥当性が認められるか検討する。

　レベル 1 の調査によって、「X ガ Y ニ V する」形式と関連づけられる三つのコトの類型が特定できた。一つ目は、対面表現、二つ目は、移動表現、三つ目は変化表現である[3]。(32) に典型的なパターンを示す。

(32) a.　対面：仕手 (X) ガ相手 (Y) ニ {当たる、馴れる、志す、面する、臨む、触れる、似る}

b. 移動：仕手（X）ガ到着点（Y）ニ {入る、着く、集まる、沈む、広がる、浮く、立つ}
c. 変化：仕手（X）ガ変化の結果状態（Y）ニ {変わる、割れる、伸びる、落ちる、染まる}

次に、レベル2の収集結果を表4-2に示す。

表4-2 「XガYニVする」文の総リスト

寺村(1982)のコトの類型の具体例		『日本語基本動詞用法辞典』における意味項目数
対面表現	XガYニ当たる	5
	XガYニぶつかる	3
	XガYニ触れる	3
	XガYニ向かう	4
移動表現	XガYニ上がる	4
	XガYニ集まる	3
	XガYニ移る	5
	XガYニ倒れる	2
	XガYニ入る	5
	XガYニ流れる	3
変化表現	XガYニ固まる	2
	XガYニ詰まる	3
	XガYニまとまる	2
	XガYニ割れる	2

表4-2の意味項目数の決定においては、(32)の仕手や相手といった意味役割の問題は（明示的な判断が難しいため）考慮せず、形式として「XガYニVする」のパターンとして生起しているかどうかに注目して行った。次節以降、具体例を取り上げながら、レベル3として寺村(1982)の分析を検討する。その前に、次の点を断っておきたい。本研究の目的は動詞の多義を記述するものではない。そのため、以下の分析で問題にするのは、あくまで全体の文における振舞いの問題であり、動詞の多義でもなければ、助詞の多義でもないことに注意してほしい。

4.2.2 対面表現

寺村（1982）が対面あるいは対象に対する態度の表現として挙げていたものを、『日本語基本動詞用法辞典』にそって意味と用例を調べた。表 4-3 から表 4-6 に詳細を示す。

表 4-3 「X が Y に当たる」の意味と用例

区分	意味	用例
［当たる -1］	何かに物がぶつかる	ボールが窓に当たる。
［当たる -2］	物が何かに触れる	髪の毛が目に当たる。
［当たる -3］	ある事柄が別の事柄に相当する	彼女は私の叔母に当たる。
［当たる -4］	任務に従事する	消防隊員が消火に当たる。
［当たる -5］	金・品物がもらえる	特等が 5 歳の女の子に当たる。

表 4-4 「X が Y にぶつかる」の意味と用例

区分	意味	用例
［ぶつかる -1］	勢いよく突き当たる	車が電柱にぶつかる。
［ぶつかる -2］	ある事態や状況に出会う	計画が難問にぶつかる。
［ぶつかる -3］	実際に相手になって真剣に取り組む	私は勇気をもって困難にぶつかっていくつもりだ。

表 4-5 「X が Y に触れる」の意味と用例

区分	意味	用例
［触れる -1］	接近して人や物に軽くさわる	隣の男の肩が洋子の肩に触れる。
［触れる -2］	ある物事が目や耳に入る	珍しい壺が裕子の目に触れる。
［触れる -3］	規則に違反するようなことをする	その行為は法に触れる。

表 4-6 「X が Y に向かっている」の意味と用例

区分	意味	用例
［向かっている -1］	体を何かが存在する方向へ動かす	真由美が鏡に向かっている。
［向かっている -2］	ある一定の方向に面している	神戸は海に向かって開けた町である。
［向かっている -3］	ある方向を目指して移動する	選手がゴールに向かって全速力で走った。
［向かっている -4］	事物がある状態に近づく	父の病気が快方に向かった。

対面表現は、寺村 (1982) によれば、「X が Y に向かって、何らかの動きを表している場合」であると定義している。この表現クラスを他の表現クラスから特徴づけるものとして、以下が挙げられている。

1. Y は (場所そのものというよりは) 場所に存在する個体を表すことが多い。
2. 動作性に関しては中立的な事例が多い。
3. X と Y の入れ替えが可能な事例がある。
4. 非意図的行為を表すことが多い。

1. は次節で述べる移動表現との相違を特徴づけるものである。それは一部の例外はあるものの、Y の特徴としていわゆる場所名詞は共起しにくい。その証拠の一つとして、「ニ」との類似性が高いと指摘されている「ヘ」による置き換えの難しい点が挙げられる[4]。

(33) a. ?? ボールが窓へ当たる。
　　 b. ?? 髪の毛が目へ当たる。
　　 c. *彼女は私の叔母へ当たる。
　　 d. *消防隊員が消火へ当たる。
　　 e. *特等が5歳の女の子へ当たる。
(34) a. ?車が電柱へぶつかる。
　　 b. ?? 計画が難問へぶつかる。
　　 c. ?私は勇気をもって困難へぶつかっていくつもりだ。
(35) a. ?隣の男の肩が洋子の肩へ触れる。
　　 b. *珍しい壺が裕子の目へ触れる。
　　 c. *その行為は法へ触れる。
(36) a. 　真由美が鏡へ向かっている。
　　 b. ?? 神戸は海へ向かって開けた町である。
　　 c. 　選手がゴールへ向かって全速力で走った。

d.　?父の病気が快方へ向かった。

　以上のテスト結果から、1.の一般化は、(36a, c)を除く13例すべてに対し、妥当なものであると言え、概ね正しい一般化であると結論づけられる。
　次に、2.の動作性ないしは状態性に関して必ずしも一貫した特徴が観察されないことも、対面表現の特徴の一つと言える。というのは、対面表現と類似している「XがYをVする」のような働きかけの表現や移動表現の場合、主としてトラジェクターとなるXがランドマークとなるYに対して何らかの行為や動作を行うことを表すのに対して、対面表現はこの点に関しての一貫した特徴は見られず、中立的であると言え、概ね正しい一般化であると結論づけられる。
　次に、3.の特徴として、すべての用法ではないものの、以下に示す興味深い交替現象が観察される。

(37) a.　特等が5歳の女の子に当たる。
　　　b.　5歳の女の子が特等に当たる。
(38) a.　髪の毛が目に当たる。
　　　b.　目が髪の毛に当たる。
(39) a.　隣の男の肩が洋子の肩に触れる。
　　　b.　洋子の肩が隣の男の肩に触れる。
(40) a.　珍しい壺が裕子の目に触れる。
　　　b.　裕子の目が珍しい壺に触れる。

　この現象は、ちょうど図と地の反転のようなものであり、XとYのいずれもが図(トラジェクター)になれる場合、こうした交替が観察される。しかし、この特徴はすべての事例において観察されるわけではなく、名詞そのものの特徴として、地(ランドマーク)としての特徴が強い場合は、こうした交替が許されない。その論証として、以下を挙げることができる。

(41) a.　ボールが窓に当たる。
　　　b. ?? 窓がボールに当たる。
(42) a.　車が電柱にぶつかる。
　　　b. ?? 電柱が車にぶつかる。
(43) a.　真由美が鏡に向かう。
　　　b. ?? 鏡が真由美に向かう。

　上述の事例において、窓や電柱、鏡は語彙そのものの特徴としてランドマークとして使用される傾向が強いものであり、(37)から(40)に見られる交替は許されない。こうしたことから考えた場合、3.の特徴は、あくまで部分的なものであると言え、対面表現の全体を特徴づけるものではないと言える。
　次に4.の特徴として、対面表現の多くは、主語ないしは、文に表れていない動作主の意図しない出来事を表すことが多い。このことを論証すべく、二つのテストを行った。一つ目は、命令形にできるかどうか、二つ目は、副詞との共起テストである。一つ目のテストは、(44a)と(45a)に見られる意図性の相違を特徴づける。

(44) a.　太郎は学校に行く。
　　　b.　太郎よ、学校に行け！
(45) a.　息子は父に似る。
　　　b. *息子よ、父に似ろ！

さて、テストを行った結果、以下の相違点が観察された。

(46) a.　ボールよ、窓に当たれ！
　　　b. ?? 髪の毛よ、目に当たれ！
　　　c. *彼女よ！　私の叔母に当たれ！
　　　d.　消防隊員よ、消火に当たれ！
　　　e. ?特等よ、5歳の女の子へ当たれ！

(47)a.　車よ、電柱にぶつかれ！
　　 b.　*計画よ、難問にぶつかれ！
　　 c.　?私よ、勇気をもって困難にぶつかっていけ！
(48)a. ??隣の男の肩よ、洋子の肩に触れろ！
　　 b.　*珍しい壺よ、裕子の目に触れろ！
　　 c.　*その行為よ、法に触れろ！
(49)a.　真由美よ、鏡に向かえ！
　　 b.　*神戸よ、海に向かえ！
　　 c.　選手よ、ゴールに向かえ！
　　 d. ?父の病気よ、快方に向かえ！

　命令形のテストの結果、15例中10例において自然さが得られない。一方、対面表現の中でも5例は自然であると判定される例が存在する。この5例に共通する特徴として、Xにおける自律性が認められる場合(例えば、選手が自らの力で別の場所に向かうこと)とXの機能的特徴がYへの行為をアフォードする場合(例えば、ボールがどこかに飛んで何かに当たること)に限られるのではないかと考えられる。

　さて、二つ目のテストとして、副詞との共起可能性を検討した。このテストの主たる目的は、(50)と(51)に見られる相違を捉えることである。

(50)a.　{*うっかり／??自然に／一所懸命に／?難なく} 太郎は学校に行く。
　　 b.　{*うっかり／?自然に／一所懸命に／難なく} 清原は三塁に走る。
(51)a.　{*うっかり／自然に／*一所懸命に／?難なく} 息子は父に似る。
　　 b.　{うっかり／?自然に／*一所懸命に／??難なく} 息子が道に転ぶ。

　(50)は動詞の特徴からは、いずれも意図的行為を表す動詞であり、「一所懸命に」との共起が自然である。ただ、難易性をテストする「難なく」との共起においては、同じ意図的行為を表す「行く」と「走る」においても異なる

振舞いを見せる。一方、(51)はいずれも非意図的行為ないしは状態を表す動詞であり、「一所懸命」や「難なく」との共起は一般には難しいことが予想される。ただ、出来事の瞬時性に関連づけられる「うっかり」との共起においては、異なることが分かる。これらのテストを対面表現全体に対して行った。結果は以下の通りである。

(52) a. {うっかり／*自然に／*一所懸命に／?難なく} ボールが窓に当たる。
  b. {?うっかり／自然に／*一所懸命に／*難なく} 髪の毛が目に当たる。
  c. {*うっかり／*自然に／*/#一所懸命に／*難なく} 彼女は私の叔母に当たる。
  d. {*うっかり／?自然に／一所懸命に／難なく} 消防隊員が消火に当たる。
  e. {*うっかり／*自然に／*一所懸命に／難なく} 特等が5歳の女の子へ当たる。

(53) a. {うっかり／?自然に／*一所懸命に／*難なく} 車が電柱にぶつかる。
  b. {*うっかり／*自然に／*一所懸命に／??難なく} 計画が難問にぶつかる。
  c. {*うっかり／*自然に／一所懸命に／??難なく} 私は勇気をもって困難にぶつかっていくつもりだ。

(54) a. {うっかり／自然に／*一所懸命に／*難なく} 隣の男の肩が洋子の肩に触れる。
  b. {*うっかり／自然に／*一所懸命に／*難なく} 珍しい壺が裕子の目に触れる。
  c. {*うっかり／*自然に／*一所懸命に／??難なく} その行為は法に触れる。

(55) a. {?うっかり／自然に／?一所懸命に／?難なく} 真由美が鏡に向か

う。
　b.　{*うっかり／?自然に／*一所懸命に／*難なく} 神戸は海に向かって開けた町である。
　c.　{??うっかり／?自然に／一所懸命に／?難なく} 選手がゴールに向かって全速力で走った。
　d.　{*うっかり／自然に／*一所懸命に／?難なく} 父の病気が快方に向かった。

以上の結果に対する大まかな観察として、「一所懸命に」との共起を許すタイプ（消防隊員が消火に当たる）とそれ以外のタイプ、そして、「自然に」を許すタイプ（隣の男の肩が洋子の肩に触れる）とそれ以外のタイプで特徴的な振舞いが観察される。

　さて、(52)から(55)の類似関係をより正確に捉えるため、クラスタ分析を行った。なお、クラスタ法は4.1節と同様にWard法を用いており、距離の定義はユークリッド距離、そして、測定方法の変換として0–1の範囲で尺度化を行った。解析の結果、図4-4が得られた。

```
                              Rescaled Distance Cluster Combine
           CASE          0      5      10     15     20     25
Label                   Num   +------+------+------+------+------+
計画が難問にぶつかる      7
その行為は法に触れる      11
彼女は私の叔母に当た      3                     C1
特等が5歳の女の子に当たる  5
ボールが窓に当たる        1
車が電柱にぶつかる        6
男の肩が洋子の肩にぶつかる 9
髪の毛が目に当たる        2                     C2
珍しい壺が裕子の目に触れる 10
神戸は海に向かって開けた町である 13
父の病気が快方に向か     15
消防隊員が消火に当たる    4
選手がゴールに向かった   14
真由美が鏡に向かう       12                    C3
困難にぶつかっていく      8
```

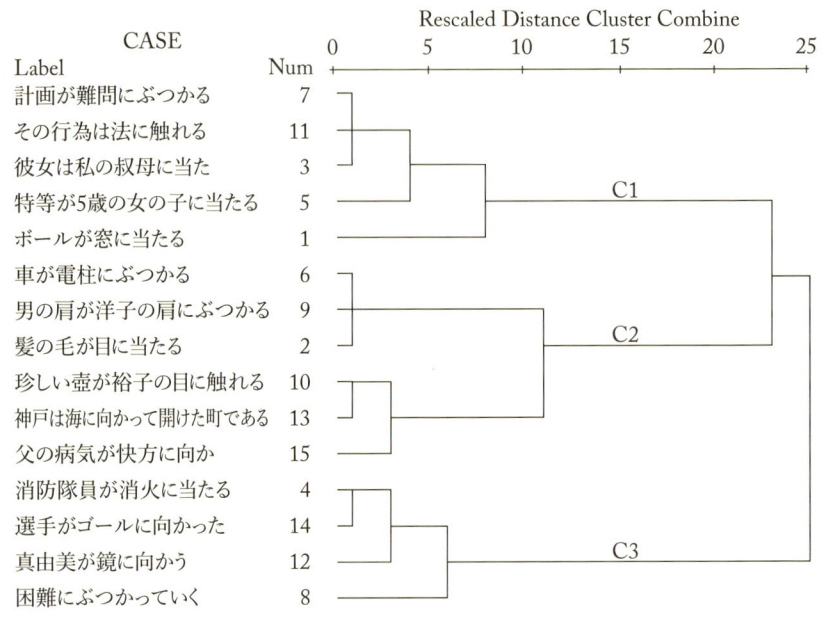

図 4-4　対面表現の副詞との共起によるクラスタ図

図 4-4 によって、三つの特徴的なグループが観察された。対面表現は、全体として「一所懸命に」と共起を許すグループ（C3）とそれ以外（C1、C2）で分岐している。次に「一所懸命に」と共起しないグループは、「自然に」と共起するグループ（C2）としないグループ（C1）に分岐する。この結果は、意図性の有無が意味のカテゴリー化にとって重要な要素であることを示している。というのは、C3 は主として、X による意図性の高い行為を表しているのに対して、C1 と C2 はどちらかといえば、非意図的特徴を有する事例がグループ化されていると言える。ということは、寺村（1982）によって、提案された 4. の特徴が正しく予測するのは、C1 と C2 のみであると結論づけることができる。

　さて、次の課題として、C3 の存在をどのように位置づけるべきかという問題が浮上してきた。この問題は二つの論理的可能性から一定の解決策を模索することができる。一点目は、そもそも寺村（1982）が指摘する 4. の特徴そのものが、対面表現に対して誤った一般化である可能性を考慮し、4. を

排除するという解決策がある。二点目は、C3はそもそも、対面表現ではない可能性を考慮し、別のカテゴリーとして記述しなおすという解決策が考えられよう。結論的に言えば、本研究では、二点目の方向で問題を捉えなおす。というのも、先ほど1.の特徴として「へ」との共起テストを行った際にも、C3の事例は、他の事例とは異なった振舞いをしており、そもそも、C3を対面表現として捉えることに問題があるのではないだろうか。しかし、この解決策には、別の問題点として、そもそもC3を別のカテゴリとして捉える理論的根拠が必要である。なぜなら、同じ動詞の同じ格パターンであるのに、なぜC3のみを別のカテゴリとして捉えるのか、それは何に動機づけられているのかという問題に答えなければならないからである。この点に対する答えは、第7章でのコーパス実験を踏まえ、第8章で考察することにし、ここでは問題点の指摘のみに留めておく。

4.2.3 移動表現

前節と同様の方法で、移動表現をめぐる調査を行った。表4-7から表4-12に詳細を示す。

表 4-7 「X が Y に上がる」の意味と用例

区分	意味	用例
［上がる-1］	下から上に移動したり、位置が高くなる	猫が屋根に上がった。
［上がる-2］	家などの中に入る	客が家に上がった。
［上がる-3］	上級の学校に進む	娘は今年短大に上がった。
［上がる-4］	価値や地位などが高くなる	成績が上位に上がった。

表 4-8 「X が Y に集まる」の意味と用例

区分	意味	用例
［集まる-1］	人・物事がある場所に寄ってくる	生徒が校庭に集まった。
［集まる-2］	人々の気持ちがあるものに向く	世間の関心が事件の成り行きに集まった。
［集まる-3］	家や店などがある場所に固まって存在する	しゃれた店が町の一画に集まっている。

表4-9 「XがYに移る」の意味と用例

区分	意味	用例
［移る-1］	人や物が今までと違う場所に動く	本社が東京に移る。
［移る-2］	関心・話題・気持ちなどがほかの方に向かう	夫の気持ちが別の女に移っていた。
［移る-3］	におい、色などが近いものにつく	ジーンズの色が白いワイシャツに移ってしまった。
［移る-4］	病気や癖などが伝染する	風邪が子供にうつった。
［移る-5］	計画を実行する	委員たちはすぐに行動に移った。

表4-10 「XがYに倒れる」の意味と用例

区分	意味	用例
［倒れる-1］	立っているものが横になる	本棚が床に倒れる。
［倒れる-2］	病気やけがなどで寝込んだり死んだりする	父が過労に倒れる。

表4-11 「XがYに流れる」の意味と用例

区分	意味	用例
［流れる-1］	体から涙や液体が出る	汗が額に流れた。
［流れる-2］	うわさなどが広く行き渡る	うその情報が広い地域に流れた。
［流れる-3］	事態が好ましくない方向に進む	議論が抽象論に流れた。

表4-12 「XがYに入る」の意味と用例

区分	意味	用例
［入る-1］	外部のものが内部へ移動する	電車がホームに入る。
［入る-2］	ある場所や物の中に収まる	ふとんが押入れの中に入っている。
［入る-3］	集団・組織・分類に属する	息子が大学に入った。
［入る-4］	物事が移っていく	従業員がストライキに入った。
［入る-5］	けんかなどを仲直りさせようと両者の間に立つ	委員会が調停に入った。

　まず、分析に入る前に、次の点を断っておく。それは、以上に示した移動表現は、いわゆる移動表現（motion expression）全体ではない点である。ここに示した移動の事例は、あくまで「XがYにVする」パターンとの共起において特徴的な振舞いをするものに限定している。主として寺村(1982)が

第三の移動事象として挙げている事例に限定している。

　さて、これらの事例において特徴的な振舞いとして、寺村(1982)は以下のものを挙げている。

　　5.　Yは場所を表すことが多い。
　　6.　Yは(経路や起点ではなく)着点を表すことが多い。
　　7.　起点を表すカラ格による補強が可能であることが多い。

まず、5.の特徴として、上記の表現の多くは、Yが場所であると解釈される可能性が高い。しかし、これにはいくつかの段階性があり、すべての現象において質的に同じというわけではない。このことを検証すべく、池原(他)(編)(1999)の「日本語語彙大系CD-ROM版」における「名詞の意味属性」を用いて、Yの場所性の有無を検討した。調査の結果、Yの場所性の認定に関しては複数の段階性が存在することが明らかになった。とりわけ、文全体の意味から独立にYの場所性を認定することができるものが存在する一方、全体の文の意味に支えられ、場所性が認定できるグループに分けられる。具体例から考えてみよう。

(56) a.　猫が屋根に上がった。
　　 b.　客が家に上がった。
　　 c.　娘は今年短大に上がった。
　　 d.　生徒が校庭に集まった。
　　 e.　本社が東京に移った。
　　 f.　本棚が床に倒れた。
　　 h.　うその情報が広い地域に流れた。
　　 i.　電車がホームに入った。
　　 j.　ふとんが押入れの中に入っている。
　　 k.　息子が大学に入った。
(57) a.　夫の気持ちが別の女に移っていた。

b. ジーンズの色が白いワイシャツに移ってしまった。
c. 風邪が子供にうつった。
d. 汗が額に流れた。

まず、(56)は、「日本語語彙大系 CD-ROM 版」においてYの場所性が語彙的に保証されている事例である。一方、(57)に関しては、Yの本来の意味特徴としては具体性を持った個体(「日本語語彙大系 CD-ROM 版」の分類に従えば、第一階層では具体、第二階層では主体ないしは具体物)として特徴づけられるものである。しかし、文全体による意味的補完(semantic accommodation; Langacker 1991)の問題として捉えた場合、トラジェクターとなるXに対して、Yはランドマーク、すなわち移動の着点として解釈できるものである。

さて、次の問題として考えなければならないのは、(56)や(57)を除いた(58)の事例である。

(58) a. 成績が上位に上がった。
b. しゃれた店が町の一画に集まっている。
c. 世間の関心が事件の成り行きに集まった。
d. 委員たちはすぐに行動に移った。
e. 父が過労に倒れる。
f. 議論が抽象論に流れた。
g. 従業員がストライキに入る。
h. 委員会が調停に入った。

(58)においては、Yが持つ場所性の問題に対する反例として位置づけられること、さらに言えば、これを移動表現として定義して良いのかという、より大きな問題点を含んでいる[5]。この問題は、ちょうど、前節の対面表現に見られる問題点とも酷似したものであり、詳細な議論は次章以降で展開する。ひとまず、寺村(1982)による 5. の一般化には多くの反例が存在する点を指

摘しておきたい。

　次に、6.の特徴として、ニ格の解釈として着点を表すと捉えられるものが多いことが挙げられる。これは、5.の特徴である移動性の問題と連動した特徴であり、(56)や(57)に対する一般化としては妥当であるが、(58)に対する一般化としては依然として問題があると言わざるを得ない。この点において、6.の一般化も 5.の一般化と同様に議論の余地があると言える。

　次に、7.のカラ格による補強可能性の問題について考えてみよう。このことを確認すべく、三名の母語話者に無意味語による意味評定を依頼した。具体的には(59)を示し、共起可否と解釈可能性を評定してもらった。なお、無意味語を使った背景には、「カラ」格自体が持った多義性(時間のカラ、場所のカラ、原因のカラなど)があることから、あえて名詞を指定しない文に対して認知主体自らが名詞を補強した場合、どのような判断を下すのかを調べるためである。

(59) a. 　世間の関心がウモウモカラ事件の成り行きに集まった。
　　 b. 　従業員がウモウモカラストライキに入る。
　　 c. 　委員会がウモウモカラ調停に入った。
　　 d. 　猫がウモウモカラ屋根に上がった。
　　 e. 　客がウモウモカラ家に上がった。
　　 f. 　娘がウモウモカラ今年短大に上がった。
　　 g. 　生徒がウモウモカラ校庭に集まった。
　　 h. 　本社がウモウモカラ東京に移る。
　　 i. 　本棚がウモウモカラ床に倒れる。
　　 j. 　うその情報がウモウモカラ広い地域に流れた。
　　 k. 　電車がウモウモカラホームに入る。
　　 l. 　ふとんがウモウモカラ押入れの中に入っている。
　　 m. 　息子がウモウモカラ大学に入った。
　　 n. 　成績がウモウモカラ上位に上がった。
　　 o. 　しゃれた店がウモウモカラ町の一画に集まっている。

p.　夫の気持ちがウモウモカラ別の女に移っていた。
　　　q.　ジーンズの色がウモウモカラ白いワイシャツに移ってしまった。
　　　r.　議論がウモウモカラ抽象論に流れた。
　　　s.　風邪がウモウモカラ子供に移った。
　　　t.　委員たちがウモウモカラすぐに行動に移った。
　　　u.　父がウモウモカラ過労に倒れる。
　　　v.　汗がウモウモカラ額に流れた。

　調査の結果、(59)に示した22例中14例に関してはカラとの共起が想像できると判断したのに対して、以下の8例に関しては共起が想像できないと判断した。

(60)　　しゃれた店がウモウモカラ町の一画に集まっている。
(61)a.　ジーンズの色がウモウモカラ白いワイシャツに移ってしまった。
　　 b.　ふとんがウモウモカラ押入れの中に入っている。
　　 c.　汗がウモウモカラ額に流れた。
(62)a.　議論がウモウモカラ抽象論に流れた。
　　 b.　世間の関心がウモウモカラ事件の成り行きに集まった。
　　 c.　父がウモウモカラ過労に倒れる。
　　 d.　風邪がウモウモカラ子供にうつった。

　(60)は、三名とも共起例を想起できないと判定した事例である。また、(61)は二名が、(62)は一名がカラ格の共起を許さないものと判断した事例である。この(60)から(62)の事実を踏まえて考えてみた場合、カラ格による補強は必ずしもすべての事例において妥当な一般化ではないことが分かる。
　さて、次に、起点としてのカラ格の補強可能性について調べてみた。とりわけ重要なポイントとなるのが、ウモウモを場所として理解し、カラ格を移動の起点として理解することが可能かどうかという問題である。調査の結果、(63)に挙げる事例に対して三名とも起点として解釈可能であると判断

した。また (64) は二名が、(65) は一名が起点として解釈可能であると判断した。

(63) a. うその情報がウモウモカラ広い地域に流れた。
　　 b. 生徒がウモウモカラ校庭に集まった。
　　 c. 電車がウモウモカラホームに入る。
　　 d. 夫の気持ちがウモウモカラ別の女に移っていた。
　　 e. 本社がウモウモカラ東京に移る。
(64) a. 客がウモウモカラ家に上がった。
　　 b. 息子がウモウモカラ大学に入った。
　　 c. 猫がウモウモカラ屋根に上がった。
　　 d. 風邪がウモウモカラ子供にうつった。
(65) a. ジーンズの色がウモウモカラ白いワイシャツに移ってしまった。
　　 b. 汗がウモウモカラ額に流れた。
　　 c. 議論がウモウモカラ抽象論に流れた。
　　 d. 世間の関心がウモウモカラ事件の成り行きに集まった。
　　 e. 成績がウモウモカラ上位に上がった。
　　 f. 本棚がウモウモカラ床に倒れる。
　　 g. 娘がウモウモカラ今年短大に上がった。

(63) から (65) の分布から、寺村 (1982) の分析は 22 例中 16 例に対して妥当な一般化であると考えることができ、概ね正しいものと考えることができる。

さて、次の問題として、無意味語に対して起点という解釈を行うということの記述的重要性について考えてみたい。この点を調べるべく、比較的一般性が高いと考えられる (63) や (64) の例と (56) を比較してみた。その結果、(56) に挙がっている 10 例中 7 例が (63) や (64) に挙がっていること、また、(57) に挙がっている 4 例に関しても、2 例が (63) や (64) に挙がっていることが分かった。ということは、ニ格名詞の場所性の問題とカラ格名詞の場所性

の問題は深く関連していると考えることができる。しかし、別の見方として、動詞の制約が場所性を生むとも考えられるであろう。だが、この点に関しては(58)の分布がある以上、単純に動詞の制約のみを仮定することは難しいということを強調しておきたい。というのも、動詞の制約から、カラ格の場所性が認定できるのであれば、論理的には、(58)に関しても起点のカラ格が表れて良いはずであるが、実際はそのような分布が確認されないからである。(58b)と(60)の一致が偶然でない限り、動詞だけによる一般化は問題であると言える。

以上の考察をまとめると、移動表現の移動性の認定には、ニ格名詞の場所性の問題が深く関連していることが明らかになった。そして、対面表現と同様の問題が見られ、(58)のように、動詞のみに注目すると移動表現の一種と考えられるが、表現全体の振舞としては移動表現として分析できない事例の存在が明らかになった。

4.2.4 変化表現

前節と同様の方法で、変化表現をめぐる調査を行った。表 4-13 から表 4-16 に詳細を示す。

表 4-13 「X が Y に固まる」の意味と用例

区分	意味	用例
［固まる -1］	ある一か所にまとまって集まる	生徒たちが部屋の隅っこに固まった。
［固まる -2］	一つの時点に集中する	休日が 5 月に固まっている。

表 4-14 「X が Y に詰まる」の意味と用例

区分	意味	用例
［詰まる -1］	すき間がないぐらいにいっぱいになる	何千万という金が金庫に詰まっている。
［詰まる -2］	管・通路などが何かでふさがって通じなくなる	ごみが下水道に詰まった。
［詰まる -3］	金のやりくりが困難になる	社長は返済の金に詰まった。

表 4-15 「X が Y にまとまる」の意味と用例

区分	意味	用例
［まとまる -1］	ばらばらだった物が集まって一つになる	身の回り品が部屋の隅にまとまった。
［まとまる -2］	物事が整理されて形になる	作品が本にまとまる。

表 4-16 「X が Y に割れる」の意味と用例

区分	意味	用例
［割れる -1］	力が加わって破れたり、砕けたり、ひびが入ったりして全体がいくつかに分離する	お皿が真二つに割れる。
［割れる -2］	ひとつのものがいくつかの部分に分かれる	委員会で祇園が三つの派に割れて争った。

変化表現は、寺村（1982）では、ある主体 X が、ある初期状態（S）から結果の状態（G）へ移行することであると定義している。その表現クラスの特徴として以下の三点が挙げられている。

8. 移動表現と親和性が高い。
9. カラ格で補強することができる。
10. 変化の結果に焦点を置いた表現である。

8. については、移動も位置の変化であることから、変化という大きなカテゴリーの中に移動を位置づけることができると指摘している。この点は、認知言語学が主張するカテゴリー間の意味拡張の問題に深く関わる指摘であり、Lakoff（1993）が主張する空間のメタファーと事実上一致する主張である。Lakoff（1993）によれば、状態は場所であり、変化は移動、原因は力であると分析されており、変化という抽象的事態に関わる概念的理解は移動という具体的事態の概念的理解をベースにしたものであるという。このことから移動と変化はメタファー的拡張の関係にあると分析されている。こうした事実は、寺村（1982）においても同様の指摘がなされており、日本語の構文現象の本質的な側面に関わる問題であると考えられる。そして、8. の指摘を

言語事実のレベルで証拠づけているのが、9. の特徴である。9. を確認すべく、(66)のテストを行った。

(66) a. 生徒たちが{部屋の中心から／昨日から／恐怖から／分散状態から}部屋の隅っこに固まった。
b. 休日が{?? 会社から／今年から／社員福祉の観点から／分散状態から}5月に固まっている。
c. 何千万という金が{社長の自宅から／今年から／保安上の理由から／分散状態から}金庫に詰まっている。
d. ごみが{流し台から／今年から／衛生上の理由から／分散状態から}下水道に詰まった。
e. 社長は{?? 銀行から／6月から／新規事業の失敗から／潤沢な資金状況から}返済の金に詰まった。
f. 身の回り品が{外から／今朝から／捜査上の理由から／分散状態から}部屋の隅にまとまった。
g. 作品が{?? 部屋から／今年から／金銭的理由から／ばらばらの状態から}本にまとまる。
h. お皿が{端の部分から／朝から／地震から／新品の状態から}真二つに割れる。
i. 委員会で祇園が{? 三条から／朝から／金銭トラブルから／平和な状態から}三つの派に割れて争った。

(66)では、変化表現とカラ格の様々な意味役割との共起可能性をテストしている。とりわけ空間・場所を示す名詞とカラ格の共起、時間を表す名詞とカラ格の共起、出来事を表す名詞とカラ格の共起、そして、状態を表す名詞とカラ格の共起の可否をテストし、寺村(1982)の一般化を検証する。(66)によって二点の事実が明らかになった。一点目は、状態と時間を表す名詞についてはすべての事例において問題なく容認されること、二点目は空間・場所を示す名詞と自然に共起するタイプと自然さが損なわれるタイプが存在す

第 4 章 統語形式の振舞いに関する一般的問題　95

ることである。一点目の事実から、9. の一般化は概ね妥当であると考えられる。同時に、寺村 (1982) が定義した、はじめの状態 (S) から結果の状態 (G) への移行を表すという一般化は、概ね妥当なものと言える。ただし、変化表現とは言ってもそれらは一枚岩ではない。二点目の事実が示唆することとして、場所との共起を許すタイプとそうでないタイプが存在する。というのは、場所との共起を許すタイプの事例は、単純に変化というよりは、場所の移動を表すものが多く、4.2.2 節の対面表現、さらには 4.2.3 節の移動表現と全く同様の問題点が観察される。

　次に、10. の特徴については、(67) から考えてみよう。

(67) a.　生徒たちが {?部屋の中心から／?昨日から／#恐怖から／?分散状態から} 固まった。

　　 b.　休日が {*会社から／?今年から／?社員福祉の観点から／?分散状態から} 固まっている。

　　 c.　何千万という金が {??社長の自宅から／*今年から／*保安上の理由から／*分散状態から} 詰まっている。

　　 d.　ごみが {流し台から／?今年から／?衛生上の理由から／?分散状態から} 詰まった。

　　 e.　社長は {*銀行から／?6月から／??新規事業の失敗から／??潤沢な資金状況から} 詰まった。

　　 f.　身の回り品が {?外から／?今朝から／??捜査上の理由から／?分散状態から} まとまった。

　　 g.　作品が {?部屋から／今年から／?金銭的理由から／ばらばらの状態から} まとまる。

　　 h.　お皿が {端の部分から／朝から／?地震から／?新品の状態から} 割れる。

　　 i.　委員会で祇園が {?三条から／朝から／?金銭トラブルから／?平和な状態から} 割れて争った。

(67)では、変化表現が結果に焦点を置くかどうかを確認すべく、(66)から「Yニ」を削除した場合、文としての自然さが得られるかをテストしている。(67)の分布は、いくつか異なるタイプの存在を示唆している。というのは、(67a)の場合、「恐怖から固まる」のような(66)とは別の解釈を持つタイプが存在する一方で、(67h)の「地震から割れた」のように、完全に非文とまでは言えないが、動詞の語形を変えたり、名詞節にするなど、生起文脈を変えることで部分的に自然さが得られるタイプ、さらに、(67c)の「社長の自宅から詰まっている」のように非文に限りなく近いタイプ、さらには、(67b)の「会社から固まった」のように、非文になるタイプまで、連続的に分布している。いずれにしろ、自然さという点では何らかの問題を含む現象が多く、寺村(1982)の分析を支持する結果となった。

　以上の事実を整理した場合、動詞によってはニ格がなくても文脈から補正できるものもあるが、全体として、変化表現が結果に焦点を置く点は、概ね妥当な一般化であると思われる。このことに対する別の論証として、(68)が示すように、これらの動詞には、ニ格の位置に結果述語を用いて自動詞結果構文を作ることができる点が挙げられる。

(68)a.　{生徒たち／体／ご飯／接着剤／アイス}がカチカチに固まった。
　　b.　{何千万という金／仕事／予定}がきつきつに詰まっている。
　　c.　{身の回り品／バッグ／髪／お話／結末}がきれいにまとまった。
　　d.　{お皿／結晶／フィギュア／洗面器}がバラバラに割れる。

(68)が示す通り、変化表現に関わる述語の多くは、結果述語との共起を許すものである。

　以上の考察によって寺村(1982)が示した一般化に対する妥当性および問題点が明らかになった。それは、表現クラスとしての特徴づけに関しては概ね妥当であることが示されたが、個々の現象に関しては部分的な反例が見られるなど、別の見方からの精緻化が求められる。

4.3 まとめ

本章では、「XガYニ消える」文の多様性に関する記述的問題を検討した。そこには、動詞の意味からも、格パターンの機能からも記述できない複雑さが存在する。そして、この問題が「消える」という一動詞のみの局所的現象ではないことを示すべく、寺村 (1982) による分析と『日本語基本動詞用法辞典』を付き合わせながら「XガYニ」パターンと動詞の結合による様々な構文現象を概観した。とりわけ「XガYニVする」形式に関連づけられる三つの表現クラス「対面表現」、「移動表現」、「変化表現」が有する構文的特徴を検討した。検討の結果は、表4-17のようにまとめることができる。

表 4-17 対面、移動、変化表現の特徴

	対面表現	移動表現	変化表現
Yの個体性	○	−	−
Yの場所性	−	○	−
Yの着点性	−	○	−
Xの動作性	△	○	○
XとYの入れ替え	○	−	−
Xの意図性	−	○	−
カラ格の補強	−	△	△
カラ格の起点性	−	△	−
結果述語と共起	−	−	○

表4-17は個々の表現クラスが持つ機能的特徴をまとめたものである。○はその特徴を有することを意味し、−はその特徴を認めることが難しいことを意味する。そして、△は部分的に認めることができることを意味する。

さて、寺村 (1982) による表現クラスとしての特徴は概ね妥当なものであることが示された一方で、一部の現象においては、表4-17の特徴を反映しないものも存在することが明らかになった。この反例とも言える言語事実を扱うためには、名詞の意味特徴と文の意味の関連性を明らかにした上で、名

詞の意味を反映した「表現の構造」を一般化する必要がある。

注

1　多変量解析の一つで、対象物(データの集まり)をサンプルの類似度(距離)によっていくつかのグループ(クラスタ)に分けるデータ分析／分類手法、あるいはそのアルゴリズムの総称である。特にデータを外的基準なしに自動的、定量的に分類する数学的方法をいう。分類の結果は、デンドログラム(樹状図)と呼ばれる木構造の図でもって確認することができる。具体的な分析手法は、豊田(編著)(2008)を参照してほしい。
2　この選択に至るまでの準備段階として、森山(1988)、村木(1991)、森田(2002)なども同時に検討したが、いずれの研究も単なる事実報告的なものであったり、語彙項目に偏りが見られるといった問題点があり、本調査には適さないと判断した。一方、寺村(1982)は文型と動詞の組み合わせで構文現象を捉えている点で、構文文法のアプローチと酷似している。この点において、本研究にとっても良いリストを提供しうると判断した。
3　寺村(1982)におけるコトの類型は、大きなカテゴリーとして「動的事象の描写」とそれ以外のもので「感情表現」、「存在の表現」、「性状の規定」、「判定措定」などに分類されている。さらに「動的事象の描写」は次の五つのカテゴリーに分類されている。それは「二者間の関係の表現」、「移動・変化の表現」、「入れる・出す表現」、「変える表現」、「授受の表現」である。本節の目的である「消える」表現との関連からは「動的事象の描写」に関する考察がもっとも関連が深かったため、以下では「動的事象の描写」の自動詞表現における記述を中心に現象を考察する。
4　4.2節におけるすべての事例の容認度判断は、次の方法で行った。まず、三名の母語話者に協力を得て、個々の事例に対して「言う」、「あまり言わない」、「絶対に言わない」で評定してもらった。そして、それらを平均化したもので最終的な容認度判定を行った。具体的には「言う」と「あまり言わない」にまたがっている場合「?」、「あまり言わない」と「絶対に言わない」にまたがっている場合「??」、「絶対に言わない」の場合「*」として判定した。
5　dからhの例に関して興味深いのは、「YにVする」で分離不可能な島を形成している可能性が高く、ある種のイディオム性が認められる点である。その論証として、これらの事例はいずれも語順交替を許さない点を指摘しておきたい。具体的には、以下の(1)の分布が挙げられる。
　　(1) a. *行動に委員たちはすぐに移った。
　　　　b. ?? 過労に父が倒れる。

c. ?? 抽象論に議論が流れた。
d. ?? ストライキに従業員が入る。
e. ?? 調停に委員会が入った。

第 5 章　統語形式の振舞いに関する実験的分析

　本章では、第 4 章で取り上げた事例を再分析する。とりわけ、動詞を中心とする先行研究の問題点を明確に示すべく、実験的手法を使い、言語現象を分析する。分析結果から、文の意味は、動詞の特徴からは独立に決定されていることを明らかにする。

5.1　問題の所在

　第 4 章では、暫定的に寺村 (1982) の分類に従って各々の表現クラスを特定し、観察記述のレベルで現象を捉えてみた。考察の結果、先行研究における本質的問題が明らかになった。それは、一つの表現クラスの中に多分に異質なものが含まれていることに対する明示化ができていない点である。(69) を例に考えてみよう。

(69) a.　車が電柱にぶつかる。
　　 b.　選手がゴールに向かって…。
(70) a.　その行為は法に触れる。
　　 b.　消防隊員が消火に当たる。

(69) や (70) の事例は寺村の分類、すなわち、格パターンと動詞の共起のみから捉えるのであれば、対面表現の具体例として分析せざるを得ない。しかし、(69) の場合、対面の事態が成立するための前提条件として X の Y への

移動が含意されている。このことを証拠づけるものとして、(33)の通り、対面表現は一般的特徴として、「へ」との共起が難しいにもかかわらず、(69)の例は(71)の通り、いずれも「へ」と共起可能である。

(71) a. 車が電柱へぶつかる。
　　　b. 選手がゴールへ向かって…。

このことから考えた場合、(69)を対面表現の一つとして捉えることは必ずしも妥当な分析とは言えないであろう。(70)に関しても、対面表現の特徴とされるYの個体性が保持されておらず、他の対面表現とは異なった特徴を有する。ただ、これに関しては移動とも変化とも言えない問題があり、第四のクラスを形成している可能性が高い。いずれにしろ、(69)や(70)を対面表現という一つの意味クラスで扱うことは構文現象への具体的な記述としては問題があると言わざるを得ない。

　同様の事実は、4.2.3節の移動表現においても確認できる。(72)から考えてみよう。

(72) a. 議論が抽象論に流れた。
　　　b. 従業員がストライキに入った。
　　　c. 委員たちが行動に移った。
　　　d. 成績が上位に上がった。

(72)の事例において注目すべきは、Yはいずれも移動の着点としては捉えられないものだという点がある。というのも、(58)でも指摘した通り、(72)のいずれの例も場所としての解釈が(名詞そのものの特徴としても、文脈による補正効果としても)困難なものだからである。

　以上で示した記述的問題は、寺村(1982)をはじめとする先行研究の多くの分析が、一部の動詞に対し、限られた(典型的な)名詞のみを取り上げて一般化したことに原因がある。こうした問題を解消するには、全体の表現に潜

在する様々な要素の共変関係に対する体系的分析が必要である。というのは、個々の表現クラスは、動詞といった単一の要素の制約ではなく、複数の要素の相互作業から自己組織的に文意を形成していくものと考えなければならないからである。このことを問題提起すべく、本研究では、4.2 節で用いたデータを実験的手法で再分析する。

5.2 実験の方法

さて、前節で示した寺村 (1982) の問題点を踏まえ、対面、移動、変化の表現クラスに対する実態を調べるべく、文の意味に関する評定実験を行った。この実験は、個々の文サンプルを意味的に特徴づけ、それらを統計的手法でグループ化することで、「X が Y に V する」パターンに見られる多様性の実態を調べることを目的としている。最終的には、4.1 節で示した問題が、「消える」という一動詞のみに見られる特殊例ではなく、一般的な現象であることを示す。

(73) の手順で実験を行った。

(73) a. 評定：4.2 節のデータを 11 変数で特徴づける。特徴づけは 4 名の母語話者の意味評定に基づいて行った。
 b. 解析：評定結果に対して主成分分析とクラスタ分析を行った。

5.2.1 評定：データの特徴づけ

データの特徴づけには、第 4 章の考察を踏まえ、以下の変数を用いた。

表 5-1 変数の一覧

区分	変数	例
Xの意味的特徴づけ	動作主	委員たちが行動に移った。
	被動作主	うその情報が広い地域に流れた。
Yの意味的特徴づけ	行為の対象	隣の男の肩が洋子の肩に触れる。
	空間	身の回り品が部屋の隅にまとまった。
	相手	子供に風邪がうつった。
	出来事	消防隊員が消火に当たる。
全体の意味的特徴づけ	位置変化	本社が東京に移る。
	状態変化	皿が真っ二つに割れる。
	働きかけ・行為	委員会が調停に入った。
	存在	ふとんが押入れの中に入っている。
	潜在的な動作主	作品が本にまとまる。

表 5-1 では、4.2 節のデータを特徴づけるために使用する変数とその典型例を具体的に示した。ガ格名詞に相当するXの意味的特徴を表現するため、動作主と被動作主を変数として設定した。ニ格名詞に相当するYの意味的特徴を表現するため、行為の対象、空間、相手、出来事を変数として設定した。そして、文全体の意味的特徴を表現するため、位置変化、状態変化、働きかけ・行為、存在、潜在的な動作主を設定した。

さて、実際の特徴づけにおいては、四名の母語話者に対して、表 5-1 の変数の示す特徴がサンプル文において認められるかどうかを三段階で評定してもらった。変数の特徴が認められない場合は「0」、変数の特徴が認められる場合は「1」、判断に迷う場合は「0.5」を付与するように指示した。そして、四名分の得点を合計し、統計分析のためのデータを作成した。

5.2.2 解析：多変量解析

評定結果を分析するため、二つの多変量解析の手法を用いた。一つ目は、主成分分析 (principal component analysis) であり、二つ目は、クラスタ分析である。

まず、主成分分析とは、相関関係にあるいくつかの要因を合成(圧縮)して、総合特性を求める方法である。例えば、何人かの生徒の英語・数学・理科・社会の四つの成績データ(観測)から、この四つの要因を圧縮し、一つの主成分にすることで、その生徒の総合力を調べたり、また文系能力・理系能力を調べる方法である。主成分分析の一番の目的は、情報を縮約することであるが、根底にある考え方としては、認知言語学で主張されるスキーマとも多分に共通するものがある。というのは、認知言語学で主張されるスキーマとは、同じ事物を指す他の表示よりも概略的で詳細を省いた表象とされている(辻(編) 2002: 124)。ということは、スキーマとは縮約された情報体であると捉えることができる。一方、主成分分析によって得られる個々の主成分は具体事例に対して縮約された情報であるため、認知言語学のスキーマと概念的に共通する部分が多い[1]。

次に、クラスタ分析とは、似通った個体あるいは変数のグループ化を行うための分析手法であり、一般的には統計的な分類手法の総称として用いられている。クラスタ分析の結果は図 4-4 などで示したようにデンドログラム (dendrogram) と呼ばれる樹状図として表現される。個体が似通っているかどうかの類似度の計算方法は複数のものが存在するが、本研究では Ward 法を使用して行った[2]。

5.3 結果

5.3.1 主成分分析の結果

主成分分析の結果を報告する。まず、モデルの妥当性を示す KMO 値は 0.680 であり、四つの主成分が抽出された。具体的な値を表 5-2 に示す(入力データは Appendices 資料 2 を参照)。

表 5-2 主成分の詳細

	主成分 1	主成分 2	主成分 3	主成分 4
動作主 _X	－.497	－.684	.018	.412
被動作主 _X	.516	.762	－.078	.254
行為の対象 _Y	－.562	.261	.644	.053
空間 _Y	.796	－.409	.183	.198
相手 _Y	－.092	.341	.722	－.197
出来事 _Y	－.760	.013	－.298	.320
位置変化 _S	.437	－.293	.489	.614
状変態化 _S	－.269	.424	－.541	.375
行為・働きかけ _S	－.668	.122	.404	.158
存在 _S	.727	－.355	－.019	－.020
潜在的動作主 _S	.458	.790	.067	.269

表 5-2 では、全体のデータを説明する四つの主成分とその主成分における変数の重みが－1から（＋）1の範囲で示されている。また、個々の主成分が持つ貢献度の大小は固有値から判断することができる。それによれば、第一主成分で全体の 31.44％が説明でき、第二主成分で 22.23％、第三主成分で 16.71％、第四主成分で 9.43％が説明できる。

さて、主成分としての貢献度および解釈の容易さを考慮し、第一主成分および第二主成分を中心に結果を考察する。まず、第一主成分は、Y の意味役割として、空間的なもので、出来事ではなく、行為・働きかけを表さず、存在を表す例を強く特徴づける主成分である。具体的には、(74)に正の得点を、(75)に負の得点を与える主成分になっている。

(74) a. ふとんが押入れの中に入っている。
　　 b. 本社が東京に移る。
　　 c. 身の回り品が部屋の隅にまとまった。
(75) a. 従業員がストライキに入る。
　　 b. 私は勇気をもって困難にぶつかっていくつもりだ。

c.　委員たちがすぐに行動に移った。

次に、第二主成分は、潜在的な動作主が存在し、X は被動作主として解釈される例を特徴づける主成分である。具体的には、(76) に正の得点を、(77) に負の得点を与える主成分になっている。

(76)a.　作品が本にまとまる。
　　 b.　成績が上位に上がった。
　　 c.　お皿が真二つに割れる。
(77)a.　客が家に上がった。
　　 b.　生徒たちが部屋の隅っこに固まった。
　　 c.　生徒が校庭に集まった。

さて、第一・第二主成分に対して、個々のサンプルが持つ主成分得点を計算し、表現クラス別にプロットしてみた。その結果、図 5-1 の分布が得られた。

108

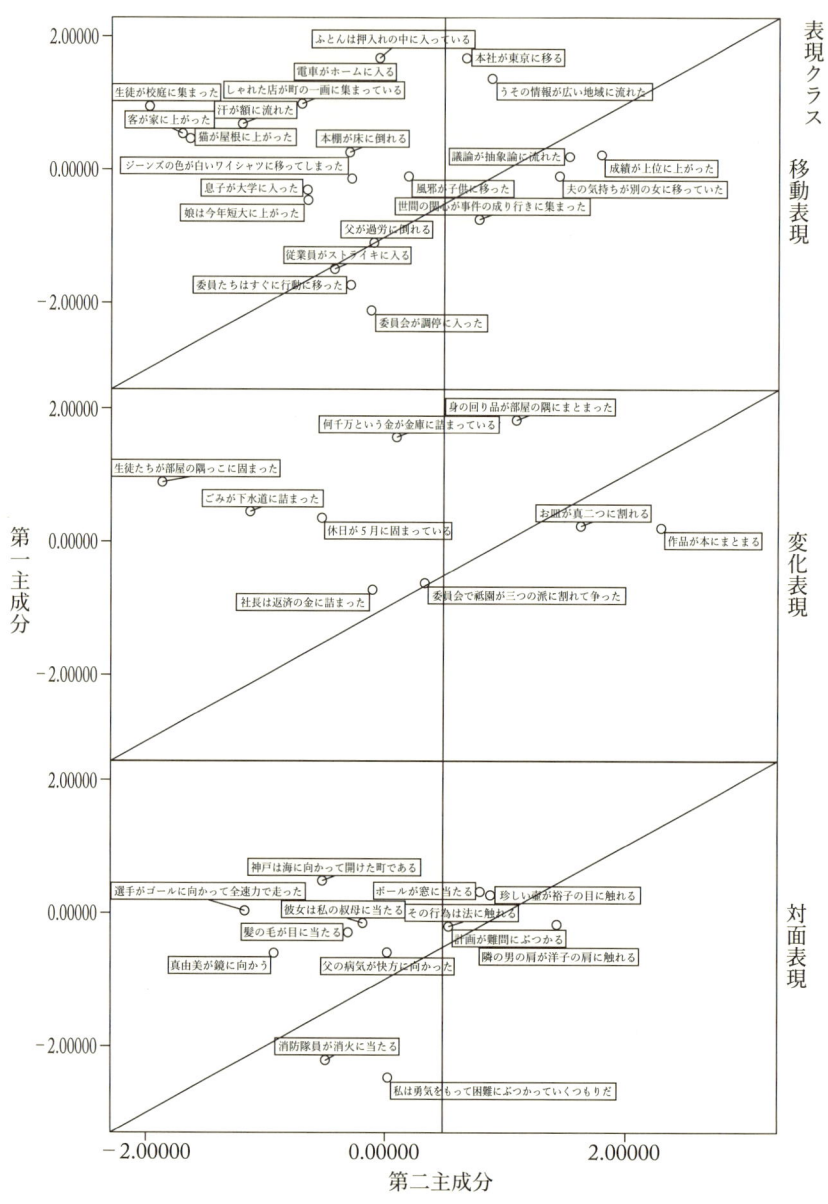

図 5-1　主成分分析の結果

図 5-1 の解釈においては、近くに布置されているものであればあるほど、意味的に近いことを表し、反対に距離が離れていればいるほど意味的に近くないことを表す。図 5-1 に見られる用例の分布は、(78) のようにまとめることができる。

(78) a. 上から下に行くにつれ、存在から非存在、具体的事態から抽象的事態を表す事例が分布していることが確認できる。
   b. 左から右に行くにつれ、X の動作主性が背景化され、表層には表れていない動作主の存在する事例が分布していることが確認できる。
   c. 右上には潜在的な動作主が存在し、位置変化の結果としての存在を表す事例がまとまっている。
   d. 左上には X の意図的行為としての位置変化を表す用法が分布している。
   e. 左下には X のある事態に対する意図的行為を表す用法が分布している。
   f. 右の中央から下の方には、意図性を前提にしない X の状態変化を表す用法が分布している。

さらに第 4 章の表現クラスの問題に関連づけ、より踏み込んだ解釈を行った場合、(79) が言える。

(79) a. 上下の方向として変化表現は上の方に、対面表現は中央に多く分布しているが、移動表現に関しては全体に散らばっており、単一の表現クラスによる分布の一貫性は観察されない。
   b. 左右の方向として、いずれの表現においても単一の表現クラスを形成していると思われる分布の一貫性が観察されない。
   c. 「入る」、「まとまる」、「当たる」のように、同じ語彙アイテムであっても上下方向で異なる分布を見せており、その意味的振舞いはかなり異なる。

  d. 「上がる」、「移る」、「流れる」、「割れる」のように、同じ語彙アイテムであっても左右方向で異なる分布を見せており、その意味的振舞いはかなり異なる。

以上の事実に関する理論化や記述説明において重要なポイントとして、動詞の意味が文の意味解釈を決定するという立場においてはこれらの分布を予測することができない点がある。なぜなら、動詞が文の意味を決定するなら、同じ動詞の同じ格パターンであるなら、近距離に分布するはずであるが、実際のところ、そのような事実はほとんど観察されないからである。

5.3.2　クラスタ分析の結果

 次に、最適なグループ化を行うため、階層的クラスタ分析を行った。分析オプションはこれまで同様に、Ward 法およびユークリッド距離を用いて行った。

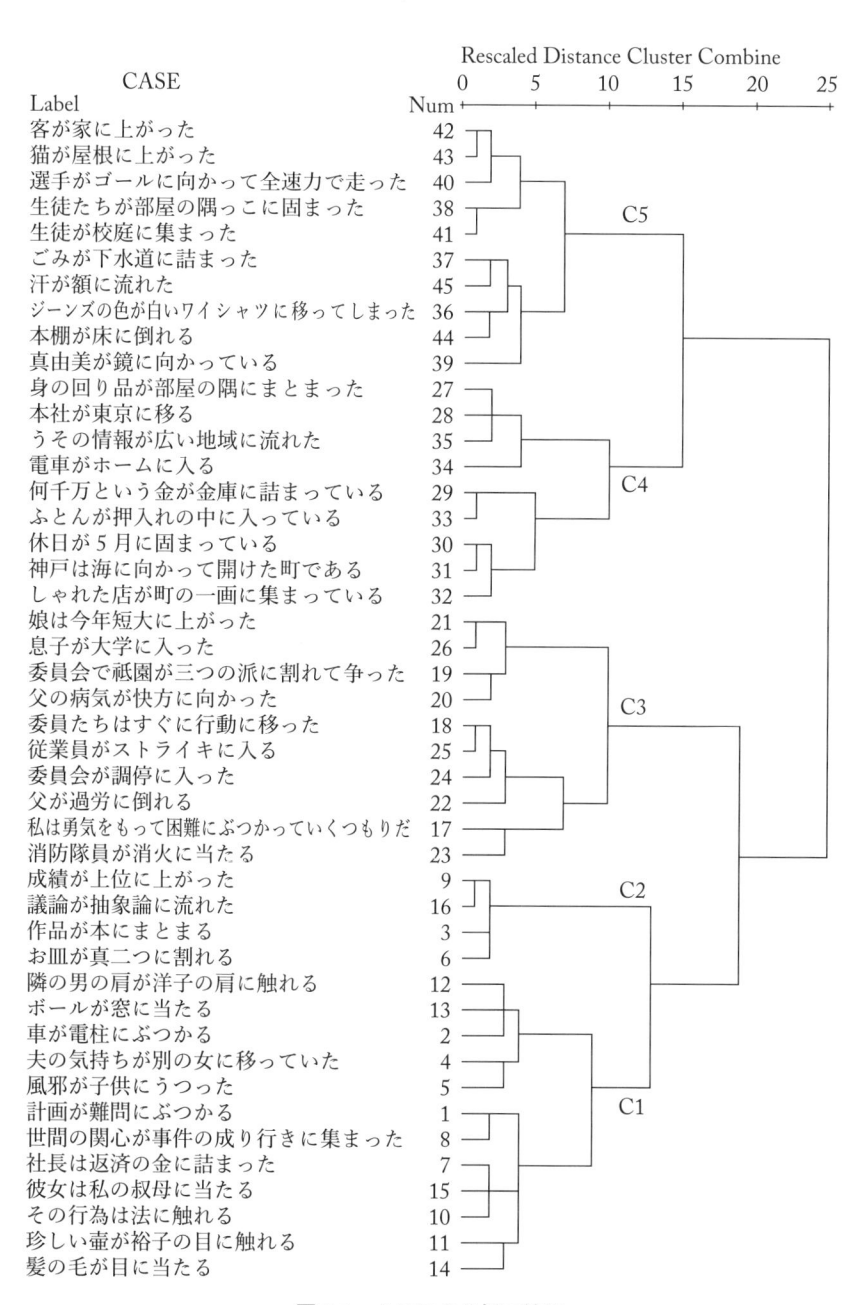

第 5 章　統語形式の振舞いに関する実験的分析　111

CASE Label	Num	Rescaled Distance Cluster Combine 0　5　10　15　20　25
客が家に上がった	42	
猫が屋根に上がった	43	
選手がゴールに向かって全速力で走った	40	
生徒たちが部屋の隅っこに固まった	38	C5
生徒が校庭に集まった	41	
ごみが下水道に詰まった	37	
汗が額に流れた	45	
ジーンズの色が白いワイシャツに移ってしまった	36	
本棚が床に倒れる	44	
真由美が鏡に向かっている	39	
身の回り品が部屋の隅にまとまった	27	
本社が東京に移る	28	
うその情報が広い地域に流れた	35	
電車がホームに入る	34	C4
何千万という金が金庫に詰まっている	29	
ふとんが押入れの中に入っている	33	
休日が 5 月に固まっている	30	
神戸は海に向かって開けた町である	31	
しゃれた店が町の一画に集まっている	32	
娘は今年短大に上がった	21	
息子が大学に入った	26	
委員会で祇園が三つの派に割れて争った	19	
父の病気が快方に向かった	20	
委員たちはすぐに行動に移った	18	C3
従業員がストライキに入る	25	
委員会が調停に入った	24	
父が過労に倒れる	22	
私は勇気をもって困難にぶつかっていくつもりだ	17	
消防隊員が消火に当たる	23	
成績が上位に上がった	9	
議論が抽象論に流れた	16	C2
作品が本にまとまる	3	
お皿が真二つに割れる	6	
隣の男の肩が洋子の肩に触れる	12	
ボールが窓に当たる	13	
車が電柱にぶつかる	2	
夫の気持ちが別の女に移っていた	4	
風邪が子供にうつった	5	C1
計画が難問にぶつかる	1	
世間の関心が事件の成り行きに集まった	8	
社長は返済の金に詰まった	7	
彼女は私の叔母に当たる	15	
その行為は法に触れる	10	
珍しい壺が裕子の目に触れる	11	
髪の毛が目に当たる	14	

図 5-2　クラスタ分析の結果

クラスタ分析の結果として、以下の四点の傾向が明らかになった。

① 全体の分岐は、動作性を持つ事例(C4、C5)と状態性を持つ事例(C1、C2、C3)に分岐する。
② 動作性を持つ事例は、Xが被動作主として解釈される事例(C4)と、それ以外の事例(C5)に分岐する。なお、C5は必ずしもXが動作主のものとは限らない。
③ 状態性を持つ事例は、主としてXは有生物で、自らの意思を伴って何からの状態変化をもたらした事例(C3)と、それ以外の事例(C1、C2)に分岐する。
④ C1とC2の分岐は、主としてXの状態変化の結果としてYになったことを表す事例(C2)とそれ以外の事例(C1)に分岐する。さらに、C1においてはYが場所として解釈されるものと原因として解釈されるものに分岐する。

次に、得られたクラスタの特徴を調べるべく、変数の値の平均を求め、描画してみた。図5-3の結果となった。

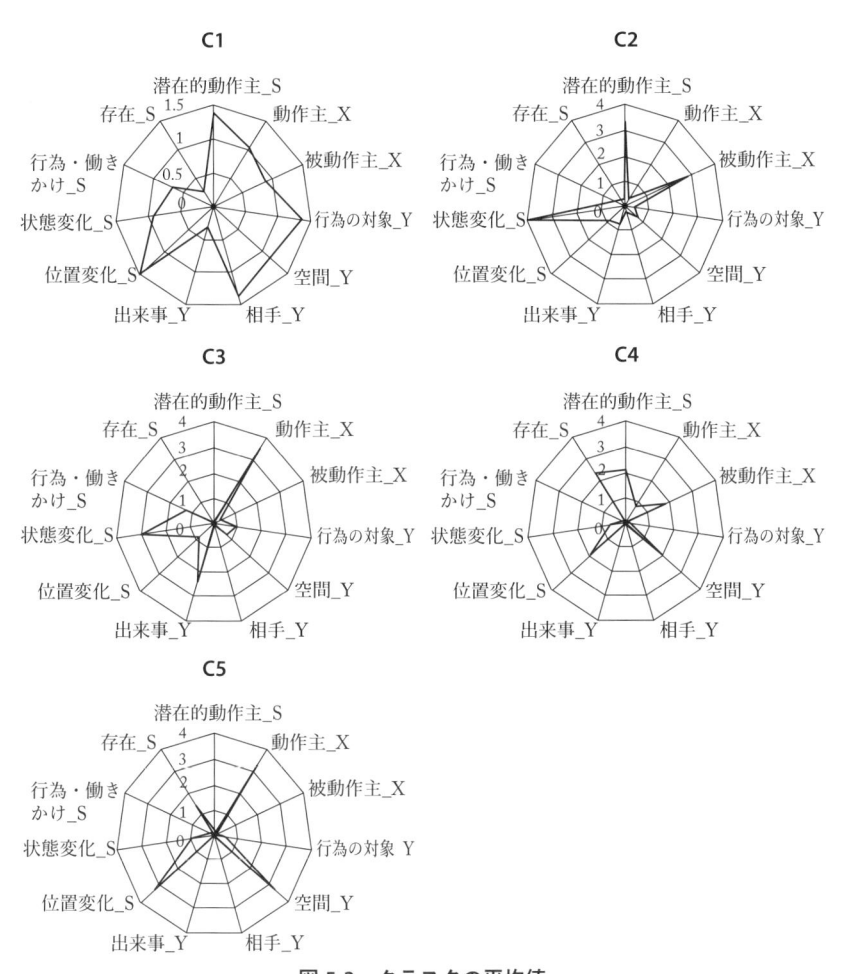

図 5-3 クラスタの平均値

図 5-3 では、個々のクラスタが有する意味的特徴が表現されている。まず、Xの特徴に注目した場合、C3 と C5 のように動作主としての特徴が大きく関わっているものがあるのに対して、C2 と C4 のように、被動作主としての特徴が大きく関わっているものもある。次に、Y の特徴に注目した場合、C4 や C5 のように Y の空間としての特徴（e.g.屋根、東京、校庭、地域、ホーム、金庫など）が大きいものが集まっているクラスタが存在する一方、C3 では出来事としての特徴（e.g.ストライキ、調停、過労、困難、消火な

ど）を有するものが集まっている。またC1の場合、行為の対象（子供、叔母、目、肩など）を表すものが多く集まっている。最後に、文全体の意味的特徴に注目してみよう。C1は位置変化と状態変化の両方を含意するもの、C2は状態変化を強く含意するもの、C3は状態変化を含意しつつ、行為や働きかけも部分的に含意するもの、C4は存在と位置変化をともに含意するもの、C5は位置変化を主に表しているものが集まっている。以上の結果から、各々のクラスタには、XやY、さらには全体の意味が複雑に絡み合いながら、それぞれのグループを形作っていることが見て取れる。

次に、主成分分析で観察された動詞のばらつきの問題を検討すべく、動詞とクラスタのクロス集計を行った。その結果、図5-4の分布が確認された。

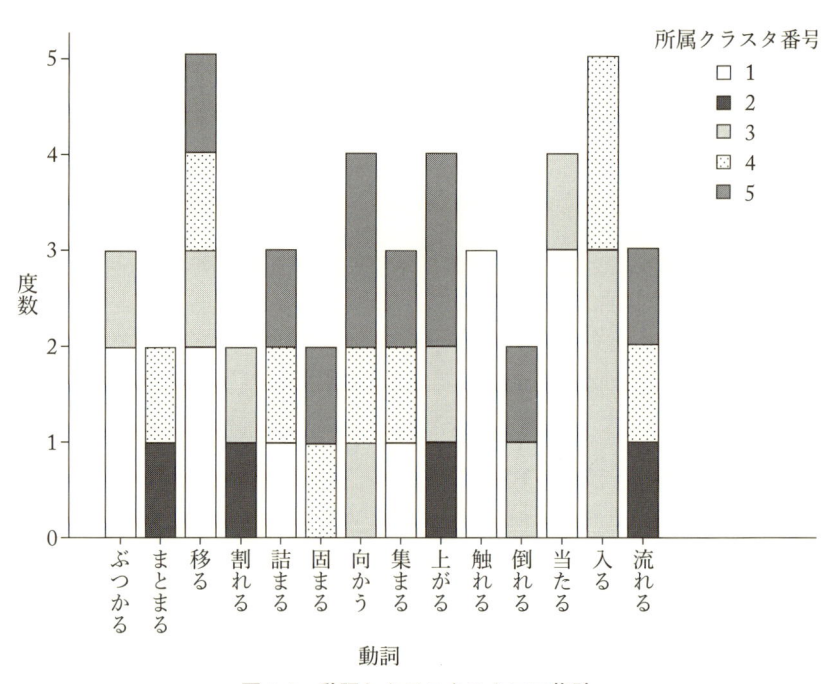

図5-4 動詞とクラスタのクロス集計

図5-4は、元の動詞とそれが実際に所属するクラスタをクロス集計し、描画したものである。例えば「ぶつかる」であれば、クラスタ1に帰属される事例（車が電柱にぶつかる）もあれば、クラスタ3に帰属される事例（私は勇気をもって困難にぶつかっていくつもりだ）もあるということを示している。

さて、図5-4の全体的傾向として、次の点に注目してほしい。それは「触れる」を除くいずれの例も複数のクラスタにおいて生起しており、単一の動詞の単一の格パターンであっても、意味的帰属先は異なっている点である。すなわち、動詞のみからその文の意味的振舞いを予測することは本質的に限界があることを示唆している[3]。

5.4 まとめ

本章では、第4章で行った考察を補強するものとして意味評定に基づく調査実験を行った。その結果、次のことが明らかになった。それは対面、移動、変化の表現クラスを動詞と格パターンのみから分類した場合、本来そのクラスに帰属すべきでない事例が誤って一般化されてしまうという問題が起きうるということである。

さて、ここで行った経験事実に基づく考察に加え、理論的考察として、第6章では動詞を中心とする分析、または格パターンを中心とする分析の研究成果を概観するとともに、それぞれの分析に内在する問題点を明らかにしたい。

注

1 主成分分析を用いた日本語の記述的研究として服部(2007)および李・鈴木・永田・黒田・井佐原(2007)などがある。
2 濱野・李(2006、2007)でも示したことであるが、クラスタ分析の考え方は、認知言語学が主張するカテゴリー化モデルの考え方と非常に近いものがあり、カテゴリー化の内部構造を見ることができる点において、認知言語学に対する貢献度は大きい。クラスタ分析を日本語の記述的調査研究に応用したものとして、李(2004d)および李・井佐原(2006b、2006c)などがある。
3 クラスタ分析の結果を受け、分散分析で統計的有意差を調べ、結果を再検討した。分散分析においては、クラスタを「因子」にし、元の変数を従属変数にして、解析を行った。検定の結果、Xの意味役割として行為の対象と働きかけ・行為が5%水準、それ以外のすべての変数が1%水準で統計的に有意な差があることが明らかになった。なお、比較のため、寺村(1982)が行った対面・移動・変化の表現クラスを名義値にし、「因子」として解析を行った。その結果、Yの特徴として行為の対象($F(2, 42) = 5.07$、$p < .05$)と状態変化($F(2, 42) = 4.86$、$p < .05$)で有意な差が見られるものの、そのほかのいずれの特徴に関しても有意な差は見られなかった。

第 6 章　先行研究と問題提起

本章では、前章までの調査結果を複数の先行研究の分析モデルに照らし合わせながら、理論的問題、記述的問題を考案する。主として従来の動詞基盤の分析や格パターン基盤の分析を批判的観点から検討した後、名詞の特徴を組み込んだ表現パターンによる新たな一般化が必要であることを主張する。

6.1　先行研究と記述的問題

前章の考察によって日本語における構文現象の複雑さが明らかになった。さて、次の問題として、そこに内在する形式と意味の対応関係に対してどのような記述を与えるべきか、ということを考えなければならない。この点に関する従来の見解は、必ずしも標準的なものがあるわけではないが、二つの分析が可能である。

1)　動詞の動機づけによる分析。
2)　格パターンの動機づけによる分析。

1)は語彙意味論の立場で動詞の語彙的制約から記述していこうとするアプローチである(cf. 村木 1991、影山 1996、Kageyama (ed.) 1997、影山・由本 1997、松本 1997、影山(編)2001、岸本 2005、上野 2007)。2)はGoldberg(1995)の分析を日本語研究に借用した分析モデルとして、格パターンに一定の意味的制約を仮定するアプローチである(cf. 山梨 1995、2000、

李 2002b、2003b、2004e、伊藤 2005、永田 2006)。以下では、これらの分析枠組みでなされた主張を検討したあと、それぞれの問題点を指摘する。最終的には、両者いずれも日本語の事実に対して十分な説明力を持たないことを示す。なお、考察のケーススタディとして先行研究の蓄積が多い移動表現を取り上げる。

6.2 語彙主義による分析

6.2.1 語彙主義の基本的主張

ここでは、本研究が指摘してきた事実を語彙主義の分析モデルに関連づけながら、問題を紐解いていきたい。小野 (2005) によれば、語彙主義 (特に動詞意味論) に基づく研究モデルは以下の①から⑤に示す考え方に基づいている。

① 語の語彙エントリーに登録された情報は統語操作によって決定ないしは変更されることはない。
② 実際の文現象は、動詞の下位範疇化の結果であり、動詞の意味から可能な文構造を予測することができる。
③ 動詞は文の中核に位置し、主要な構造を決定する。
④ 動詞の統語的振る舞いは語彙的に指定された属性によって決まる。
⑤ 意味的に類似している動詞は統語的にも類似しており、これらの類似関係を利用し、離散的な動詞クラスを設定することができる。

まず、①は Bresnan (ed.) (1982) や Di Sciullo and Williams (1987) などで仮定されてきたレキシコン (主として動詞) の原子性をめぐる議論で、多くの語彙主義のモデルが支持するもっとも基本的考え方である。この考え方においては、レキシコンというのは、統語構造といった外への入力になることはあっても外からの入力は直接受けることはないものとして位置づけられている。ということから、②で示したように、動詞下位範疇化としてどのような項が

どれだけ生起するかを予測する、すなわち語彙情報(動詞の意味)から統語構造(可能な文構造)を予測することができるという見方に帰着する。②の主張において見過ごしてはならないのは、語彙情報から統語構造を予測することは可能でも、その逆の関係、すなわち統語構造から語彙情報を予測することはできないと考えている点であり、この見方は必然的に、③に示したレキシコンの中核性を強調する流れを形成する[1]。また語彙主義の特徴として、④や⑤で示す通り、語彙、とりわけ動詞はその内部構造において、原子的要素によって構成されていると考えられており、その要素の類似関係に基づいて、離散的な動詞クラスを仮定することができると考えられている。こうした見方を明示化したのがJackendoff(1983、1990)が提唱する概念意味論(Conceptual Semantics)の枠組みであり、Levin(1993)およびLevin and Rapoport(1988、1992)が提唱する語彙概念構造(Lexical Conceptual Structure)による記述枠組みである。両者は細部においては多少の相違はあるものの、理論的根底として一つの土台を共有する。それは、上記の④や⑤の見方を共有すると同時に、具体的な記述の方法において、生成意味論を引き継ぐものとして、意味関数(semantic functions)または概念関数(conceptual functions)を用いて高次レベルの記述的一般化を目指しているからである。(80)に具体例を挙げる(上野2007:15)。

(80) a.　[$_S$[$_{NP}$ Bill][$_{VP}$[$_V$ went][$_{PP}$[$_P$ into][$_{NP}$ the house]]]]]
　　 b.　[$_{Event}$GO $_{Spat}$([$_{Thing}$ Bill], [$_{Path}$ TO([$_{Place}$ IN([$_{Thing}$ HOUSE])])])]

概念意味論では(80a)の統語構造に対して、(80b)の概念構造を仮定する。ここには存在論的カテゴリーとして「物(Thing)」、「出来事(Event)」、「場所(Place)」と意味関数として「GO」などのものから構成される。(80a)と(80b)の対応に関して、概念意味論では「文内で意味内容を持つ主要句構成素(S、NP、AP、PP)はすべて何らかの主要概念範疇の概念構成素に対応する」と考えている。

　さて、こうした見方を継承し、発展させた日本語の記述的研究として、影

山 (1996)、影山・由本 (1997)、上野・影山 (2001)、上野 (2007) などがあるが、これらの研究では、動詞がどのような構文に出現するかという統語的現象と動詞の意味的性質の相関をうまく説明している点では、優れた研究と言える。しかし、Goldberg (1995) や李 (2002a、2002b)、さらには小野 (2005) が指摘することとして、構文の選択が動詞の意味から一義的に決まるという考え方には多くの経験的な問題が見られる。少なくとも、この種の枠組みは、前章で示した言語事実の多様性を説明するには不十分と言わざるを得ない。

6.2.2　語彙主義による具体的な分析

本節では、語彙主義に基づく研究を見ながら、その研究における本質的問題点を指摘する。具体的には、移動動詞に関する問題を取り上げる。語彙主義に基づく移動表現の典型的な研究として、Jackendoff (1983、1990) や Pinker (1989) をはじめとする多くの研究がある。例えば、Pinker (1989) では、enter の意味を以下のように規定している (Pinker 1989: 180)。

```
              EVENT
         ／      ｜      ＼
        GO    THING    PATH
              [ ]     ／    ＼
                    to      PLACE
                          ／     ＼
                         in      THING
                                  [ ]
```

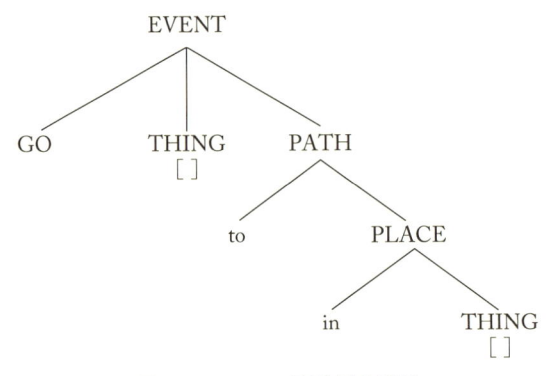

図 6-1　enter の語彙概念構造

図 6-1 に示される動詞のイヴェント構造を前節で示した語彙主義の基本的主張に照らしあわせて考えてみた場合、enter という動詞は語の特性として [GO] という意味関数を持ち、その変項となる [THING] がある [PATH] を通じてある [PLACE] に移動する、という固有のイヴェント構造を語彙的指定によって持つものとして規定される。同様の観点から、移動の様態を

表すとされる動詞(例えば run、walk、skip、dash など)に対しては、以下の一般化を行っている(ibid: 198)[2]。

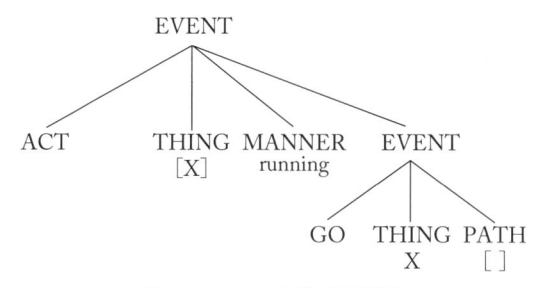

```
                    EVENT
              ┌───────┼────────┬─────────┐
            ACT    THING    MANNER    EVENT
                    [X]    running  ┌───┼───┐
                                   GO THING PATH
                                       X    [ ]
```

図 6-2　run の語彙概念構造

図 6-2 においては、まず非能格動詞が持つイヴェントへの意図性として、X の意図的行為を表す意味関数［ACT］とその変項となる［THING］、そして当該の行為の様態となる［MANNER］が入る。そして、それによるサブイヴェントとして空間への移動がなされることになる。

　この種の分析は、英語の現象に限らず、日本語においても同様に見られるというのが、影山(1996)をはじめとする語彙主義的アプローチに基づく日本語研究の主張である。具体的には、以下のコーパスデータが挙げられる(いずれも「新潮文庫 100 冊」の事例)。

(81) a.　かつて私が小田原に移りたいと申し出たのは、…
　　 b.　島村が寝床に入ると、…
　　 c.　澄江が成城に戻ったのは、…
　　 d.　私が青葉山に登ったのは、…
(82) a.　黒い猫が屋根を歩いていた。
　　 b.　鼠が枕元を走るので、…
　　 c.　鳥が空間を飛ぶのに、…
　　 d.　船は静かに水の上を滑った。

図 6-1 および図 6-2 の分析では、(81) や (82) に示したコーパス事例に対し

て、簡潔な形でその意味を説明している。(81)であれば、いずれの例もある主体([THING])が経路([PATH])を通して、ある場所([PLACE])に移動することであり、(82)であれば、ある主体([THING])が動作([MANNER])を継続的に行うことで、結果的に移動が生じるということである。さらに、前節の基本的主張②と③が示すように、この種のアプローチでは、(81)が「ニ」格と自然な共起関係を見せるのに対して、(82)においては、何らかの付加要素なしではそのような共起が難しいという形式レベルの分布をもうまく予測できる。そして(81)と(82)の意味的相違を決定づけるものとして、(81)では必ずある場所へ到着したことを表すのに対して、(82)の場合、動詞そのものは非有界的でいつまでも継続可能な移動を表すとされる。その論証として、(83)に示すような容認度の差が挙げられる。

(83) a. かつて私が小田原に {50分で／*50分間} 移りたいと申し出たのは、…
 b. 島村が寝床に {50分で／??50分間} 入ると、…
 c. 澄江が成城に {50分で／*50分間} 戻ったのは、…
 d. 私が青葉山に {50分で／*50分間} 登ったのは、…
(84) a. 黒い猫が屋根を {*50分で／50分間} 歩いていた。
 b. 鼠が枕元を {*50分で／50分間} 走るので、…
 c. 鳥が空間を {*50分で／50分間} 飛ぶのに、…
 d. 船は静かに水の上を {*50分で／50分間} 滑った。

(83)や(84)の分布について、上野・影山(2001)では、(81)に対する(82)の動詞は過程の動詞であって、それを主要部とする動詞句は終結的な性質を持ちえないからであると説明している。こうした意味と形式の対応に基づき、動詞の離散的クラスとして(81)を「内在的に方向づけられた移動動詞」ということで「有方向移動動詞」、(82)を「移動に伴う様態(または手段)を表す移動動詞」ということで「移動様態動詞」として区別している[3]。

以上の議論が示すように、語彙概念構造に基づく一般化では、動詞の語彙

レベルの指定によって認定される原子的要素の組み合わせから、実際の使用例を予測し、かつ動詞間の類似性をうまく捉えている点では、妥当性の高いモデルであるように思われる。

さて、第4章や第5章における問題提起との関連で考えてみた場合、主な記述の対象となる4.2.3節の移動表現に関して簡潔に説明できる。具体例を示す。

(85) a. 猫が屋根に上がった。
　　 b. 生徒が校庭に集まった。
　　 c. 本社が東京に移る。
　　 d. 電車がホームに入る。

上述の分析に関連して、(85)を捉えた場合、次の三点が言える。一点目にいずれも有方向移動動詞である点、二点目にニ格の場所は着点であり、場所への到達を表す点、三点目に図6-1の構造として記述できる点である。

ただし、ここで注意すべき問題として、第4章や第5章の議論が示すように、(85)の表現は有方向移動動詞のほんの一部に過ぎない点がある。4.2.3節で示した(85)以外の事例に関する記述的一般化においては少なからず問題があるように思われる。というのも、(85)以外の事例においてはニ格が着点かどうかという問題、到達の意味を表すかどうかという問題があるからである。これらの事実を総合して考えてみた場合、語彙主義による分析は語彙の多様性は説明できても、表現内部の多様性を説明することが困難であることが示唆される。また、語彙主義のモデルは日本語の構文現象の具体的な説明の枠組みとしては必ずしも十分ではないことも示唆される。このことに関連することとして、次節以降では、理論の内部に存在する問題点および矛盾点を指摘した上、理論的限界を明らかにする。

6.2.3　語彙主義による問題点

本節では、主として前節の語彙主義による説明の問題点を指摘する。具体的には動詞を軸にした一般化が果たして日常の言語使用に対してどこまで有効かを問うてみることにする。以下の四点に焦点をしぼって検討してみる。

1) 統語形式に対する予測可能性の問題
2) 意味関数の問題
3) 動詞に還元できない移動の問題
4) 動詞のカテゴリーに関わる問題

6.2.3.1　統語形式に対する予測可能性の問題

動詞が項を取るという記述が言語を捉える上で正当なものとなるためには、以下の要請を満たすものでなければならない。

要請1　文全体の統語形式は動詞からほぼ予測できるものでなければならない。

要請1が経験的正しさを得るためには以下の現象が確立していなければならない。

現象1　動詞が与えられると同時に、その統語形式は決定できるものでなければならない。

語の特性に焦点を置くアプローチないしはその分析が経験的な根拠を持つのは、語において生起しうる文の基盤となる「統語形式」がほぼ予測可能な場合に限られる。具体的に言えば、(81)や(82)の例で「移る、戻る、登る、入る」、「歩く、走る、飛ぶ、滑る」という動詞が与えられると同時にその統語形式が完全にとは言わないまでも、ある程度の確率で(テキストの性質によらず)普遍的に予測されるものでなければ経験的妥当性は得られない。

現象 1 の妥当性を検証すべく、複数のコーパスを用いて簡単な調査を行った。以下の手順で行った。

手順 1：「新潮文庫 100 冊」と「日英新聞記事対応付けデータ」のデータを「茶筌」で形態素解析。
手順 2：(81)や(82)の動詞を含む文サンプルを収集。
手順 3：直前に生じている格要素を集計[4]。

調査の結果、表 6-1 と表 6-2 が得られた。

表 6-1　有方向移動動詞の項構造

コーパス	動詞		が	から	で	に	へ	を	総計
新潮文庫	移る	度数 %	10 6.3%	4 2.5%	0 0.0%	**104** **65.4%**	40 25.2%	1 0.6%	159 100.0%
	登る	度数 %	16 5.7%	4 1.4%	8 2.8%	75 26.5%	**95** **33.6%**	85 30.0%	283 100.0%
	入る	度数 %	198 12.0%	32 19%	13 0.8%	**1080** **65.3%**	294 17.8%	38 2.3%	1655 100.0%
	戻る	度数 %	39 8.3%	41 8.7%	10 2.1%	**264** **55.9%**	114 24.2%	4 0.8%	472 100.0%
新潮文庫　集計		度数 %	263 10.2%	81 3.2%	31 1.2%	**1523** **59.3%**	543 21.1%	128 5.0%	2569 100.0%
日英新聞記事 対応付けデータ	移る	度数 %	13 10.7%	0 0.0%	2 1.7%	**99** **81.8%**	6 5.0%	1 0.8%	121 100.0%
	登る	度数 %	0 0.0%	0 0.0%	0 0.0%	2 33.3%	1 16.7%	**3** **50.0%**	6 100.0%
	入る	度数 %	186 13.1%	18 1.3%	3 0.2%	**1207** **84.9%**	7 0.5%	1 0.1%	1422 100.0%
	戻る	度数 %	22 10.3%	7 3.3%	4 1.9%	**173** **81.2%**	7 3.3%	0 0.0%	213 100.0%
日英新聞記事 対応付けデータ　集計		度数 %	221 12.5%	25 1.4%	9 0.5%	**1481** **84.1%**	21 1.2%	5 0.3%	1762 100.0%
総計		度数 %	484 11.2%	106 2.4%	40 0.9%	**3004** **69.4%**	564 13.0%	133 3.1%	4331 100.0%

表 6-2 移動様態動詞の項構造

コーパス	動詞		が	から	で	に	へ	を	総計
新潮文庫	走る	度数 %	90 19.0%	7 1.5%	30 6.3%	101 21.3%	66 13.9%	**180** **38.0%**	474 100.0%
	歩く	度数 %	59 6.2%	23 2.4%	107 11.2%	178 18.6%	107 11.2%	**483** **50.5%**	957 100.0%
	飛ぶ	度数 %	67 27.5%	11 4.5%	9 3.7%	**69** **28.3%**	40 16.4%	48 19.7%	244 100.0%
	滑る	度数 %	7 14.6%	4 8.3%	3 6.3%	8 16.7%	8 16.7%	**18** **37.5%**	48 100.0%
新潮文庫 集計		度数 %	223 12.9%	45 2.6%	149 8.6%	356 20.7%	221 12.8%	**729** **42.3%**	1723 100.0%
日英新聞記事 対応付けデータ	走る	度数 %	28 13.1%	0 0.0%	13 6.1%	**112** **52.6%**	2 0.9%	58 27.2%	213 100.0%
	歩く	度数 %	5 9.6%	1 1.9%	4 7.7%	9 17.3%	0 0.0%	**33** **63.5%**	52 100.0%
	飛ぶ	度数 %	9 27.3%	0 0.0%	3 9.1%	5 15.2%	4 12.1%	**12** **36.4%**	33 100.0%
	滑る	度数 %	0 0.0%	0 0.0%	0 0.0%	0 0.0%	0 0.0%	**2** **100.0%**	2 100.0%
日英新聞記事 対応付けデータ 集計		度数 %	42 14.0%	1 0.3%	20 6.7%	**126** **42.0%**	6 2.0%	105 35.0%	300 100.0%
総計		度数 %	265 13.1%	46 2.3%	169 8.4%	482 23.8%	227 11.2%	**834** **41.2%**	2023 100.0%

表6-1と表6-2ではもっとも多い事例(太字)と二番目に多い事例(網かけ)に印をつけた。ここで、注目したい点として、動詞が要請する項は、テキストによってゆれが見られる点である。このことから、テキストによって共起する項の顕著さが異なることが示唆される。有方向移動動詞で言えば新潮文庫コーパスでは主として「ニ格」と「ヘ格」の順で顕著な共起が見られるが、日英新聞記事対応付けデータでは「ニ格」と「ガ格」の順で顕著であることが明らかになった。また、移動様態動詞で言えば、新潮文庫コーパスでは「ヲ格」と「ニ格」の順、日英新聞記事対応付けデータであれば「ニ格」と「ヲ格」の順で顕著な共起を見せている。ただ、「飛ぶ」に関しては「ガ格」との共起が顕著である点で特徴的と言える。この点に関して確認しておきたいのは、「ガ格」との共起を単純に「ニ格」や「ヲ格」が省略したものとしては扱えない点である。具体的には以下の事例が挙げられる。

(86) a. もうその時節が移っていることは分かって…
    b. 何となく力が入らず、空しいような空気が…
    c. 融資資金が戻らない可能性がある。
(87) a. わしは飛べても、お主が飛ぶのは不可能じゃ。
    b. この子はまだちゃんと歩くことができない。
    c. ワックスを塗ったスキー板はよく滑る。

(86)や(87)は、「ガ格」のみが使用されている事例であるが、いずれも文としての完全さの点で大きな問題は見られない[5]。ということは、「ガ格」と移動動詞の共起事例を、単純な省略として分析対象から外すことは望ましくない。同様に、これらの事例を移動表現ではないということで分析対象から外すことも問題であると言える。

　共起する項の顕著さの相違に関しては次のことが明らかになった。それは有方向移動動詞は「ニ格」との共起が顕著であるのに対して、移動様態動詞は「ヲ格」との共起が顕著であるということは、6.2.2節で示した先行研究の分析を支持する結果になっているということである。しかし、その中身の

問題、すなわち顕著さの度合についてはテキストによってかなり異なっている。というのは、有方向移動動詞で言えば、新潮文庫コーパスでは、「ニ格」との共起が5割から6割程度であるのに対して、日英新聞記事対応付けデータの場合、全体として、約7割の顕著さを示しており、顕著さの度合に関しては相違が見られる。移動様態動詞に関してはさらに複雑な様子を見せており、新潮文庫コーパスでは「ヲ格」がもっとも顕著であるが、日英新聞記事対応付けデータにおいては、共起しにくいと分析されてきた「ニ格」と顕著に共起していることが明らかになった。この点に関して確認しておきたいのは、「ニ格」との共起を単純に副詞としては扱えない事例がある点である。具体的には以下の事例が挙げられる。

(88) a. 舞台とは反対に歩いた。
   b. みんな遠くに飛んでしまっている。
   c. 亀裂は円周方向に走り、…

(88)で注目しなければならないのは、いずれの「ニ格」も表面的には副詞句のように見えるが、全体としては何らかの場所性を喚起している点である。ということは、単純に付加詞として分析することは難しい。その証拠として、これらの事例では、「ニ格」を省略することが難しい。

(89) a. *舞台とは歩いた。
   b. ?みんな飛んでしまっている。
   c. ??亀裂は走り、…

さて、以上の事実から、語彙主義による分析は、テキストの相違を無視した行き過ぎた単純化であるという問題点、動詞による項構造の予測は、有方向移動動詞であれば7割、移動様態動詞であれば4割程度のものであるという問題点が明らかになった。これは別の言い方をすれば、有方向移動動詞は3割、移動様態動詞は6割の事実に対して経験的な問題を引き起こすと

いうことである。これらの問題点の背景には、文内要素（格要素や名詞の意味的特徴）との相互作用を無視した、単純化に起因するものがあると考えられる。

6.2.3.2　動詞に還元できない移動の事態

　動詞意味論的アプローチが持つ三つ目の問題点として、移動を動詞固有の意味的効果として捉えるアプローチでは、以下の事例に対して無理な一般化をしなければならない。

(90) a.　難民がボートに殺到する。
　　 b.　ポパー氏がニュージーランドに亡命する。　　　（中右 1998: 12）

中右(1998)では上記の動詞は「「移動する」の特殊なありようである（中右 1998: 12）」と述べられ、例外的用法として記述している。こうした観点から(91)に関わるそれぞれの動詞「消える、隠れる、混じる、漏れる、当たる」を見た場合、一つの問題が浮き彫りとなる。

(91) a.　狂牛病拡大、牛肉が消える。
　　 b.　スノコを使用する場合は、<u>スノコの下の受け皿が隠れる</u>程度に敷き詰めて下さい。
　　 c.　白が混じっていないから、薄い青と言うべきだろう。
　　 d.　EZ Access を使うと電話番号が漏れる。
　　 e.　プラスチックの角が当たって、ゴミ袋に裂け目ができた。

(91)に関わるそれぞれの動詞は一般に結果の状態動詞として規定されるもので、移動動詞とは認識されない。この種の事実関係をもとに(91)の動詞は以下のようなイヴェント構造を持つものとして規定される。

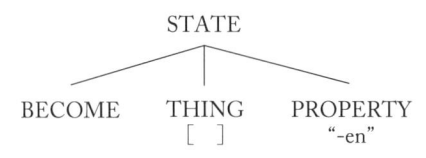

```
                        STATE
              ╱           │           ╲
        BECOME        THING         PROPERTY
                       [   ]         "-en"
```
図 6-3　(91)の語彙概念構造

図6-3においては意味関数として、[BECOME]とその変項となる[THING]、そして、その結果状態となる一定の[PROPERTY]によって成り立つイヴェント構造が表示されている。さて、問題になるのは、上記の動詞に関して以下の用例が観察される点である。

(92) a.　船が霧の中に消える。
　　 b.　月が太陽の後ろに隠れる。
　　 c.　犯人が通行人の中に混じる。
　　 d.　雨が屋根裏部屋に漏れる。
　　 e.　ボールが窓に当たる。

(92)においては、議論の整合性という観点から考えた場合、Xの結果状態を表すものと位置づけられる。しかし、上記の事例においてはXの結果状態のみならず、以下の事態が関与している。

(93) a.　船が霧の中に移動する。
　　 b.　月が太陽の後ろに移動する。
　　 c.　犯人が通行人の中に移動する。
　　 d.　雨が屋根裏部屋に移動する。
　　 e.　ボールが窓に移動する。

(92)では、(93)が示すように移動の主体となる特定の参与者「X」が移動先となる空間「Y」に移動するという事態が関与している。その事態とは図6-4のように示すことができる。

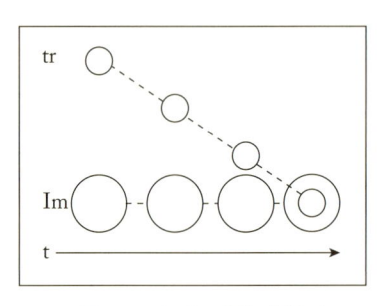

図 6-4　(93)の認知事態

(92)においては、図6-4で示されているようにトラジェクターとなる移動の主体が特定の空間となるランドマークに向かって進んでいき、やがてランドマークの中に入ってしまう事態が関与している。そして、その結果として動詞が表すような「消える」事態や「隠れる」といった事態が生じたものとして考えるべきである。この種の観点から上記の事例を見直した場合、次のような位置づけが可能となる。(92a)を例に考えた場合、(i)船が霧の中へどんどん進んでいき、やがて船が霧の中へ入ってしまう事態と、(ii)その結果として船が認知主体の視野からなくなってしまう事態が存在し、両者の融合として(92a)を捉えなおすことができる。

　語彙意味論的アプローチにおいて、この種の事例における移動を処理するためには、「消える、隠れる、混じる、漏れる、当たる」は移動動詞であると分析するか、中右(1998)が言うような「移動する」の特殊なもの、例外的なものであると分析しなければならない。なぜならば、動詞の機能によって全体の文における合成や解釈を捉えるストラテジーを採用している以上、上記の動詞を移動動詞としなければ議論の整合性が保てなくなるからである。よって、(90)や(92)の事例に見られる移動事態を捉えるためには、動詞の内部構造を以下のように書き換えなければならない。

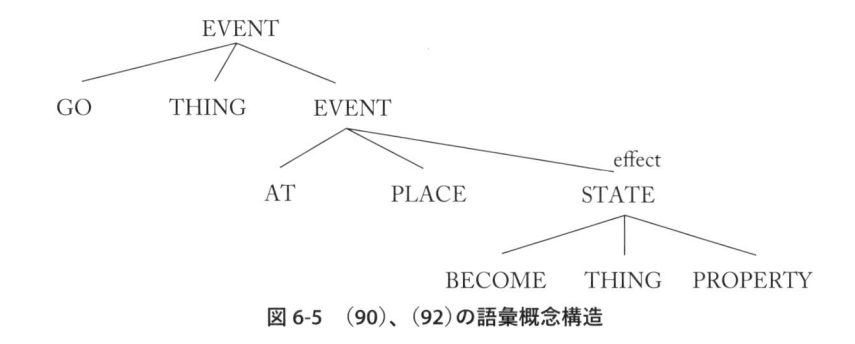

```
            EVENT
       ╱     │     ╲
      GO   THING   EVENT
              ╱     │     ╲
             AT   PLACE  STATE ─ effect
                          ╱   │    ╲
                      BECOME THING PROPERTY
```

図 6-5　(90)、(92)の語彙概念構造

図 6-5 では図 6-3 のイヴェント構造を(右下に)保持する形で移動の事態が表されている。ここで注意しなければならないのは、語彙意味論的アプローチでは図 6-3 と図 6-5 の問題に関して、動詞が表す事態に移動の意味を与えるといった分析をしており、実質的には動詞の多義として位置づけていると考えることができる点である[6]。しかし、こうしたアプローチでは動詞の意味記述に関して、以下の問いに答えなければならない。

1)　なぜ、一つの動詞が時には状態動詞であり、時には移動動詞となりうるのか。
2)　なぜ、二つの異なるカテゴリーを一つの語に還元できるのか。

1)の問題は、本研究における最大の問題意識でもあり、繰り返しになるが、本研究では(92)に見られる(93)の解釈は、本質として「構文」、つまり、語の外側によって与えられた機能であり、語の内部に還元することは正しくないと考えている。2)の問題については、一つの語に二つのカテゴリーを還元する論法はそのいずれも語によって動機づけられたものではないことを自ら証明する矛盾に陥る。この二点において、現実の文のバリエーションを追いかけながら動詞の意味を書き換えていくアプローチが持つ本質的限界が表れている。なぜならば、現実生起する文のバリエーションだけ動詞の意味を書き換えていかなければならないため、信頼できる記述ができないからである。同様の事例として第 4 章、第 5 章で扱った以下の事実に関しても記述

困難な問題が生じる。

(94) a. ボールが窓に当たる。
 b. 車が電柱にぶつかる。
 c. 選手がゴールに向かって全速力で走った。
(95) a. 消防隊員が消火に当たる。
 b. 計画が難問にぶつかる。
 c. 父の病気が快方に向かった。
(96) a. 娘は今年短大に上がった。
 b. 世間の関心が事件の成り行きに集まった。
 c. ジーンズの色が白いワイシャツに移ってしまった。
(97) a. 生徒たちが部屋の隅っこに固まった。
 b. 何千万という金が金庫に詰まっている。
 c. 身の回り品が部屋の隅にまとまった。

例えば、対面表現とされる「XがYに{当たる／ぶつかる／向かう}」であっても(94)のように移動を表したり、(95)のように変化を表したりすることがある。同じようなこととして移動を表す表現とされる「XがYに{上がる／集まる／移る}」であっても、(96)のように変化を表すこともできる。そして、変化を表す表現とされる「XガYに{固まる／詰まる／まとまる}」であっても(97)のように移動を表すこともある。これらの事実をめぐる記述的問題の本質を握るのは、名詞の意味的貢献度を正当に評価することにあると考えられるが、動詞意味論で代表される従来の分析モデルではこのことが考慮されていない。

6.2.3.3 動詞のカテゴリーの問題

　動詞意味論的アプローチにおいては、語のカテゴリーの問題について本質的問題がある。この問題については、次の動詞から考えてみる。「転がる、漂う、走る、歩く、駆ける、飛ぶ」について、上野・影山(2001)によると、

第 6 章　先行研究と問題提起　135

この類の動詞は非完結的移動の事態を表すと述べている。その根拠としてこれらは「理屈の上では、いつまでも継続可能なものである」とされる[7]。しかし、このような立場で(98)を分析した場合、問題が発生する。

(98)a.　清原は三塁に走った。
　　 b.　ゴルフボールがホールに転がった。

(98)の動詞「走る」「転がる」に関して上野・影山(2001: 61)は「有界的経路をつけることによって、動詞句全体が完結的になる」と分析しており、同様の立場に立つ研究として、米山(2001: 71)では「方向句(directional phrase)と共起した場合には動作主的な運動様態の動詞は非対格的な振る舞いをする」と分析している。こうした関係をより一般的に規定したものとして、影山(1996)では以下の分析を提案している(影山 1996: 90–91)。

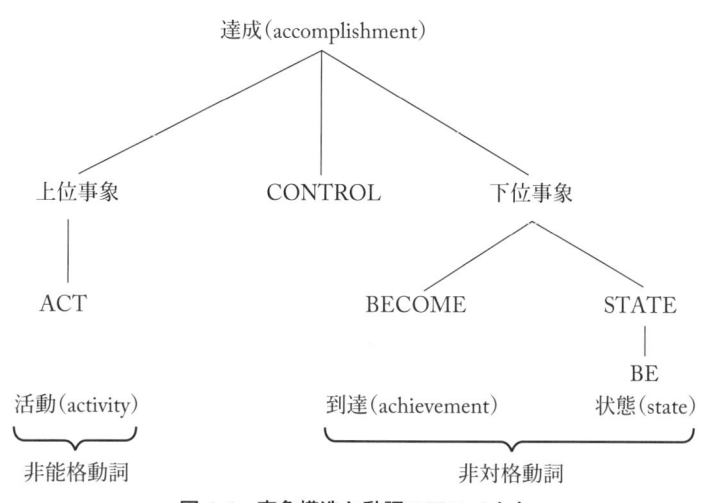

```
                    達成(accomplishment)
                   /        |         \
            上位事象      CONTROL      下位事象
               |                     /        \
              ACT                BECOME      STATE
                                                |
                                                BE
           活動(activity)        到達(achievement)  状態(state)
           ⎵⎵⎵⎵⎵⎵⎵⎵           ⎵⎵⎵⎵⎵⎵⎵⎵⎵⎵⎵⎵⎵⎵⎵⎵⎵⎵⎵⎵
            非能格動詞                  非対格動詞
```

図 6-6　事象構造と動詞のアスペクト

図 6-6 では、使役事象が左側、結果事象が右側に並べられている。これは、上位事象と上位事象への時間的流れを捉えるものであり、Langacker (1987)のビリヤードモデルを組み込んだものであるとされている。図 6-6 の観点か

ら、個々の動詞クラスを見直した場合、(99)のような一般化ができるとされている。

(99) a.　非能格動詞：上位事象のみ
　　 b.　非対格動詞：下位事象のみ
　　 c.　使役他動詞：上位事象＋下位事象

図6-6および(99)で示されている見方をより具体的に観察した場合、(98)について動詞意味論的アプローチでは次のような分析がなされることになる。「走る」や「転がる」は語の特性としては非完結的事態を表す非能格動詞として位置づけられる。しかし、(98)の文脈において「走る」は完結的活動、すなわち、到達や着点を持つため、非対格動詞として位置づけられる。このように二重の分析をせざるを得ないという問題点は、動詞のカテゴリーを常に書き換えていかなければならないため、一般性のある分析とは言えず、言語の科学的・体系的記述の枠組みとしては不適切と言わざるを得ない。

6.3　文法構文による分析

6.3.1　文法構文による分析の基本的主張

　文法構文による分析とは、日本語に限って言えば、格パターンの意味的動機づけによる分析モデルであり、李 (2002a、2002b、2003b) をはじめ、伊藤 (2005)、永田 (2006) によって支持されたものである。これらの研究に共通するのは、そのいずれも Goldberg (1995) の項構造構文の議論を日本語の分析へ応用したものであり、前節で示した動詞偏重の分析モデルに対するアンチテーゼとしての性格を有する点である。とりわけ、日本語の文現象の項構造の問題には、動詞に還元できない現象が存在することを指摘し、動詞基盤の分析を批判的に検討している。その中心的主張は下記のように示すことができる。

1) 日本語の格パターンにはそれ自体として、構成要素に還元できない（抽象的・骨格的）意味がある。
2) 構文の意味は動詞によって具現化される。
3) 構文は語彙同様に、宣言的データ構造を持っており、それ自体としてプロトタイプカテゴリーを形成する。

1)の背景には、次のような観察がある。それは、動詞の多義には格パターンとの相関があるということである。この点をめぐる具体的な観察として、伊藤（2003）による「出る」の多義性に関する考察がある。伊藤（2003）では『大辞林』に掲載されている「出る」の多義項として、(100)に示す語義に注目している。

(100) a. それまで社会的に所属していたところから去る。「学校を出てから10年たった」
b. 仕事や学業などの活動をするために行く。「店に出る」「会社に出る」
c. 集まりなどに出席・参加する。「同窓会に出る」「ゴルフのコンペに出る」
d. 物が移動して中から外、または人の目に見える所に現れる。「煙突から煙が出る」
e. ある現象や事態が発生する。起きる。「夕方になって風が出てきた」「咳が出る」

伊藤（2003）の観察において注目すべき点は、(100)に挙げた語義が「特定の格パターンと結びついていること」を発見している点である。すなわち、動詞の多義がランダムに発生しているのではなく、表層の格パターンと相関していることを明らかにしている。具体的には、「それまで社会的に所属していたところから去る」という解釈は、「学校を出る」のように「-ガ-ヲ」という格パターンに現れる。同様に、「仕事や学業などの活動をするために行

く」と「集まりなどに出席・参加する」は、「-ガ-ニ」という格パターンに見られる。また、「物が移動して中から外、または人の目に見える所に現れる」ものは主に「-ガ-カラ」、「ある現象や事態が発生する。起きる」は主に「-ガ」という格パターンで用いられることが多い。つまり、一般的に言われる動詞の多義性とは、それ自身の持つ語彙的な特性によってのみ表されるのではなく、それが用いられる格パターンも重要な役割を果たしているのである。

伊藤（2003）が示した観察をより一般化し、強い意味での構文を主張した場合、上述の1）が成立する。1）の主張をサポートする別の研究として、李（2001、2002a、2003b）が挙げられる。李（2002a）では、(94)や(97)の現象を取り上げ、統語形式のまとまり、「XガYニVする」そのものが「参与者Xが空間Yへ移動する」事態とシンボリックな関係をなしていると主張した。また、この見方の利点として、(101)に示す他動詞文のゆらぎ現象に対しても統一的に捉えることができることを示した（李 2001）。

(101) a. 真っ青な太平洋の波が岸に寄せては、白く砕けていく。(cf. 里美が路側帯に車を寄せた。)
　　　b. 桃の果汁のような陽の光が、松山の雪にいっぱいに注ぎ、それからだんだん下に流れて、そこらいちめん、雪のなかに白百合の花を咲かせました。(cf. 丹がカップに紅茶を注いでいた。)
　　　c. 監獄の通路を何度も屈折した光が独房の中に差し込んだ(cf. 何者かが扉の隙間に何かを差し込んで開けたような跡があった。)
　　　d. 待ち構えていた初もうで境内に客が繰り出し、人波で埋まった。(cf. ボルタイとジュミレスがすかさず皇帝の馬車に馬を繰り出した。)

さて、2）の問題に関係することとして、格パターンに基づいて日本語の構文現象を捉えるアプローチにおいて問題になるのが、動詞の意味に対する扱いである。岩田（2001）では「Goldberg (1995) では、構文理論の独自性を

主張するためにかなり「構文」が強調されていた。その後「構文」自体の存在はかなり認められてきたが、次の段階として「構文」が真に果たす役割を検討する作業が必要になってくる。」とし、構文文法的なアプローチに対する問題提起を行っている。同様の主張が松本 (2002) でもされており、「Goldberg が論じている以上に構文の意味の役割を弱く考え、動詞の意味を豊かに考える必要がある」とある。

しかし、伊藤 (2003) では、次のような警告を行っている。「「構文への過剰な偏重を是正するため、動詞の意味を詳細に分析するべきである」という主張は一見至極まっとうに見えて、実は気をつける必要がある。というのも、ある特定の動詞について検討し、その意味について語る場合、それが本当にその動詞の単独の意味といえるのかどうか、という問題が常につきまとうからである。」この問題について、早瀬 (2002) は、動詞の意味を検討する際には、必ずその動詞を伴った具体的な文レベルで行われており、「動詞の意味」と考えられているものが純粋に動詞そのものの意味なのか、それとも本当は構文の意味を具体化したものなのか、簡単に分けられるものではないと述べている。そして、早瀬 (2002: 61–62) は、「「動詞の意味を詳細に記述分析」することは、実はその動詞を用いた具体的な文の意味の記述、つまり、構文の特殊化・具体化されたレベルの記述と連続しているとし、動詞の（フレーム）意味論を重視することは、動詞の意味記述をする際に構文の意味を重視する（つまり構文に言及する）ということと、ほぼ等価なのではないか」と述べている。

以上に示した問題点を踏まえ、李 (2003b) では、日本語の結果構文を例に挙げ、構文が持つベース的意味に対して、動詞はプロファイルを与えるものとして分析し、構文と動詞の共起に対して一般性の高い分析ができることを示した。これによって構文の意味を認めることが、動詞の意味を疎かにすることではないことを示した。

次に、3) の問題として、構文文法では 1) の通り、構文は動詞に還元できない意味をもった記号の一つとして扱うべきと主張している。この主張をより強いものにしたのが、3) であり、構文文法では、構文も語彙と同様に、

宣言的データ構造を持つものとして位置づけられている。ということは、語彙が多義的振舞いをするのと同じように、構文も多義的でありうるという立場に立つ。すなわち、語彙がプロトタイプカテゴリーを形成し、意味拡張を起こすのと同じように、構文もプロトタイプカテゴリーを形成し、意味拡張しうるという立場である。このことをもっとも明示化したのが Goldberg (1995、2006) による研究であり、2.3.2.2 節の図 2-9 で示した継承リンクによる一般化である。また、日本語に関する分析としては、永田 (2006) が挙げられる。永田 (2006) では、壁塗り交替 (cf.影山 1996、岸本 2001、2005) に関する綿密な考察を行っており、Goldberg (1995) による形式と意味の対応によって定義づけられる文法構文を格パターンと認知事態の対応として捉え、格パターンが担っている意味の問題を考察している。そして、壁塗り交替に関わる諸構文をネットワーク的関係から相互の関係づけを行っている。具体的には、(102a) の使役移動構文、b の使役変化構文、c の自動移動構文をメタファー的拡張のリンクや、部分全体のリンクなど、Goldberg (1995) が提案する拡張関係に基づき、ネットワークとして分析している。

(102) a.　ゴミ箱にテーブルの塵を払ったあと、原稿用紙を出して、…
　　　b.　東京を離れた先生と女子高生が手の指を赤い糸で結んだまま、列車の座席で寝ている。
　　　c.　ピン手前 2 ヤード地点に落ちたボールがホールに転がった、ホールインワン！

以上で概観した格パターンによる分析モデルでは、動詞意味論に代表される語彙主義の限界を超え、高いレベルの一般化を得ている点では、評価すべきところがある。

6.3.2　文法構文による分析の問題点

本研究では、構文がそれ自体として、動詞に還元できない特有の意味、ないしは認知事態と対応していることは事実であると考えている。この点にお

いて、文法構文による記述的一般化は概ね支持している。しかし、この分析モデルは次の点で限界があると言わざるを得ない。

(1) 構文の意味に関する根拠の問題
(2) 構文の多義性に関する理論的問題

まず、(1)の問題として、李(2001、2002a)をはじめとする格パターンに基づく文法構文としての一般化は、多くの場合、動詞の意味では妥当な分析ができないことを根拠にして、格パターンに意味があると主張している。こうした論法は、実際問題として格パターンの意味を理論的レベルで仮定しているものに過ぎないという見方も可能である。しかし、動詞で分析できないことが、格パターンによる分析の必要性を直接的に示すものであると言えるのであろうか。というのも、文の意味を決定づける要素は、動詞や格パターンだけでないからである。とりわけ、名詞の問題に関しても配慮しなければならないという新たな可能性が出てくる。

この点に関連する問題として二点を指摘する。一点目は文法構文による分析は名詞の意味にすでにコミットしていること、二点目は、文の容認度に名詞の特徴が関わっていることである。一点目に関連しては、伊藤(2003)の分析において見られることであるが、格パターンによる文法構文には、名詞の意味的特徴に偏りが見られるという指摘がなされており、実際の問題として、名詞の意味特徴が文法構文の意味決定に関わっていることを間接的に示している。二点目に関連しては、(動詞意味論とは別の方向での)近年の語彙主義分析モデルにおいて、以下の事実が指摘されている(Pustejovsky 1995、小野 2005)。

(103) a. John gave a book to mary.
　　　b. *John gave a book.
(104) a. John gave a lecture to the academy.
　　　b. John gave a lecture.

(105) a.　John mailed a book to his brother.

　　　b.　*John mailed a book.

(106) a.　John mailed a letter to his brother.

　　　b.　John mailed a letter.

　(103)から(106)の事例は、Pustejovsky (1995: 11–12)によって生成語彙論(Generative Lexicon)の枠組みの中で指摘された事実である。これらの事例において興味深いのは、(103)が示すように、与格構文においては一般に to 句を省略すると非文になるが、(104)においては、to 句を省略し、普通の他動詞構文としての交替が許容されるという点である。同様の関係が(105)と(106)に関しても見られる。Pustejovsky (1995)は、こうした事実をめぐって、名詞の意味をクオリア構造(Qualia Structure)という観点から綿密に記述することで説明できると主張している(クオリア構造の認知言語学的位置づけは吉村 1995 を参照)。

　以上の考察は、4.1 節、および 4.2 節で示した現象に対して非常に示唆的である。というのは、4.1 節、および 4.2 節で示した現象の場合、そのいずれも「X ガ Y ニ V する」というパターンを共有しているからである。それにもかかわらず、個々の現象における意味的一貫性は保持されていない。すなわち、李(2001、2002a)が主張しているような「X ガ Y ニ V する」がエンコードしていると思われる抽象的・骨格的な意味を仮定することは困難だということになる。となると、格パターンによる意味的動機づけを積極的に仮定するのは、妥当な一般化ではないことになる。また、これを理由に動詞の意味を仮定することも同じ理由で難しい。これらの事実を総合して考えてみた場合、名詞の意味を踏まえた新たな一般化が必要になることが間接的に示唆される。

　次に(2)の問題として、構文の意味拡張をめぐる問題に関しては、必ずしもすべての個別研究において無条件に受け入れられているわけではない。具体的には中村(2001)などで、二重目的語構文をめぐる Goldberg (1995)の構文の多義に基づく放射状カテゴリーとしての分析について、動詞の多義を記

述しているのか、構文の多義を記述しているのかが不明瞭であると問題提起しているなど、今後、検討していく余地がある。本研究においても同様の問題意識を持っており、構文の多義を認めることは理論的レベルで問題があるように思われる。というのは、Goldberg (1995) は当初、従来の語彙主義、とりわけ動詞意味論では、動詞にアドホックに多義性をもたせており、記述の歯止めがなくなっていることを批判していた。しかし、その代替案として構文に多義性をもたせるのは、議論のロジックとして動詞意味論と同様の問題を抱えてしまうのではないか、という疑問がある。その問題に対する理論的レベルの考察は第8章で行うことにするが、本研究では、基本的に構文に多義性を認めるべきではないと考えている。ただ、こうした見方においては、構文の多義によって記述できた現象をどのように一般化するかが問題の核心となる。

6.4　問題提起

　以上の考察によって、従来、動詞基盤の分析や格パターン基盤の分析のいずれも第4章で示した文現象の多様性を説明するには、不十分であることが明らかになった。動詞基盤の分析の問題点は以下の二点としてまとめることができる。

1)　局所的一般化に留まってしまう点。
2)　個々の現象に対してアドホックな分析になってしまう点。

　一方、格パターンを基盤とする分析モデルでは、動詞基盤の分析が抱えた1)や2)の問題は解消したものの、3)に示す新たな問題を発生させている。

3)　構文の意味に関する直接的な証拠の欠如。

本研究では、従来の構文モデルが抱えた3)の問題を解消するため、名詞の

意味的特徴を考慮した新たな一般化を試みる。例えば、「XガYニVする」であれば、「主体ガ場所ニVする」という形式で再定義することで、構文の多義を仮定することなく、構文の意味を明示化することができると考えている。そして、こうした見方に立つことで、第4章で示した事実に対する包括的説明が可能になると考えている。

　さて、名詞の意味が重要であることは、辞書記述的研究をはじめ、近年の自然言語処理の研究など、多くの先行研究によって共有できる問題意識であることは確かであるが、実際的な問題として、4)や5)の問題が考えられる。

4)　名詞の意味をどのように決定すれば良いのか。
5)　名詞の意味を構文の定義に含める根拠は何か。

4)の問題として、一言で名詞の意味といっても、それは多層的なものである(李・黒田・井佐原 2006)。具体例として、「心」という名詞の意味を考えてみよう。第一に考えられる問題として、多義に関わるものとして、「心」は「感情」の一側面であると同時に、「人間の精神的活動」を表すものでもある。第二に考えられる問題として、意味の階層に関わるものとして、上位カテゴリーとして、「抽象物」でもあれば、「関係概念」を表すものでもある。第三に考えられる問題として、表層の形式から予測できないものとして、メトニミーに関する問題がある。(107)の例から考えてみよう。

(107)a.　この本は面白い。
　　　b.　この本は高い。
　　　c.　この本は汚い。

(107)に示した事例において、「本」の意味は一見、一つのように思えるが、実のところ、単一の意味として記述することが難しい。というのは、(107a)での言及対象は「本の内容」のことであり、(107b)では「本が実際に販売されている時の値段」のことで、(107c)では「本の外側の装丁」のことに言

及している。その論証として、(108)が挙げられる。

(108) a. この本 {の内容／??の値段／?の装丁} は面白い。
　　　b. この本 {*の内容／の値段／??の装丁} は高い。
　　　c. この本 {?の内容／*の値段／の装丁} は汚い。

以上の問題を受け、個々の文脈に基づく具体的な記述を行うと同時に、判断の一貫性を保つための手段として、自然言語処理の分野で有効性が検証されているシソーラスを利用する。具体的な分析手続きについては、第7章で詳述する。

　次に、5)の問題として、名詞の意味を構文の定義に含めなければならない根拠を示す必要がある。というのは、先行研究と同様の論法、すなわち、動詞でもなく格パターンでもないため、名詞であるという説明では説得力のある議論にはならないからである。この点に関しては、中本・李・黒田(2006a)による指摘で、名詞の意味的特徴が文の意味決定に深く関わることを部分的に示す現象がある。(109)から考えてみよう。

(109) a. 太郎が神棚におみやげをあげた。
　　　b. 太郎が友達におみやげをあげた。

(109)では、ニ格名詞以外の要素は、同一の構成要素によってできているミニマル・ペアである。この事例において注目すべきは、動詞の意味からは予測できない意味の相違が見られる点である。(109a)ではおみやげを神棚という場所に移動させたという意味に対応するのに対して、(109b)は上への移動ではないこと、友達がおみやげを所有したという別の解釈が生じることで(109a)とは異なる。言い換えれば、(109a)では移動、(109b)では所有の意味が生じている。この意味的相違は、(109)を見る限りにおいては、動詞や格パターンからは予測できないものであり、名詞の意味情報にアクセスしてこそ可能になることである。

(109)が示す事実は、第4章で示した問題の鍵を握っていると考えられる。具体例として、(26)で示した現象を含め、再度(110)に示す。

(110) a. 患者が診察室に消えた。
　　　b. エルフの船が光の中に消えた。
　　　c. ゆうは闇に消えた。
　　　d. テールランプが闇に消えた。
　　　e. ヒュウガが地割れに消えた。
　　　f. ヒュウガがビルの中に消えた。
　　　g. この火が雨脚に消えた。
　　　h. 生活費が飲み代に消えた。
　　　i. 決勝点が幻に消えた。
　　　j. 思いが宙に消えた。

これらを事態との対応で見直した場合、(111)のように分析することができる。

(111) a. 移動を表すグループ：a、b、c、f
　　　b. 自発的消滅を表すグループ：d、i、j
　　　c. 因果関係的消滅を表すグループ：e、g、h

さて、これらを名詞の意味的特徴から見直した場合、(112)のようにまとめることができる。

(112) a. ［人］ガ［物理的空間］ニ消える
　　　b. ［＊］ガ［抽象的空間］ニ消える
　　　c. ［＊］ガ［出来事］ニ消える

(112)は、(111)の意味グループにそれぞれ対応する。例えば(111a)に示し

た移動を表すa、b、c、fは名詞の意味的特徴として、(112a)のように一般化することができる。なお、b、cにおけるガ格の「*」は無指定を意味する。

さて、本研究の基本的な狙いとしては、日本語の文現象を正当に捉えるためには、(112)に示したレベルでの記述を(構文記述のために)与えなければならないと考えている。この点をめぐっては、以下で丁寧に議論していきたい。まず、第7章において、コーパスデータに基づく実証的な考察を行うことで、5)の問題に対する明示的な答えを提示する。そして、第8章においては(理論的レベルの問題として)構文文法の枠組みでこの問題を位置づけるにはどのような見方をすべきかという点に着目し、考察を行う。

6.5 まとめ

本章では、第4章で示した言語事実に対して、従来の枠組みがどのようにアプローチしてきたかを概観した。考察の結果として、動詞基盤の分析にしろ、格パターン基盤の分析にしろ、必要かつ十分な一般化には至っていないことが明らかになった。そして、今後の課題として、名詞の意味的特徴を取り入れた新たな分析が必要であることを示した。

注

1 語彙主義のこうした考え方を端的に示すものとして、Kageyama (ed.) (1997)および米山 (2001)による以下の記述が挙げられる。

> [T] he strongest reason for the outgrowth of verb semantics will be the undeniable fact that verbs play the central role in the composition and interpretation of sentences: The verb determines how many and what sorts of arguments can occur in a sentence, and its semantic properties determine the interpretation of the whole sentence.　　　　　　　　　　　　　　　　　　　　(Kageyama (ed.) 1997: 1-2)

統語論と意味論の関係に対する最近の基本的な考え方は、統語構造に語（主に動詞）の意味の特性が反映されるというものである。……語の意味は概念的な要素の組み合わせからなる内部構造を持つという考え方と相まって、意味に対する語彙・概念的な見方を推し進める形になっている。　（米山 2001: 147）

この種のアプローチにおいて、まず注目しなければならないのは、Kageyama(ed.)(1997)の記述からも分かるように、語、とりわけ、動詞は文の成り立ちに関して中心的な役割を果たしているという立場をとっている点である。この見解は米山(2001)の記述においても明示的に示されており、動詞はそれ自体として、固有の内部構造を持つものと規定される。

2　様態移動動詞をめぐっては、主語の制約として、人を取るタイプ（run タイプ）と人以外を取るタイプ（roll タイプ）に分けるべきという主張もあるが、この辺りの細部については議論しないことにする。なお、詳細な議論は Levin (1993: 264–267)を参照してほしい。

3　Levin (1993: 263) の指摘によれば、有方向移動動詞についても arrive、reach、come、leave などのように必ずある場所への到達を表すもの（有界的な有方向移動動詞）と ascend、proceed、approach のように動詞自体には有界的な着点を持たないもの（非有界的な有方向移動動詞）に分けられると指摘されている。

4　調査においては「茶筌」を使用し、形態素解析を行った上で、集計を取ったので、格助詞以外のもの（例えば、「きれいに」の「に」のようなもの）は含まれていない。

5　詳細な分析はしないが、(1)については本多(2005)などが主張するエコロジカルセルフが関わっている事例として再分析できる可能性がある。というのは、表層の文には表れていないが、表現全体においては、見えない主体の存在が前提になっていると言えるからである。

6　こうした語の多義について、Levin and Rapoport (1988) は語彙従属(lexical subordination)と呼び、この種の現象を動詞の意味拡張として捉えている。
　　(1) a.　Evelyn wiped the dishes.
　　　　b.　Evelyn wiped the dishes dry.
(1)の事例に関して、a は [X 'wipe' Y]、つまり、[X acts on Y] の意味構造を、b は [X CAUSE[Y BECOME Z]BY[X 'wipe' Y]] の意味構造を認め、両者ともに

語の意味として記述している。
7 上野・影山(2001)では、Levin and Rappaport(1992)にならって、「転がる、漂う」の類を「roll verb」、「走る、歩く、駆ける、飛ぶ」の類を「run verb」と規定しており、Levin and Rappaport (1992)において主張された以下のような特性を持つものとして主張されている。

> *run* verb: manner, − DEC(direct external cause)
> *roll* verb: manner, ＋ DEC
> Generalization 2: If the meaning of the verb implies a direct external cause, then the verb is found in the unaccusative syntactic configuration; otherwise, it is found in the unergative syntactic configuration. （Levin and Rappaport 1992: 253）

上野・影山(2001: 49)では、上記のほか、run verb の例として「歩む、駆ける、泳ぐ、這う、飛ぶ、滑る、ぶらつく、うろつく、さまよう、急ぐ、跳ねる」を挙げている。

第7章　使用基盤・実験基盤としての構文分析

　本章では、第4章で示した記述的問題と、第5章で示した事実の複雑さの問題、さらには第6章で示した先行研究の問題点を踏まえた、名詞基盤の新たな分析の必要性・妥当性を示すべく、コーパス分析による調査と考察を行う。最終的な目標として、文全体の意味に対する名詞の重要性を実証的に示す。

7.1　実験の目的と概要

　本章で行われる実験の目的および概要について述べる。まず実験の目的は、生の言語データを用いて、文意の決定に関わる名詞の意味的貢献度を調査することである。しかし、この調査においては、三点の先決課題がある。

1) 文意の決定に関する(一貫性の)問題。
2) 名詞の多様性に関する問題。
3) 貢献度の判断に関する問題。

1)の問題として、文意というものをどのように決定するかという問題が考えられる。というのも、一貫性を持って、文全体が持つ意味を決定することは容易ではないからである。(113)の例から考えてみよう。

(113)a.　簡素な生活だから、気の散ることが少なく、<u>知識が頭におさまり</u>

やすかった。
b. 死者の臭いが鼻孔に回復してくるようなものだ。
c. 十九日の残月が断雲に隠れて、…

　(113)に示す例はいずれも「XガYニVする」パターンの具体例であるが、文意は容易には決定できない。というのは、(113a)は知覚を表す文のようにも見えるが、捉え方によっては移動や変化の様態を表すものとしても考えられるからである。また、(113b)は変化を表すものにも見えるが、捉え方によっては知覚や対面、さらには働きかけを表すものとしても考えられる。さらに、(113c)においては移動を表すもののようにも見えるが、変化を表すものとも言える。

　次に2)の問題として、6.4節で指摘した通り、一言で名詞といっても実態としては、多種多様なものが存在するため、どう一般化するかという問題がある。(113)の例だけでも、「知識、頭、死者、臭い、鼻孔、十九日、残月、断雲」といった名詞が使用されているが、これらをすべて個別のタイプとして扱うべきかそれとも具体名詞、抽象名詞といったクラスとして捉えるべきか、さらにどのようなクラスを設定すべきかといった問題に直面する。

　最後に、3)の問題として、名詞の貢献度をどのように判断するかという実際上の問題がある。というのは、文内の要素である以上、文意の構成に貢献をするのはある意味当然のことであり、その貢献度の有意味さをどこで切り分ければ良いのかという問題が生じるのである。以上の問題に対して、本研究では、以下の方法を用いることで解決を図る。

1´) 複数の母語話者による評定で優位なものを採用する。
2´) 6つの意味クラスで名詞を定義する。
3´) 貢献度の有無を統計的に推定し、最終的な評価を行う。

　1)の対策として1´)の方法をとる。これは、2.2.4節で指摘した母語話者のカテゴリー化の本質的重要性を認め、複数の母語話者に文意を決定してもら

うという方法で、一つのサンプル文に対してもっとも多くの母語話者が認定したものをその文の意味として決定する。次に、2)の対策として2′)の方法をとる。これは、個々の名詞をすべてトークンレベルで捉えるアプローチでは有意義な一般化ができないと判断したためである。なお、意味クラスの決定に関しては分析者の主観ではなく、信頼できるシソーラスに基づき、個々の名詞を意味クラスレベルでスキーマ的に捉える方法をとる。最後に、3)の対策として3′)の方法をとる。これは、貢献度の有無を分析者が主観的に判断するのでなく、統計的な方法で指標化し、判断するというものである。また、指標化においては単に数の大小の観点ではなく、変数間の関係を考慮した多変量解析の方法を用いる。

以上の方針に従って、図7-1の流れで調査を行った。

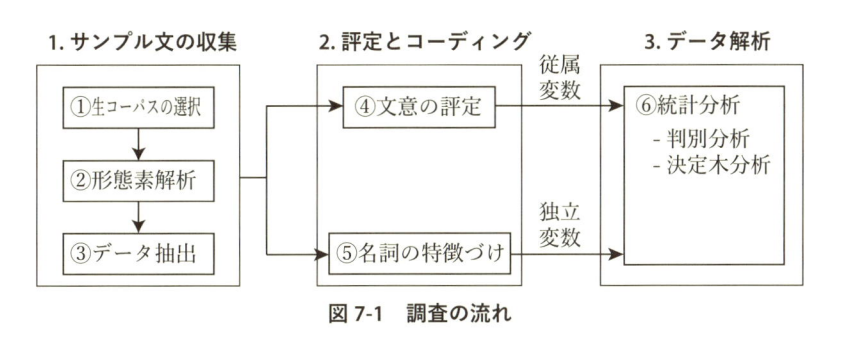

図7-1 調査の流れ

1. のサンプル文の収集工程として、調査に使用するサンプルを生のコーパスから抽出した。まず、①の生コーパスの選択では、複数のテキストコーパスを候補にし、②では、すべてのコーパスを「茶筌」で形態素解析した。次に③では、コンコーダンス・ソフトの「KH Coder」を利用し「X ガ Y ニ V する」パターンの全用例を抽出した。次に2.の評定とコーディングの工程として、④では六名の母語話者に文全体が持つ意味を特定してもらった。これと同時に⑤では「日本語語彙大系 CD-ROM 版」に基づき、名詞の意味クラスを特定した。最後に3.のデータ解析の工程として、④の結果を従属変数、⑤の結果を独立変数にし、統計分析を行った。統計分析においては、一つの分析手法のみで結果を出すのではなく、同じデータを複数の手法で分

析をし、分析結果の信憑性を検証することにした。用いる手法としては、近年データマイニングの分野で注目されている「判別分析」と「決定木分析」を使い、両者の結果を比較検討することで、分析を行った。

7.2 データと解析方法

本節では、図7-1の1から3の調査の工程における詳細を説明する。まず、調査に用いたデータの詳細を示した後、評定の結果、そしてコーディングの方法、最後に統計分析について説明する。

7.2.1 使用データ

本研究では、コーパスの選択に際して、三つのコーパスを検討した。それは、「新潮文庫100冊」、「新潮新書文庫版」、「日英新聞記事対応付けデータ」である。それぞれのコーパスの規模を示す。

表7-1 コーパス規模と収集データ[1]

コーパス	延べ語数	異なり語数	抽出サンプル数
1. 新潮文庫100冊	4,621,329	61,459	325例
2. 新潮新書文庫版	1,847,791	48,913	103例
3. 日英新聞記事対応付けデータ	4,606,346	52,557	254例

延べ語数とは、コーパス全体が含む語彙の延べ数である。異なり語数とは、語彙の重なりを集約し、異なりの数として数えた場合の数である。いずれの数も「茶筌」による形態素解析の結果を踏まえたものであり、実際は形態素の数に対応するものと理解してほしい。そして、抽出サンプル数とは、コーパス内の「XガYニVする」パターンの出現頻度である。

さて、検討の結果、最終的に調査に使用したのは、「新潮文庫100冊」である。この、「新潮文庫100冊」が日本語の使用実態を十分に反映しているかどうかの問題については、時代性の問題もあり、多分に議論の余地がある

が、次の理由から「新潮文庫 100 冊」を使用することにした。一点目の理由として統計分析にかけることを想定した調査であるため、量的に安定した結果を出せるものでなければならなかったことが挙げられる。この理由から「新潮新書文庫版」や「日英新聞記事対応付けデータ」に比べ、「新潮文庫 100 冊」が良いと判断した。

なお、データに対する恣意的な判断はできるだけしないほうが良いという判断から、以下のタイプの例はゴミとして扱った。

1) 動詞や助詞が省略された例。
2) 動詞が使役形や受動形になっている例。
3) 「ハ」によって格関係が消されている例。

1) は、新聞の見出しや広告文などでよく見られる事例である (e. g., 西武百貨店そごうを傘下)。2) は、動詞の形態によって、格関係が変わっている事例である。3) は、主題化によって、格助詞の「ガ」などが消えている事例である。これらの事例を扱うには、分析者による再現が必要になるが、本研究は、生の言語使用の実態を調査することを目的にしているため、調査の趣旨から考えて、不適切であると判断し、サンプルから外した[2]。

7.2.2 文意の評定について

④の工程として、すべてのサンプル文を六名の日本語母語話者に文意の評定を依頼した。評定においては、4.2 節で示した寺村 (1982) の対面、移動、変化に加え、存在、知覚、様態も対象にし、個々のサンプル文がこの六つのカテゴリーのどれに該当するかを尋ねた。存在、知覚、様態を加えた理由は次の通りである。Lee and Isahara (2006d) による事前調査によって、明らかになったことであるが、「X ガ Y ニ V する」パターンの使用は、移動、変化、対面のみでは捉えられない。以下の具体例に注目してほしい。

(114) a. おまえが小田原に住むなら、俺も小田原でラーメン屋をひらける

といいなあ。
　b. <u>金閣がそこに未来永劫存在する</u>ということを語っている。
(115)a. <u>老師ともある人がそれに気づかぬ</u>ことが老師を軽蔑させる又一つ大きな理由になった。
　b. <u>私が柏木に注目した</u>のは、いわれのないことではない。
(116)a. <u>新しいビラが新聞にはさまって</u>玄関に投げこまれたり、
　b. 大きな荷を背負った<u>人が路傍に休んでいた</u>ので、

(114)から(116)の現象において、まず確認しておきたいことは、いずれも「XガYニVする」パターンにおいて生起している点である。さて、これらの文意の問題を考えた場合、移動、変化、対面という表現クラスだけでは、いずれも妥当な一般化が難しい。このことは、4.2.2 節の対面表現の特徴、4.2.3 節の移動表現の特徴、さらには 4.2.4 節の変化表現の特徴に照らしあわせて考えてみても明らかである。(114)の場合、何かの具体物がある場所に存在するということを表しており、移動や変化や対面といった表現クラスでは現象に対する妥当な位置づけにならない。同じ視点で(115)を見た場合、これらは、人が対象を知覚することを表す構文であり、移動や変化や対面のいずれにも還元できない文意を喚起している。そして、(116)ではガ格名詞の物または人の様態を表す表現であり、他に還元できない文意を喚起している。

従来の分析枠組みでは、(114)を存在動詞構文、(115)を知覚動詞構文と分析し、動詞の意味的効果という観点から分析してきた。また、(116)であれば、ニ格名詞を付加詞として扱い、様態構文または描写構文の一種として分析してきた。本研究では、このような動詞、またはニ格名詞に特徴的な表現クラスを別のものとして捉えるのではなく、「XガYニVする」パターンが使われている以上は、同じ「XガYニVする」の動機づけを有するものとして捉え、一つの視点から統一的に分析することにする。

以上の背景から、本研究では、寺村(1982)が指摘する、対面、移動、変化表現に加え、(114)の存在、(115)の知覚、(116)の様態も含めた、「Xガ

Y ニ V する」パターンのあらゆる使用例に対する包括的調査を行う。

　さて、本題の文意の評定について説明する。評定においては、移動や変化といった抽象的クラスを直接決定させるのではなく、(117)を教師データとして用い、これとの類似性でもって評定するように指示した。

(117) a.　太郎が学校に行った。
　　　b.　太郎が泥まみれになった。
　　　c.　太郎が花子にぶつかった。
　　　d.　太郎が月に注目した。
　　　e.　太郎が学校にいる。
　　　f.　太郎が砂に埋まっている。

(117a) は移動、(117b) は変化、(117c) は対面、(117d) は知覚、(117e) は存在、(117f) は様態を表す典型例であるが、次の二つの方法で実際の評定を行った。まず、(117)の教師データと比較し、もっとも類似していると思われるものを第一評定とするが、それだけでは十分な意味が判断できない場合、第二評定として何らかの文意クラスを指定する。ただし、いずれにも当てはまらないものと判断された場合は、空白のままでも良い、とした。

　以上の方法で評定をしてもらい、サンプルに対してもっとも高い一致を示すものをその文の意味クラスとして決定した。その結果、全サンプルは表 7-2 のように振り分けられた。

表7-2 評定結果の集計

		度数	%
文意	対面	82	25.2
	移動	51	15.7
	変化	48	14.8
	存在	40	12.3
	知覚	27	8.3
	様態	77	23.7
	合計	325	100.0

表7-2の結果をより詳細に検討したところ、評定における一致度にかなり差のあることが明らかになった。

表7-3 文意と評定一致者数のクロス集計

			一致者数					合計
			2	3	4	5	6	
文意	対面	度数 %	19 23.2%	22 26.8%	21 25.6%	14 17.1%	6 7.3%	82 100.0%
	移動	度数 %	2 3.9%	6 11.8%	13 25.5%	14 27.5%	16 31.4%	51 100.0%
	変化	度数 %	6 12.5%	9 18.8%	15 31.3%	11 22.9%	7 14.6%	48 100.0%
	存在	度数 %	10 25.0%	12 30.0%	12 30.0%	2 5.0%	4 10.0%	40 100.0%
	知覚	度数 %	8 29.6%	8 29.6%	8 29.6%	2 7.4%	1 3.7%	27 100.0%
	様態	度数 %	5 6.5%	24 31.2%	39 50.6%	8 10.4%	1 1.3%	77 100.0%
合計		度数 %	50 15.4%	81 24.9%	108 33.2%	51 15.7%	35 10.8%	325 100.0%

表7-3では、評定結果としての文意に対して、何人の評定者が一致したかを示している。例えば、「対面」の場合、全体の度数では82例あるが、そのうち19例が二名の一致を最高値として「対面」であるという認定を受けている。すなわち、この19例に関しては、残りの四名は別のものを指定した

ことを意味する。同じように、22 例は三名の一致、21 例は四名の一致、14 例は五名の一致、6 例は六名全員の一致によって、文意が決定された。この結果に関して、次の点に注目したい。それは、文意のクラスによって、一致度にかなりのばらつきが存在する点である。「移動」に関しては四名以上が同じ判断をしている事例が、全体の 8 割を超えており、評定の安定性が伺える。一方、「変化」と「様態」に関しては四名以上が同じ評定を行ったのは全体の 6 割強であり、「移動」に比べて判断が難しいことが示唆される。さらに、「存在」、「知覚」、「対面」においては、四名以上の一致率を得ている事例は全体の半分にも満たないことが明らかになっており、評定におけるゆれが大きいことを示唆する。これらの事実から、文意における認知的安定度は一元的なものではなく、(118)のような段階性が見られると言える[3]。

(118)　移動 > 様態 > 変化 > 対面 > 知覚 > 存在

　さて、表 7-3 に示した分布のばらつきの問題を受け、すべてのデータを一まとめにして分析するより、複数のグループに分割し、相互を比較検討することが必要と判断した。グループ分割においては、二つの軸を用いた。

① 　第 4 章で取り上げた寺村(1982)との並行性を考慮し、文意のクラスに基づく分割方法。
② 　表 7-3 の評定のばらつきの問題を考慮し、一致率に基づく分割方法。

まず、①の軸により、二つのグループを設定した。「対面、移動、変化」のグループと「様態、知覚、存在」のグループである。次に、②の軸により、二つのグループを設定した。高い一致度を持つグループ(以下、高一致グループ)として四名以上が一致したデータグループと低い一致しか持たないグループ(以下、低一致グループ)として三名以下が一致したデータグループである。これらのサブグループ同士の解析結果を比較することで、次の利点がある。一つ目として、認知的安定度と名詞の貢献度の差を検証することが

できる。二つ目として、動詞の制約が強いと考えられてきた現象（例えば知覚や存在など）と格パターンの制約が強いと考えられてきた現象における名詞の貢献度の差を検証することができる。以下で、高一致の事例と低一致の事例を具体的に示す。

(119) a. その船が<u>インドに寄港</u>した時、英国の官憲により… 〈移動〉
　　　b. 国内ばかりでなく、<u>販売代理店が数カ国に</u>できた。 〈存在〉
　　　c. キチジローの<u>小さい顔が心に</u>思い浮かんだ。 〈知覚〉
　　　d. ベッドから<u>病人が私に</u>問うた。 〈対面〉
　　　e. 手が紫色にはれあがってくる。 〈変化〉
　　　f. 枯葦が縦横に乱れているが、… 〈様態〉
(120) a. 海軍士官が他国に在勤して、… 〈移動〉
　　　b. <u>嘆きと叫びが底に</u>うずくまって僕らに襲い掛かろうとする。
 〈存在〉
　　　c. 簡素な生活だから、<u>知識が頭に</u>おさまりやすかった。 〈知覚〉
　　　d. 日本の<u>山本が加藤に</u>優るのか知らぬが、… 〈対面〉
　　　e. 華岡流医術の<u>威名が全国に</u>轟きわたる頃、… 〈変化〉
　　　f. 花本清登という<u>大尉が縁談に</u>迷っていたので、… 〈様態〉

(119)の事例は、いずれも文意の決定に関して評定者間でずれがなく、第一評定において、「対面」から「様態」に関してすべて一致した。一方、(120)の事例は、二名の評定者が一致したことで、文意のクラスは決定されたものの、認知的な揺れが見られると言えよう。例えば(120a)の場合、二名が「移動」であると評定したものの、残りの四名は移動や変化、様態など、ほかの文意クラスを指定していた。

7.2.3 コーディングについて

　本節では、図7-1の⑤のデータコーディングの方法について述べる。前節で述べた④の工程は複数の母語話者の判断で行ったものであるのに対して、

⑤は筆者が行った。ただし、その判断のより所として、分析者の主観を統制するため、「日本語語彙大系 CD-ROM 版」の「名詞の意味属性体系」を用いて行った[4]。

　この工程が意図することは、二点である。一点目は名詞の意味をスキーマ的に捉えること、二点目はスキーマ的に捉えた意味を機械可読な形式に変換することである。なお、ここで言うコーディングとは、サンプルが特定の事柄に言及しているかどうかを 1/0 の 2 値変数で表す作業である。

　さて、変数として使用したのは、表 7-4 である。

表 7-4　変数の一覧

変数	具体例
主体	山本、仏、官邸、僕、士官
場所	家、世界中、道、港、本土
具体物	まくら、車、屍骸、寝巻、新聞
抽象物	心、エラー、縁談、文学、証拠
事	怒り、過労、軽蔑、緊張、生活
抽象的関係	一流、左右、斜め、紫色、一人前

　表 7-4 では、名詞のコーディングに用いた変数とその具体例を一覧として示した。例えば、「主体」という変数は、人や組織に関わる名詞を表現するもので、「山本」のような人名から、「士官」のような役割名など、人や組織に言及しているかどうかを表す変数である。同様に、「場所」は、施設や地域に関わる名詞、「具体物」は、可視物であり、無生物を中心する具体的な物、「抽象物」は、精神や概念といった目に見えない存在物、「事」は、活動や事象や自然現象、「抽象的関係」は、性質や数量などの関係的概念によって定義される抽象的存在を表すものである。

　これらの変数を使用し、「X ガ Y ニ V する」の X と Y を同じ基準で特徴づけた。具体例として (119) を特徴づけた場合、(121) になる。

(121) a.　その船がインドに寄港した。　→「具体物」が「場所」に

b.　販売代理店が数カ国にできた。→「主体」・「場所」が「場所」に
　　c.　小さい顔が心に思い浮かんだ。→「具体物」が「事」・「抽象物」・
　　　　　　　　　　　　　　　　　　　「抽象的関係」に
　　d.　病人が私に問うた。　　　　→「主体」が「主体」に
　　e.　手が紫色にはれあがってくる。→「具体物」が「抽象的関係」に
　　f.　枯葦が縦横に乱れている。　→「主体」が「事」に

　(121)において注意してほしいことは、名詞の意味は必ずしも一義的に決まるわけではない点である。(121b)と(121c)に注目した場合、「販売代理店」を組織として見た場合は、「主体」になるが、施設として見た場合は「場所」として位置づけられる。同じことが(121c)の「心」にも言える。人間の精神の一部として捉えた場合は「抽象物」、自然現象の一つとして捉えた場合は「事」、さらに状態として捉えた場合は「抽象的関係」になる。
　こうした作業を325事例すべてにおいて行った。表7-4をめぐる基本的な判断は可能な限り、池原(他)(編)(1999)に準拠して行ったが、対象の語彙が辞書に登録されていない場合は類義語を用いて判断した。

7.2.4　解析方法：判別分析と決定木

　最後に、図7-1の⑥の統計分析について述べる。二つの手法を用いた。一つ目は決定木(decision tree)で、二つ目は判別分析(discriminant analysis)である。
　決定木(決定木分析とも言う)は、データマイニングにおけるもっとも標準的な分析手法の一つで、木の形でケースが属するグループを示すと同時にグループ化における一つまたは複数の変数の貢献度を階層的に表現していく統計分析である。この分析を行うことで、グループの分類に影響を与える、統計的に有意変数を決定することができると同時に、分類の正誤を検証することができる。具体的な分析については、豊田(編著)(2008)において詳細な解説がなされているので、参照してほしい。本研究においては、文意を従属変数、名詞の意味クラスを独立変数にし、名詞の意味クラスが文意の分類

にどう関わっていて、全体として、どの程度文の意味決定に貢献しているかを明らかにするため、使用した。解析アルゴリズムとしては複数のものが存在するが、本研究のデータが名義データであることを踏まえ、カイ二乗検定に基づくCHAID法を用いた。次に、判別分析について説明する。判別分析も、多変量データに適用する点では、決定木と同じであるが、分類の目的が異なる。というのは、判別分析の目的は、判別のルールを判別式という形で求めることであり、判別式を使って新規のどのグループに属しているかが明らかでないデータに対してグループを推定することもできるからである。判別分析を行うことで、観測値による元のグループに対して、判別式からの予測値としてのグループが出力される。本研究では、決定木と同様、文意を従属変数、名詞の意味クラスを独立変数にし、正準判別分析を行った。とりわけ判別の正答率を用いて、名詞の意味クラスが文意をどの程度正しく分類・予測するかを確認した。

　この二点の手法は、いずれも元のグループに対する変数の適合度を調べることができる手法であり、本研究における解析対象で言えば、文意に対する名詞の貢献度を定量的に調べることができる手法であると言える[5]。なお、すべての分析は「SPSS」(Ver. 14)を用いて行った。

　統計解析は、同じ変数で異なるグループのそれぞれに対して行った。

実験1：高一致の対面、移動、変化のグループ
実験2：高一致の存在、知覚、様態のグループ
実験3：低一致の対面、移動、変化のグループ
実験4：低一致の存在、知覚、様態のグループ

実験1により、寺村 (1982) の考察を検証する。実験2により、動詞の制約に基づく分析を検証する。実験3、4により、一致度の差が文意に与える影響を検証する。なお、すべての実験で使用した文はAppendices資料3に示してある。

7.3 結果

7.3.1 実験1の結果（高一致の対面、移動、変化グループ）

寺村（1982）による「対面、移動、変化」のグループに対する解析結果を報告する。解析の結果、図7-2の決定木が得られた。

図7-2には、評定者間で一致度が高かった、対面、移動、変化のグループの決定木による解析結果が表示されている。ノードの中身として、文意の三つのクラスの実例の数（右端）とその割合（中央）が表示されている。また、ノードを結ぶ枝にはカイ二乗値が示されている。また、ノード2の上にある「1」、ノード1の上にある「0」という数字は、そのノードに属する用例に分岐を決定する変数の特徴があるかどうかを示すものである。つまり、ノード2にある「対面」の30例、「移動」の1例、「変化」の2例においては、Yが主体を表す名詞が含まれていることを表す。ノード1にある「対面」の12例、「移動」の42例、「変化」の31例においては、Yが主体を表す名詞が含まれていないことを表す。図7-2の結果から、以下の三点の事実が明らかになった。

（1）「対面」とそれ以外の文意クラスを特徴づけるもっとも強い変数はYが「主体」であるかどうかである。

（2）「移動」とそれ以外の文意クラスを特徴づける変数はYが「具体物」であるかどうかである。

（3）名詞から見た文意のクラスの明示性としては、「対面」がもっとも強く、その次に「移動」と「変化」が来る。

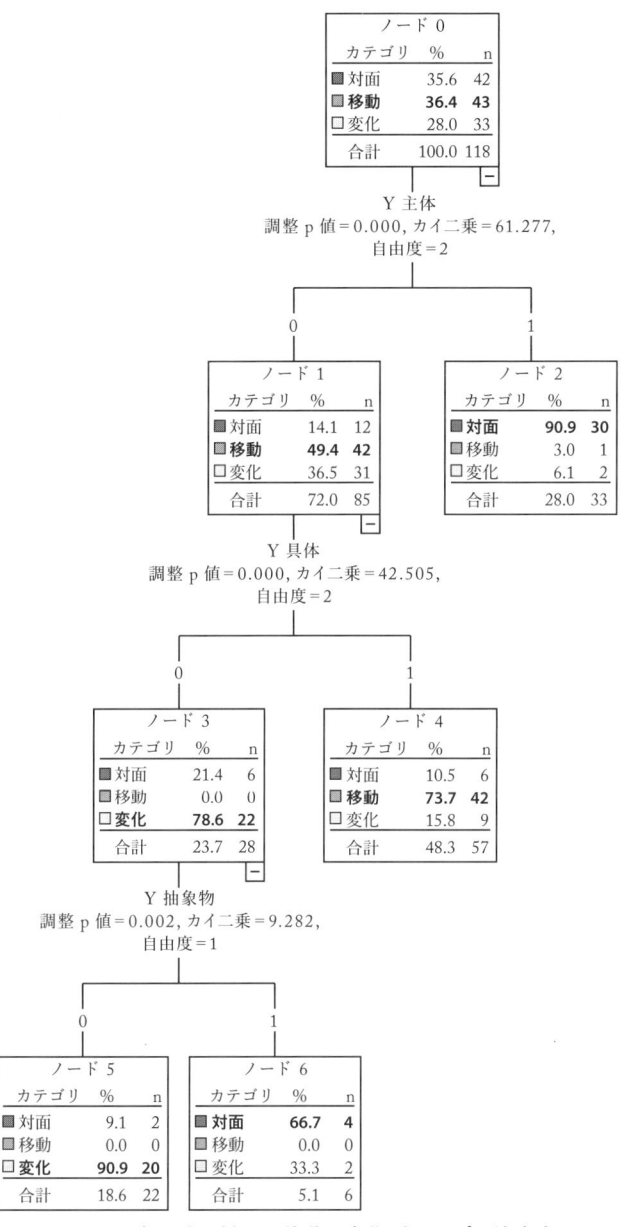

第 7 章　使用基盤・実験基盤としての構文分析　165

ノード 0		
カテゴリ	%	n
■ 対面	35.6	42
■ 移動	**36.4**	**43**
□ 変化	28.0	33
合計	100.0	118

Y 主体
調整 p 値 = 0.000, カイ二乗 = 61.277,
自由度 = 2

0 / 1

ノード 1		
カテゴリ	%	n
■ 対面	14.1	12
■ 移動	**49.4**	**42**
□ 変化	36.5	31
合計	72.0	85

ノード 2		
カテゴリ	%	n
■ **対面**	**90.9**	**30**
■ 移動	3.0	1
□ 変化	6.1	2
合計	28.0	33

Y 具体
調整 p 値 = 0.000, カイ二乗 = 42.505,
自由度 = 2

0 / 1

ノード 3		
カテゴリ	%	n
■ 対面	21.4	6
■ 移動	0.0	0
□ **変化**	**78.6**	**22**
合計	23.7	28

ノード 4		
カテゴリ	%	n
■ 対面	10.5	6
■ **移動**	**73.7**	**42**
□ 変化	15.8	9
合計	48.3	57

Y 抽象物
調整 p 値 = 0.002, カイ二乗 = 9.282,
自由度 = 1

0 / 1

ノード 5		
カテゴリ	%	n
■ 対面	9.1	2
■ 移動	0.0	0
□ **変化**	**90.9**	**20**
合計	18.6	22

ノード 6		
カテゴリ	%	n
■ **対面**	**66.7**	**4**
■ 移動	0.0	0
□ 変化	33.3	2
合計	5.1	6

図 7-2　高一致の対面、移動、変化グループの決定木

この結果を踏まえ、観測に基づくグループ（評定結果としてのグループのこと、以下では観測値と呼ぶ）と名詞の特徴から決定木が予測したグループ（以下では予測値と呼ぶ）を比較し、どのようなずれがあるかを調べてみた。表7-5 の結果が明らかになった。

表 7-5　決定木による分類精度 [6]

		予測値			
		対面	移動	変化	正答率
観測値	対面	34	6	2	81.0%
	移動	1	42	0	97.7%
	変化	4	9	20	60.6%

まず、「対面」の 34 例に関しては名詞の特徴から文意のクラスを正しく予測しており、全体として、81％の正答率であることが明かになった。一方で、評定結果では「対面」であるが、名詞の特徴として「移動」であると予測された例が 6 例、「変化」であると予測された例が 2 例存在する。具体例を示す。

(122) a.　精神病が皆に感染するって言うの？
　　　　　　　　　　　→観測値も予測値も「対面」
　　　b.　海が全身にのしかかってきた。
　　　　　　　　　　　→観測値は「移動」、予測値は「対面」
　　　c.　4千名という所員がそれに取り組むことになった。
　　　　　　　　　　　→観測値は「変化」、予測値は「対面」

同じような見方で、「移動」の例を見ると、1 例のみが誤予測となり、42 例すべてが名詞の意味から文の意味が予測でき、その的中率は、97.7％であることが明らかになった。具体例を示す。

(123)a.　雀の群れが屋根に舞い降り、…
　　　　　　　　　　　→観測値も予測値も「移動」
　　　b.　海上を走ってきた内火艇が武蔵に近寄り、…
　　　　　　　　　　　→観測値は「移動」、予測値は「対面」

「移動」の特徴として、Xが主体、Yは場所を表す用法が主に生起している。一方、変化に関しては、全体として60.6％と比較的低い的中率であり、予測値と観測値の食い違いが目立つ。具体例を示す。

(124)a.　現在の総督府が混乱に陥りかねない。
　　　　　　　　　　　→観測値も予測値も「変化」
　　　b.　周二が小学校に入学した年、…
　　　　　　　　　　　→観測値は「変化」、予測値は「移動」
　　　c.　冷蔵庫が一般に普及しはじめていた。
　　　　　　　　　　　→観測値は「変化」、予測値は「対面」

誤予測に関する例として、(124b)のタイプは、主としてXは主体で、Yに場所や具体物のような具体的な概念を表す名詞が生起している事例である。また、(124c)の例は主としてXが具体的で、Yが抽象的な概念を表す名詞が生起している。

　決定木の結果を踏まえて判別分析を行ってみた。概ね同様の結果が得られた。まず、分類精度として、以下の結果が得られた。

表 7-6　判別分析による分類精度

		予測値			合計
		対面	移動	変化	
観測値	対面	35	3	4	42
	移動	1	42	0	43
	変化	2	8	23	33

　表7-5と表7-6を比較した場合、いずれの分析でも「対面」は80％程度の精度、「移動」は90％強、「変化」は60％の精度を見せており、全体として、80％の予測の的中率を示している。

　以上の結果をまとめると、「対面」、「移動」、「変化」は決定木と判別分析のいずれにおいても、8割の事例において名詞の意味クラスから文意を正しく予測できた。この結果は別の言い方をすれば、ある文が「対面」、「移動」、「変化」のいずれであるのかは、動詞の意味を仮定しなくても、かなりの程度において予測できることを示唆する。

7.3.2　実験2の結果（高一致の存在、知覚、様態グループ）

　前節と同じ方法で、寺村（1982）では指摘されていなかった「存在」、「知覚」、「様態」のグループに対する解析結果を報告する。解析の結果、図7-3の決定木が得られた。

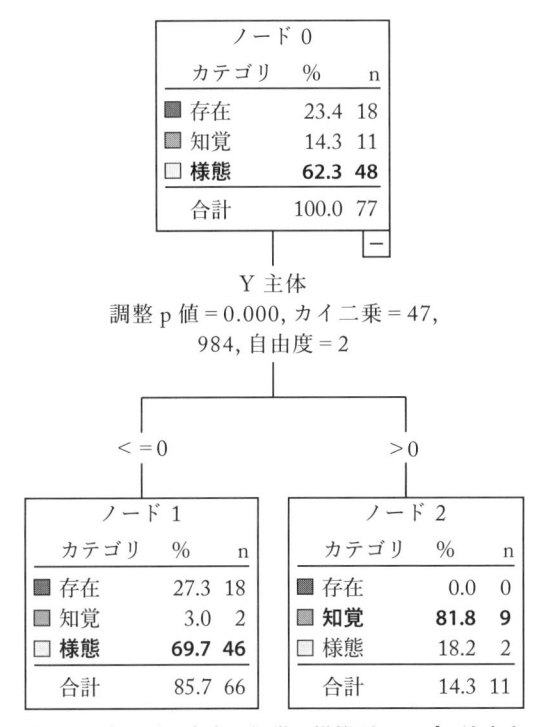

```
                    ノード 0
              カテゴリ    %     n
              ■ 存在   23.4   18
              ■ 知覚   14.3   11
              □ 様態   62.3   48
                合計  100.0   77
```

Y 主体
調整 p 値 = 0.000, カイ二乗 = 47,
984, 自由度 = 2

```
        <=0                          >0
     ノード 1                      ノード 2
 カテゴリ    %    n            カテゴリ    %    n
 ■ 存在   27.3  18            ■ 存在    0.0   0
 ■ 知覚    3.0   2            ■ 知覚   81.8   9
 □ 様態   69.7  46            □ 様態   18.2   2
   合計   85.7  66              合計   14.3  11
```

図 7-3　高一致の存在、知覚、様態グループの決定木

図 7-3 の分析結果から、以下の二点が明らかになった。

（1）「知覚」とそれ以外の文意クラスを特徴づけるもっとも強い変数は Y が「主体」であるかどうかである。
（2）名詞の意味クラスからは「存在」と「様態」に対する特徴づけはできない。

前節と同じ方法で、分類精度を確認した。表 7-7 の結果となった。

表 7-7　決定木による分類精度

		予測値			正答率
		存在	知覚	様態	
観測値	存在	0	0	18	0.0%
	知覚	0	9	2	81.8%
	様態	0	2	46	95.8%

表 7-7 で注目すべきこととして、「知覚」と「様態」については、比較的高い割合で予測が的中しているのに対して、「存在」に関しては、すべての事例を（「知覚」ではなく）「様態」と誤予測している点である。具体例を示す。

(125) a.　お前が小田原に住むなら、…
　　　b.　シャレエふうの小屋がそこに出来上がる。
　　　c.　着物を着た花子の姿がプラットフォームに浮かび上がった。

(125) の例は、観測値としては「存在」であるとされていたものが、予測値では、「様態」と分析された例である。その特徴として、X と Y のいずれもが具体的な要素を表すことが多い。次に、「知覚」の具体例を示す。

(126) a.　見事さばかりが目に付いて、それ以上は…
　　　　　　　　　　　　→観測値も予測値も知覚
　　　b.　老師ともある人がそれに気づかぬことが…
　　　　　　　　　　　　→観測値は知覚、予測値は様態

(126a) は、X は抽象物で、Y は主体における身体部位という特徴を有する。一方の (126b) に関しては、Y に出来事を指示するタイプの名詞が生起している。次に、「様態」の具体例を示す。

(127) a. 　高射砲の弾がまばらに炸裂していた。
　　　　　　　　　　　　　　　　→観測値も予測値も様態
　　 b. 　俤が霊に似通う。　　　　→観測値は様態、予測値は知覚

　(127)に関して、まず、(127a)の観測値と予測値が一致した例に関しては、Xは具体物であるものが多く、Yは出来事を表すものが多いという特徴を持つ。そして、(127b)に関しては2例のみなので一般化は難しいが、(127a)との相違から言えば、Xは非具体物で、Yは抽象物としての特徴を有する。
　さて、前節同様に判別分析を行ってみた。

表 7-8　判別分析による分類精度

		予測値			合計
		存在	知覚	様態	
観測値	存在	13	0	5	18
	知覚	0	9	2	11
	様態	14	2	32	48

　判別分析の結果として注目すべきは、「存在」である。先ほどの決定木による分析では、0%の的中率だったのに対して、判別分析では72%の的中率を見せており、名詞の特徴から「存在」をある程度予測できることが分かった。一方、「知覚」に関しては決定木と同様の精度が得られている。また、「様態」に関しては、「存在」との間で誤予測している事例が目立つ。全体的な的中率は70.1%となっており、名詞のクラスから一定のカテゴリー化の実態を予測することができると言える。ところで、決定木と判別分析の結果が違うのは、これは入力データの不安定さに起因するものである。そのため、全体の解析結果も信頼しにくいものになっている。以下では、具体例に基づく質的観察を中心に考察を行う。

(128) a. 　その日は宿直の当番として、丑松銀之助の二人が学校に居残ることになった。　　　　　　　　　→観測値も予測値も「存在」

b. 杉苔や銭苔が地面に密生し、…

→観測値は「存在」、予測値は「様態」

(128)において、(128a)に関しては、Xは主体であり、Yは場所であるという特徴を共有している。一方の(128b)に関してはXが具体物であるという特徴が顕著である。次に、「知覚」に関しては決定木と同様の結果が得られているので、例示は省略する。次に、「様態」に関しては、以下の具体例を示す。決定木の事例との重複を避けるため、評定結果では、「様態」であったが、判別分析では「存在」であると分析された事例のみを示す。

(129)a. 整備員が甲板にひれふす。
b. かれらが一室に待っていると、…

これらの事例において特徴的なのは、(128)と同様に、「存在」の判断をXが主体であるかどうかという点が基準となって、サンプルを特徴づけている点である。

　以上の結果をまとめると、「存在」、「知覚」、「様態」のグループにおいては全体的に分析結果が安定しないため、強い主張は難しいが、「知覚」と「様態」に関しては「存在」に比べ、名詞による予測がある程度は可能と考えられる。一方、興味深い事実として、決定木と判別分析のいずれにおいて誤予測の傾向として、「存在」を「知覚」であると誤解析することはないが、「存在」を「様態」であると誤解析した事例は存在する。これはカテゴリー間の関係性に対する重要な事実であり、後ほど詳細な考察を行う。

7.3.3　実験3の結果（低一致の対面、移動、変化グループ）

　次に、一致度が低かった対面、移動、変化のグループに対する解析結果を報告する。まず、決定木分析の結果については、用例数の偏りの問題もあり、考察に耐えうる結果が得られなかった[7]。そこで、判別分析の結果から具体的な考察を行う。

表 7-9　判別分析による分類精度

		予測値			合計
		対面	移動	変化	
観測値	対面	24	8	8	40
	移動	0	6	2	8
	変化	1	2	12	15

まず、実験1の結果と比較した場合、全体として低い的中率を見せている。対面では、60%、移動では75%、変化では80%となり、誤予測の事例を含めた場合、全体としては66.7%の的中率である。具体的な事例を見てみよう。

(130) a.　前の主人が官軍に手向かったことも、…
　　　　　　　　　　　　　　　→観測値も予測値も「対面」
　　　b.　陽光が谷に降り注いでいた。
　　　　　　　　　　　　　　　→観測値は「対面」、予測値は「移動」
　　　c.　硫黄島を基地とする戦闘機Pが空襲に参加し、…
　　　　　　　　　　　　　　　→観測値は「対面」、予測値は「変化」

上の事例に関しては次の特徴が観察される。(130a)は、Xが主体でYも主体であること、(130b)に関しては、Xは主体で、Yは場所や具体物といった具体性を有するものであること、(130c)に関しては、Xは具体物でYは出来事や抽象物を表すものであることが明らかになった。同様の観点から移動を見た場合、以下のような具体例の分布が確認される。

(131) a.　私がドイツに留学していた当時から、…
　　　　　　　　　　　　　　　→観測値も予測値も「移動」
　　　b.　粗い雪片が斜めに乱れ飛んでき、…
　　　　　　　　　　　　　　　→観測値は「移動」、予測値は「変化」

(131)で、注目すべきこととして、(131a)に関する特徴は、実験1および(130b)と同様、Xが主体で、Yが場所であることが重要な要素として関わっているという点がある。そして、このことは、観測値においても予測値においても実証されている。また、(131b)においても同様の事実が観察されており、実験1および(130c)と同様にYの出来事および抽象物としての特徴が文意に関係していることを示している。

最後に、「変化」の例として(132)の結果が観察された。

(132) a. 父の目が怒りに燃えて、…　→観測値も予測値も「変化」
　　　 b. 行助が彼になじめなかったのは、…
　　　　　　　　　　　　　　　　　→観測値は「変化」、予測値は「対面」
　　　 c. 熱帯の落ち葉が道に朽ち、…
　　　　　　　　　　　　　　　　　→観測値は「変化」、予測値は「移動」

(132a)の特徴は、実験1および(130)や(131)と平行しており、Yが抽象物または出来事という特徴が強く関与していることが示唆される。一方、(132b)においては、Yの主体としての特徴に動機づけられて、予測値では「対面」であると判定されたのに対して、観測値では「変化」であると判定された。また、(132c)においては、Yの場所としての特徴に動機づけられて、予測値では「移動」であると判定されたのに対して、動詞の特徴が関与していると考えられるが、観測値では「変化」であると判定された。

以上の事実によって明らかになったことは、一致度の差による精度の低下の問題はあるものの、概ね実験1と平行した分布を見せていることである。「対面」であれば、Yの「主体」としての特徴が関与していること、「移動」であれば、Xの主体としての特徴と、Yの場所ないしは具体物としての特徴が貢献している。「変化」であれば、Yの抽象物や出来事としての特徴が関与していることが明らかになったと言える。同時に、部分的ではあるが、(130)から(132)に示唆されることとして、人の判断ミスを統計的な分類が補正しているような事例、例えば、(132b)や(131b)のように、判別分析に

よる分類が正しいと思われるものもあれば、(130b)のように、判別分析の結果に関しても納得できるような事例も存在する。これらの結果から考えれば、全体の分類精度として「66.7%」という値は一定の水準には達したものと判断できるであろう。

7.3.4　実験 4 の結果（低一致の存在、知覚、様態グループ）

　最後に、「存在」、「知覚」、「様態」の一致度の低かったグループに対する解析を報告する。解析の結果、図 7-4 の決定木が得られた。

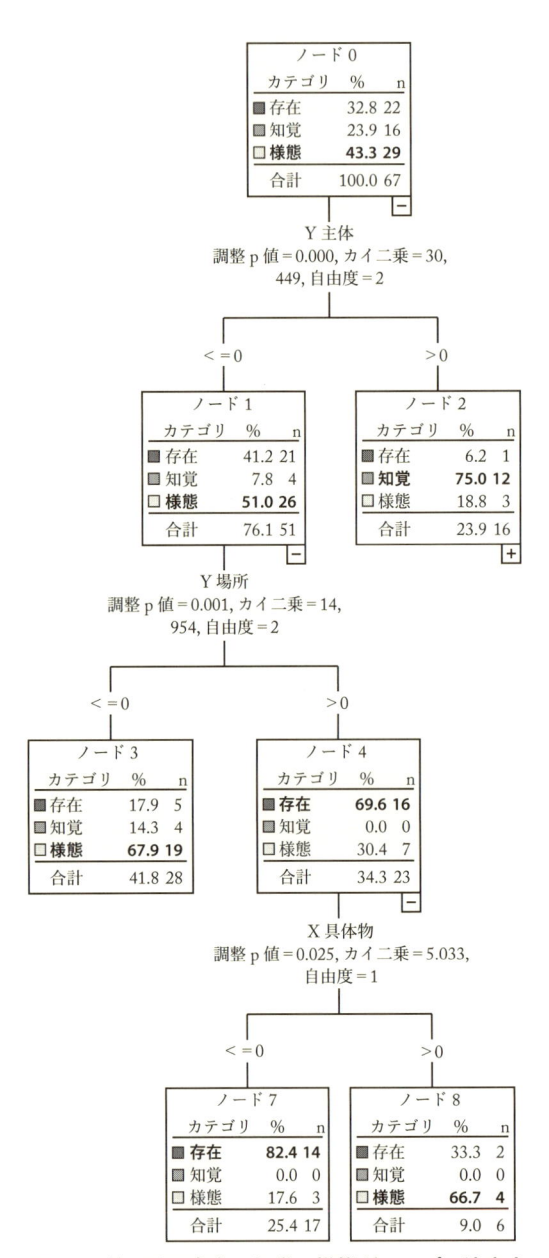

```
                    ノード 0
                カテゴリ    %      n
                ■ 存在    32.8   22
                ■ 知覚    23.9   16
                □ 様態    43.3   29
                  合計   100.0   67
```

Y 主体
調整 p 値 = 0.000, カイ二乗 = 30,
449, 自由度 = 2

```
       <=0                              >0
     ノード 1                          ノード 2
  カテゴリ    %      n           カテゴリ    %      n
  ■ 存在    41.2   21           ■ 存在     6.2    1
  ■ 知覚     7.8    4           ■ 知覚    75.0   12
  □ 様態    51.0   26           □ 様態    18.8    3
    合計    76.1   51             合計    23.9   16
```

Y 場所
調整 p 値 = 0.001, カイ二乗 = 14,
954, 自由度 = 2

```
       <=0                              >0
     ノード 3                          ノード 4
  カテゴリ    %      n           カテゴリ    %      n
  ■ 存在    17.9    5           ■ 存在    69.6   16
  ■ 知覚    14.3    4           ■ 知覚     0.0    0
  □ 様態    67.9   19           □ 様態    30.4    7
    合計    41.8   28             合計    34.3   23
```

X 具体物
調整 p 値 = 0.025, カイ二乗 = 5.033,
自由度 = 1

```
       <=0                              >0
     ノード 7                          ノード 8
  カテゴリ    %      n           カテゴリ    %      n
  ■ 存在    82.4   14           ■ 存在    33.3    2
  ■ 知覚     0.0    0           ■ 知覚     0.0    0
  □ 様態    17.6    3           □ 様態    66.7    4
    合計    25.4   17             合計     9.0    6
```

図 7-4　低一致の存在、知覚、様態グループの決定木

図 7-4 の結果から、以下のことが明らかになった。

(1)「知覚」を特徴づけているのは、Y が主体であるかどうかである。
(2)「存在」を特徴づけているのは、Y が場所であるかどうか、X が具体物であるかどうかである。
(3)「様態」を特徴づけているのは、Y が主体であるかどうか、場所であるかどうかである。

これらの特徴を踏まえた上で、これまでと同様、分類精度を確認した。

表 7-10　決定木による分類精度

		予測値			正答率
		存在	知覚	様態	
観測値	存在	14	1	7	63.6%
	知覚	0	10	6	62.5%
	様態	3	0	26	89.7%

表 7-10 の直観的な解釈として、存在や知覚が 60%弱の的中率（正答率）を示すのに対して、様態は、90%に近い的中率を見せており、実験 2 の結果と対称的である。全体の精度としても実験 2 に比べて良いものが得られている。このことを示すものとして、判別分析の結果を踏まえ、観測値と予測値の κ 統計量による一致度を調べてみたところ、0.594 であり、観測値と予測値が一致していることが明らかになった。以下に具体例を示す。

(133) a.　外国の諜報機関員が市内に潜入しているという噂だ。
　　　　　　　　　　　　　　→観測値も予測値も「存在」
　　　b.　サラサラした砂みたいなものが頭に詰まっている。
　　　　　　　　　　　　　　→観測値は「存在」、予測値は「知覚」
　　　c.　生活力が自殺に集中してしまう。
　　　　　　　　　　　　　　→観測値は「存在」、予測値は「様態」

(133a)は正予測の例、(133b)と(133c)は誤予測をした例を示した。ここで実験2との関連で注目したいことは、(133a)に関しては(128a)と同様、Xが主体であり、Yが場所であるという特徴を有する点である。一方の(133b)、(133c)においては次の要因により、決定木が誤予測をしたものと考えられる。まず(133b)は(126a)と同様、Xは抽象物で、Yは主体における身体部位の特徴に動機づけられ、誤予測をしている。また(133c)に関しては(127a)と同様に、決定木はYの出来事性によって様態であると誤予測をしている。次に知覚と様態の具体例を示す。

(134) a. 知識が頭におさまりやすかった。
　　　　　　　　　　　　　→観測値も予測値も「知覚」
　　　 b. 電車に乗っていてもう一つ困るのは車の響きが音楽に聞こえることです。　　　　　→観測値は「知覚」、予測値は「様態」
(135) a. 老人たちが過労に絶えかねて倒れると、…
　　　　　　　　　　　　　→観測値も予測値も「様態」
　　　 b. 生活力があちこちに散乱していくような傾向ではあったが、…
　　　　　　　　　　　　　→観測値は「様態」、予測値は「存在」

(134a)は「知覚」の正予測、(134b)は誤予測の事例である。同じく(135a)は「様態」の正予測、(135b)は誤予測の事例である。ここで注目したいのは、実験2の結果と比較した場合、正予測と誤予測の要因という面において、概ね一致する傾向が見られる点である。(134a)であれば、Yが持つ主体の身体部位であるという特徴が全体の解釈に貢献している点であり、(134b)であれば、Yが持つ抽象物ないしは出来事としての特徴が全体の解釈に貢献している点である。詳細は述べないが、(135)に関しても概ね同様の事実が確認できる。

　さて、これまで同様に判別分析を行った結果、表7-11のような分類結果が得られた。

表7-11と表7-10を比較した場合、観測値は「様態」であるが、予測値では

表 7-11 判別分析による分類精度

		予測値			合計
		存在	知覚	様態	
観測値	存在	17	1	4	22
	知覚	1	13	2	16
	様態	2	3	24	29

「知覚」と分類されている事例に関しては、多少のずれは見られるものの、結果そのものに大きな食い違いはない[8]。なお、誤予測の部分を踏まえて全体の精度を計算した場合、80.6%の的中率を示している。

以上の分析によって、多少のずれは認められるものの、実験2と概ね同じ方向の結果が得られており、全体として、本研究が仮定する名詞の意味クラスレベルの制約が文意のカテゴリー化に強い動機づけを与えていることが示された。

次節では、以上の考察結果を踏まえた個々の文意のクラスを名詞の意味クラスの観点から明示的に定義したあと、これらの位置づけをめぐる問題を7.4節以降で考察する。

7.3.5 実験のまとめ

以上の調査によって、文意の意味クラスに名詞の意味的制約が体系的に関与している事実が明らかになった。これまで部分的に述べてきた、「対面」、「移動」、「変化」のクラス、そして、「存在」、「知覚」、「様態」のクラスの名詞の特徴をまとめて表示した場合、以下のようになる。

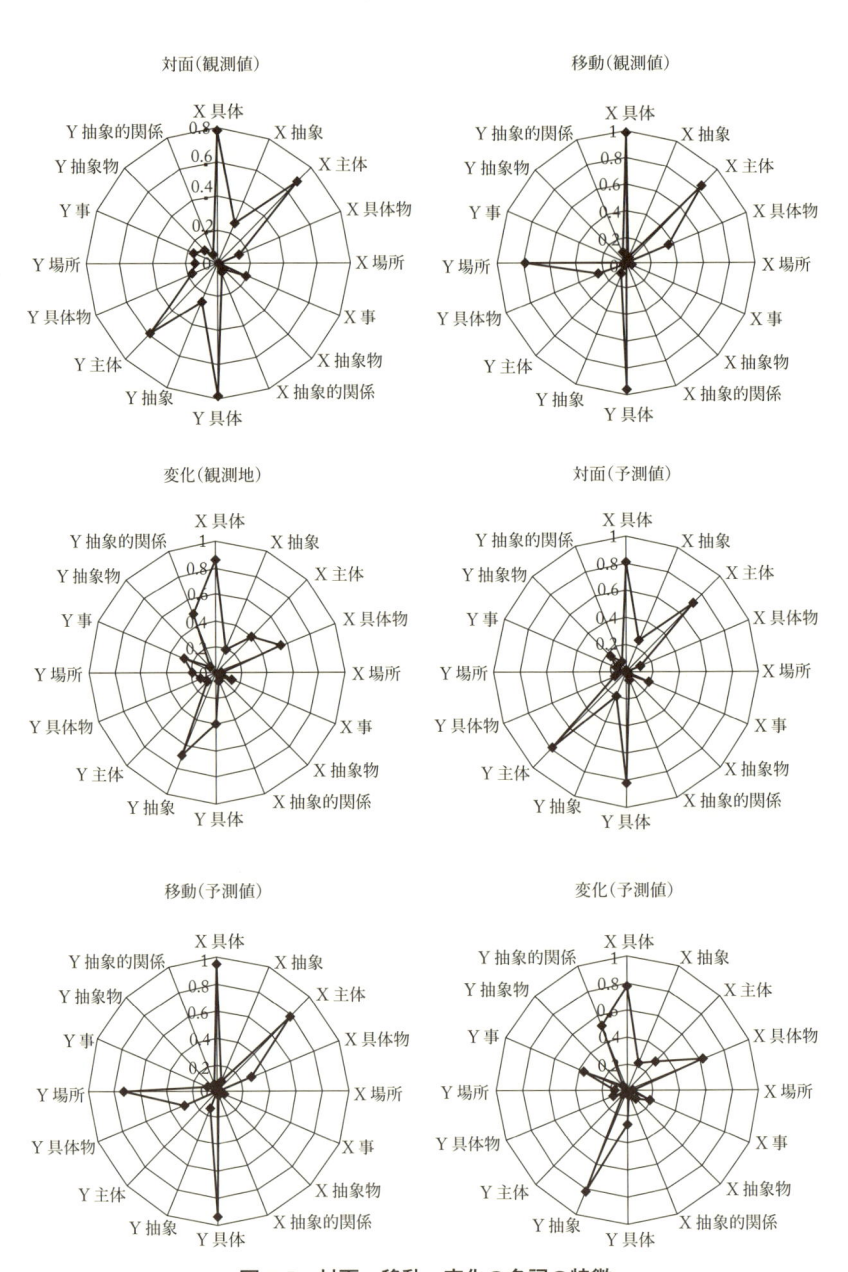

図 7-5 対面、移動、変化の名詞の特徴

図 7-5 は、7.3.1 節と 7.3.3 節で取り上げた、対面、移動、変化表現における名詞の値の平均値をグラフ化したものである。観測値とは意味評定の結果として得られたパターンであり、予測値とは統計解析の結果として得られたパターンである。まず、観測値と予測値の対を比較した場合、概ね同じパターンになっていることを確認してほしい。これは、本研究のデータの安定性を示唆するものであり、人の判断にかなり近い形で、名詞の意味クラスパターンを学習していることを意味する。個々のクラスに注目した場合、対面の場合、X に来る名詞は主体のような具体的な要素、Y に来る名詞も同じく主体のような具体的な名詞が生起していることを表す。移動の場合、X は主体のような具体的な要素で、Y は場所のような具体的な要素であることが分かる。そして、変化の場合、X は具体物（部分的に主体）のような具体的な要素で、Y は事や抽象的関係のような抽象的要素であることが示されている。以上をまとめた場合、対面、移動、変化の表現スキーマとして、以下のような分析が可能となる。

(136) a. X［具体［主体］］ガ Y［具体［主体］］ニ V する
     b. X［具体［主体］］ガ Y［具体［場所］］ニ V する
     c. X［具体［具体物］］ガ Y［抽象［事・抽象的関係］］ニ V する

(136) の a は対面表現のスキーマである。b は移動表現、c は変化表現のスキーマである。

　次に、同じ観点から 7.3.2 節、7.3.4 節の非動的事象のグループを捉えた場合、以下のようにまとめることができる。

182

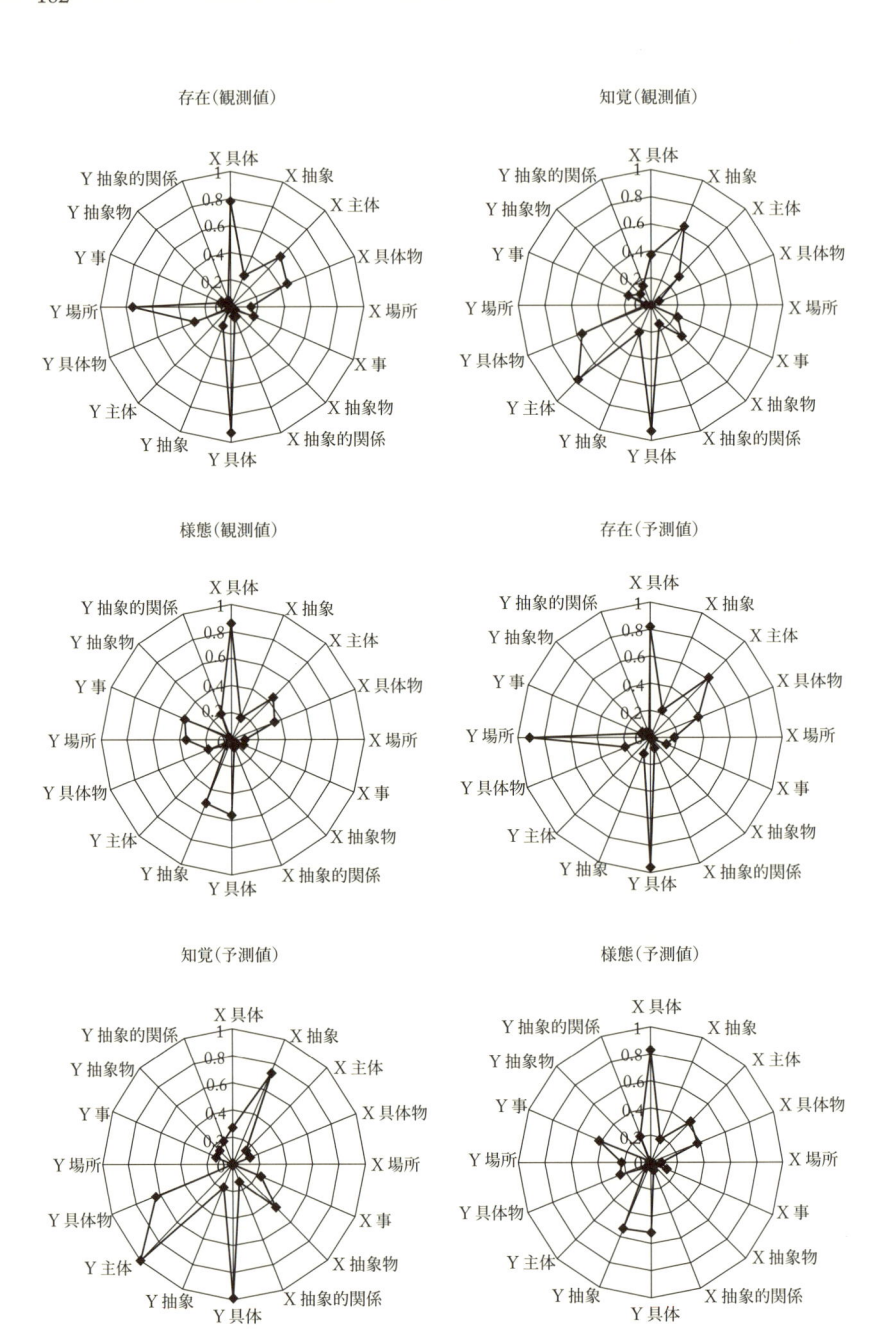

図 7-6　存在、知覚、様態の名詞の特徴

図 7-6 は、図 7-5 と同じ方法で、存在、知覚、様態表現に関わる名詞の特徴をグラフ化したものである。同じ方法で個々の文意の表現のスキーマを定義した場合、以下のようにまとめることができる。

(137) a.　X［具体［主体・具体物］］ガ Y［具体［場所］］ニ V する
　　　b.　X［抽象［抽象物］］ガ Y［具体［主体・具体物］］ニ V する
　　　c.　X［具体［主体・具体物］］ガ Y［*］ニ V する

(137) では、a は存在表現のスキーマを、b は知覚表現のスキーマ、c は様態表現のスキーマを定義している。「*」は未指定を意味する。例えば、c の様態表現のスキーマの場合、Y に生起する名詞は図 7-6 から示唆される可能性としては具体的な要素と抽象的な要素が共に高く、単一の要素として規定することが難しい。これに関しては他の要素による制約を考慮しない限り文意の決定は難しいと思われる。

7.4　考察

　本章のこれまでの調査によって、日本語における構文現象の本質的側面が明らかになった。以下の 7.4.1 節では、動詞の問題をどのように位置づけるべきかという問題について考察する。次に、7.4.2 節では、本研究の調査結果から示唆される文意の分布における二つの方向性に関する問題を考察する。一つ目は、解析の的中率が示す名詞の多様性の方向性に関するもので、二つ目は誤予測が示す一方向性に関するものである。最後に、7.4.3 節では、(136) および (137) で示したパターンの位置づけをめぐる考察を行う。最終的には意味に基づく構文記述の精緻化を目指すには、名詞の特徴を踏まえた表現パターンの観点から構文現象を捉えなおさなければならないことを指摘する。

7.4.1 文意と動詞の問題

　実験 1 から 4 で行った決定木および判別分析の分類精度として、平均すると 77.3％の的中率を示すことが明らかになった。言い換えれば、名詞の意味クラスを指定するだけで「X ガ Y ニ V する」に関わる文現象の 77.3％を正しく予測することが可能であったが、動詞の意味を仮定しない状況で、このような分類精度が得られたことは、構文の理論的研究にとっても示唆するものが多い。しかし、名詞の意味クラスを指定することで 77.3％の的中率を持つということは、動詞の意味記述が必要ないということを含意するものではない。むしろ、動詞偏重の従来型の分析に対する問題提起として、動詞の意味を仮定しなくても、実際の文現象のかなりの部分が記述できることを示すものである。このことに対して、従来の動詞を中心とする語彙主義的アプローチは、どのような一般化をすべきか考慮しなければならないであろう。

　さて、動詞の扱いに関する問題に関連することとして、本研究の分析結果には、動詞の意味を仮定しなかったことによる問題点が見られる。次の二点が挙げられる。一点目は、「存在」クラスに関する問題、二点目は、「様態」クラスに関する問題である。

　まず、一点目の問題として、(136) および (137) からも明らかなように、「移動」と「存在」を名詞の意味クラスのみで区別することはできないということが明らかになった。なぜなら、いずれも X の主体としての特徴、Y の場所としての特徴が全体を動機づけているからである[9]。この点に関しては実際のところ、動詞による補強を考慮しなければ説明できない。

(138) a. ロシア女の物売りが玄関に腰掛けていた。
　　　b. もし父がこの世に生きていてたら、…
　　　c. 一番下の娘が病院に泊まり、…
(139) a. ガラッと、から紙があいたと思うと、次野が玄関に飛び出してきた。
　　　b. 島根県の部隊と暁部隊の一部が広島に到着する。

c.　アメリカの艦隊が西太平洋に進攻して来た場合、日本は…

(138)は観測値と予測値のいずれにおいても「存在」であると判定された事例である。(139)は観測値と予測値のいずれにおいても「移動」であると判定された事例である。これらの事例に共通するものとして、いずれもXは主体でYは場所であるという特徴を共有している。ということは、名詞の特徴だけで移動と存在のカテゴリー化を捉えることは難しい。この問題は、動詞と名詞、さらには格パターンによる相互作用という点から捉えるべき問題である。具体的には、(138)に関わる主な動詞をみた場合、以下の特徴的な下位クラスが存在する。

1. 発生を表すもの：できる、浮かび上がる、登場する、開業する、生じる
2. 残留を表すもの：居残る、固まる、氾濫する、満ちる、秘蔵する、横行する、結晶する
3. 生活を表すもの：宿る、住む、生きる、合宿する、下宿する
4. 身体動作を表すもの：座る、腰かける、寝転ぶ、うずくまる

1.から4.の動詞が場所のYに対して持ちうる意味的特徴として、1.は「発生の場」の役割が付与されており、2.は「残留の場」、3.は「生活の場」、4.は「身体動作の場」としての解釈を持つ。また、文意の形成への関わり方においても差があり、1.と4.は「存在」に対する「手段」または「原因」の関係、すなわち動詞がもたらす事象によって結果として「存在」という事象が発生する。一方、2.は「存在」に対する「結果」の関係、3.は「存在」に対する「具体化された下位事象」の関係にある。これらを図示した場合、以下のような関係になる。

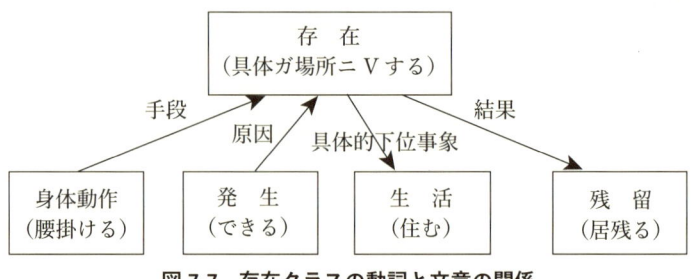

```
                    存 在
                (具体ガ場所ニVする)
        手段      ↗  ↑  ↑       結果
              原因    具体的下位事象  ↘
   ┌────────┐ ┌────────┐ ┌────────┐ ┌────────┐
   │ 身体動作 │ │ 発 生  │ │ 生 活  │ │ 残 留  │
   │(腰掛ける)│ │(できる) │ │(住む)  │ │(居残る)│
   └────────┘ └────────┘ └────────┘ └────────┘
```

図 7-7　存在クラスの動詞と文意の関係

図 7-7 において、矢印は事態レベルの働きかけの関係を表す。その働きかけの関係を定義した場合、手段、原因、具体的下位事象、結果になる。

　次に二点目の問題として「様態」クラスに関する問題がある。本研究の調査では、このクラスにおける Y の名詞の意味レベルの特徴が決定できなかった。言い換えれば、「様態」クラスにおける Y の意味クラスは非常に幅を持ったものが生起しており、Y の意味クラスによって「様態表現」のカテゴリー化を説明することは難しい。ただし、このことは動詞の意味によっても説明できない。おそらく、Y の意味クラスと動詞の相互作用を考えることによって初めて説明できる現象であるように思われる。具体例から考えてみよう。

(140)a.　眠っているあいだも頭脳が恐怖に怯えているようであった。
　　 b.　朝靄が港内に立ち込めていたのも、…
　　 c.　妻が掻巻に包まり、小さくなって転がっていた。

(140)の例は観測値と予測値のいずれにおいても、「様態」であると判定された事例である。ここで注目すべきことは、Y として使用されている(140a)の「恐怖」、(140b)の「港内」、(140c)の「掻巻」が意味クラスレベルで一貫していない点である。先ほどと同様の方法で、これらの表現に特徴的な動詞のスキーマ的下位クラスを見た場合、以下のようなものが観察される。

　① 身体運動を表すもの：舞い上がる、舞う、踊る、つまずく、包まる

② 情動を表すもの：驚く、怯える、満足する、迷う、同情する、専念する、熱中する
③ 伝播を表すもの：散らばる、伝染する、漂う、みなぎる、立ち込める、木霊する
④ 物体動作を表すもの：乱れる、炸裂する、貼りつく、突き刺さる、揺れる
⑤ 物体形状・属性を表すもの：歪む、挟まる、ほてる、もつれる

①、②の動詞はXが「主体」であるという特徴を共有し、②ではYが情動を引き起こす原因になるとして「事」を表す名詞が生起する。③から⑤においてはXは「非主体」という特徴を共有しており、③と④では、Yの意味クラスとして主に「場所」を表す名詞が生起する。⑤ではYに「事」を表す名詞が生起する。なお、文意となる「様態」とこれらの動詞の関係性に関しては、「存在」クラスのような多様性は認定しにくく、いずれも「具体化された下位事象」を表すものとして記述すべきであろう。

さて、以上で行った二点の問題点に関する諸考察の理論的含意として、次の点を指摘しておきたい。それは、動詞において特徴的なクラスが存在するということは、名詞の貢献度を記述対象から捨象して良い、または動詞の意味を捉えることで文意の問題がすべて記述できる、ということを表すわけではない。要素還元論的アプローチ(例えば語彙意味論のアプローチ)の問題点は、動詞に特徴的な振舞いが見られることを根拠に、文意の問題を動詞に帰属しているところにある。本研究では、名詞と格構造の慣習化されたパターンこそが文意を決定し、「構文」を作っており、このような「構文」を認めてこそ、動詞の多様性に対する実質的な記述説明ができると考えている。ただ、このような見方に立った場合の理論的問題点として、名詞と格構造からなる「構文」というものをどう位置づけるかが重要である。この点に関して、第8章で詳細な考察を展開するが、結論的には、表現パターンとしての形式と、認知事態としての意味の対応という面から、構文を再定義することで、総合的な解決を図る。

7.4.2 文意の方向性

本節では、調査の結果から得られた二点の興味深い方向性に関する考察を行う。一点目は、名詞の多様性に関する方向性の問題、二点目は誤予測が示す一方向性の問題である。

一点目として名詞のパターンが文意をどの程度正確に予測するのか、逆に言えば、各々の文意がどの程度の名詞パターンのバリエーションを持っているのか、という点で方向性が見られる。特に一致度が高く、評定においても安定した実験 1 と実験 3 の結果から得られた以下の方向性を指摘しておきたい。

(141) a.　移動 ＞ 対面 ＞ 変化
　　　b.　知覚 ＞ 存在 ＞ 様態

(141) は観測値として与えた評定結果を、決定木および判別分析の予測がどの程度的中させたかを示す階層である。(141a) は寺村 (1982) が動的事象として記述したものであり、(141b) は非動的事象として記述した現象である。具体的には、「移動」の場合、1 例のみが「対面」として誤予測されているが、それを除く 42 例に関してはすべて的中している。「対面」に関しては、42 例中 34 例が的中しており、その的中率は、81％となっている。また、「変化」に関しては 33 例中 20 例が的中しており、的中率は 60.6％となっている。次に、非動的事象のグループにおいては、「知覚」が 81.8％、「存在」が 72.2％、「様態」が 66.7％の的中率を見せており、(141) に示した方向性を示している[10]。

この方向性に関する動機づけの問題として指摘しておきたいことは、名詞の (意味クラスレベルの) 多様性の問題である。すなわち、生起する名詞が多様であればあるほど、その予測は難しく、その分だけ誤った予測をすることが多くなる。ということで考えた場合、(141) の階層は名詞の多様性に関する階層性を示唆するものとして捉えなおすことができる。つまり、「移動」や「知覚」のように単純なタイプから、「変化」や「様態」のようなより多

様性を有するタイプへの方向性である。
　二点目の誤予測の問題に関して、以下に示す方向性が観察される。

1) 「対面」を「移動」として解釈することはあっても「移動」を「対面」として解釈する可能性は低い。
2) 「変化」を「移動」として解釈することはあっても「移動」を「変化」として解釈する可能性は低い。
3) 「対面」と「変化」の間の誤予測の可能性に比べ、「移動」と「変化」の誤予測の可能性がより高い。
4) 「存在」と「知覚」の誤予測の可能性に比べ、「存在」と「様態」の誤予測の可能性がより高い。

1) および 2) の事実は、実験 1 と 3 の結果から得られたものである。この二点の事実が示唆する理論的価値は決して小さなものではない。というのは、これらはそのいずれも「移動」の根源性を示唆するものであり、このことは、Lakoff(1987) および 山梨(2000)で主張されている空間のメタファー（移動は変化である）の一方向性仮説に対する経験的指示を与えるものとして位置づけることができるからである。そして、3) と 4) はカテゴリー間の近接性を示唆するものとして捉えることができ、動的事象および非動的事象の連続性に対する記述として、以下のような一般化ができる。

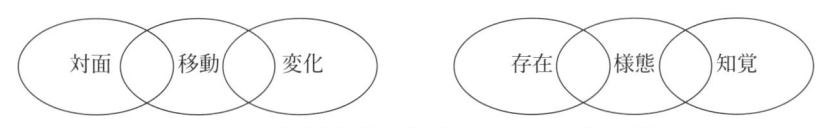

図 7-8　家族的類似性に基づくカテゴリー間の関係

図 7-8 は、家族的類似性の観点から、動的事象および非動的事象の連続性を捉えたものである。上記の 1) から 4) で指摘した誤予測はカテゴリー間の類似性に起因するものとして考えることができる。すなわち二つが類似していればいるほど、そのカテゴリーの境界はファジーなものになり、その分だけ

誤予測の度合いも大きくなると考えることができる。

7.4.3　用法とスキーマのネットワークから捉えた構文

　最後に、(136)および(137)で示したパターンをスキーマ間のネットワークとして捉えた場合、以下のような一般化ができる。

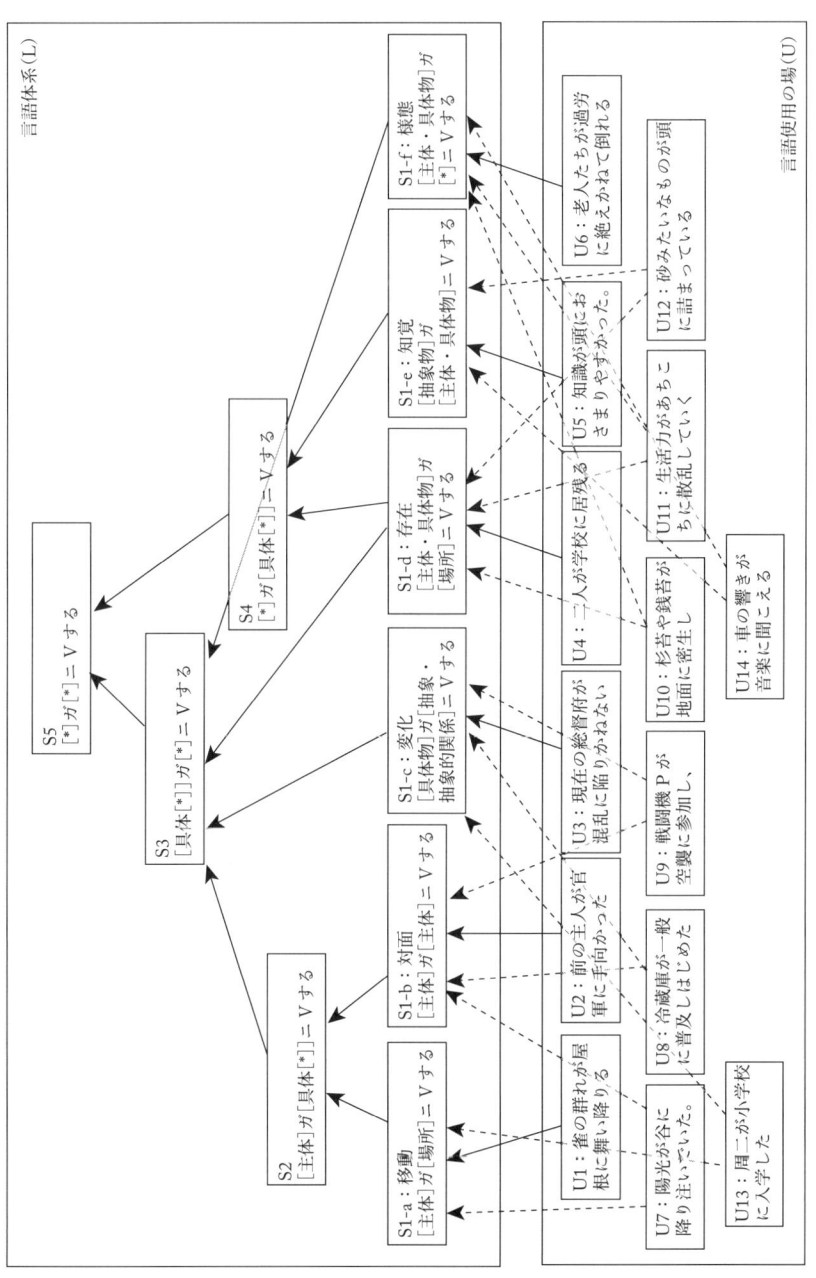

第7章　使用基盤・実験基盤としての構文分析　191

図7-9　用法とスキーマのネットワーク

図7-9は表層のパターンに基づく用法とスキーマ間の関係をネットワークとして表現している。ここでは一番下段にU1からU14までの言語使用における用法の分布があり、そこから抽象化 (abstruction) のプロセスを経て言語構造内の様々な抽象度のスキーマが立ち表れるという構造を図示している。実線と点線は、動機づけの大小を表すもので、ある用法が単一のスキーマを強く動機づける場合は実線で、複数のスキーマを同時に動機づける場合は点線で記している。なお、実線で書くべきものと点線で書くべきものの判断は筆者の恣意的判断ではなく、これまでの実験結果を踏まえて判断した。具体的には、統計的分類と人の評定が一致した場合は、実線で書き、一致しなかった場合は、それぞれを点線で記した。この点においては、図7-9のネットワークはこれまでの認知言語学でよく見られた分析者の恣意的判断で捉えるものとは一線を画しているものであることを強調したい。また、スキーマについても (136) および (137) で示した実験結果を踏まえて相互関係を規定している。ここで注目すべきことは、スキーマにおいても、S1のように極めて具体的なものからS5のように非常に抽象的な (super schema 的な) ものまで多様なものが認められる。

　さて、図7-9から従来の構文研究を捉えた場合、その多くはS1からS4の段階を無視し、統語形式に基づくスキーマ、すなわちS5の形式からトップダウン的に意味の問題を考察してきたと言える。このようなアプローチが間違いとは思わないが、次に示す問題を抱えている。まず、経験事実レベルの問題として、第4章で示した事実に対して説明ができない。次に理論的側面の問題として、構文に多義性を持たせるという理論的に矛盾した装置を仮定しなければならず、経験科学として多分に問題があると言える。後者に関する詳細は、第8章でより詳細な考察を行う。これらの問題点を解決するため、本研究では、日本語の構文現象をS1のレベルで捉えなおす必要があると主張する。その根拠として、本章では、文意に対してS1のレベルのスキーマが持つ直接的な関係性を示した。

7.5 まとめ

本章の考察によって、母語話者による文意のカテゴリー化を名詞の意味的特徴から捉えられることを実証的に示した。そして、こうした記述的立場に立つことで、構文間の関係や動詞の問題をより明示的に記述できることも明らかにした。

さて、次の課題であるが、ここで明らかになった事実が、従来の理論的研究に対してどのような示唆を与えるのであろうか。次章では、本章で行った実験結果に関する理論面の考察を行う。主として認知言語学的構文研究と本章の実験結果との整合性を中心に議論を展開する。

注

1. 「新潮文庫100冊」は、2008年当時の所属機関である「情報通信研究機構」が自然言語処理における研究利用を想定し、独自の加工を行ったデータであり、市販のものとは異なる点に注意してほしい。また「新潮新書文庫版」は市販されているものではなく、「情報通信研究機構」が独自に構築したものである。最後に「日英新聞記事対応付けデータ」は Utiyama and Isahara (2003) によって構築された読売新聞と The Daily Yomiuri から自動作成された日英対応付けコーパスであるが、正規表現を用いて日本語の部分のみを取り出し、使用した。ところで、これらの個別のデータをコーパスと呼ぶかどうかという問題がある。この問題に関しては、本研究ではそもそもコーパスというのは単一の概念ではなく、各々の研究目的のために構成されたテキストデータの集合体と位置づけているため、すべてのデータをコーパスと統一して呼ぶことにする。
2. 調査の目的にもよるが、省略された部分を分析者が補ったり、場合によってはヴォイスによる変種を原型に戻すなどの操作を行うことは可能である。しかし、こうした復元がどこまで可能かという問題は必ずしも明らかではない。なぜなら、「生まれる」のような動詞の場合、受身形で使用されない事例があったり、尾上 (2001) が言うように「ハ」でしか表現できない事例があるなど、分析者による復元性は必ずしもすべての事例において可能とは限らないからである。
3. (118) の段階性を説明することは、本節の目的ではないので深入りはしないが、これはカテゴリーの家族的類似性を反映した分布である可能性、そしてプロトタ

イブ効果の反映である可能性が考えられる。
4 「日本語語彙大系 CD-ROM 版」は NTT の日英機械翻訳システム ALT-J/E で用いられているコンピュータ用辞書を再編集したもので、30 万語の日本語辞書と 14000 件の文型パターンが収録されている。30 万語の収録語は 3000 種の意味分類を用いて定義されている。14000 件の文型パターンも、やはり 3000 種の意味分類を用いて日本語の文型を定義しており、そのすべてに（機械翻訳のための）英語の対応表現が付与されている。
5 関連する研究として、玉岡 (2006) や李・伊藤 (2007) があり、いずれも決定木を使用した言語現象の分析として興味深い発見をしているので、合わせて参照してほしい。
6 決定木による予測と、評定結果の一致度を調べるべく、κ 統計量による一致度を調べた。その結果、1% の有意確率で 0.715 となり、全体として、人の判断をかなりの精度で正しく予測していることが明らかになった。
7 解析精度の低下要因としては、データの数における偏りの問題が考えられる。というのは、実験 2 でも類似の現象が見られたが、実験 3 では対面のクラスが他のクラスに比べ、極端に大きかったことが関係していると考えられる。決定木のような機械学習的アルゴリズムを利用した解析手法には、数が多いものに引っ張られ、全体の精度が下がることがよく指摘されている。
8 誤予測の 3 例は以下の通りである。
    1. <u>自分</u>がヒューズに劣るか、日本の山本が可能に優るのか知らないワシントンでは、…
    2. 尾羽打ち枯らしたいろいろな<u>鳥</u>が雀に混って餌を漁りに来た。
    3. <u>警察</u>が犯人に同情して、見逃したとしても、犯人が犯人であることに変わりはない。
9 この問題に関しては「存在」クラスの別の定義として、語順の問題で「Y ニ X ガ V する」形式をとることが多い点、（理論的予測の域を脱していないが）移動に比べ、X に生起可能な名詞の幅が広い点などを考慮し、「移動」と「存在」を分離する考え方もありうる。ただ、現時点における本研究の調査はこの点に関する直接的証拠を提示するものではないので、今後の課題としたい。
10 的中率のばらつきに関する問題は、「移動」と「存在」クラスの問題について興味深い示唆を与える。というのは、「移動」と「存在」は結果的に出来上がった名詞のクラス（図 7-6 では、図 7-5 参照）としてはかなり類似しているが、両者が出来上がるまでのプロセスはかなり異なっていることが示唆される。それは、移動に比べ、存在の場合、生起可能な名詞に幅があり、その幅の分だけ予測が難しいという問題が発生する。こうした問題が、予測の精度の差を生み出しているものと考えられる。

第 8 章　具体的構文の定義

　本章では、前章の結果を踏まえ、日本語における名詞の特徴的分布を理論研究の中でどう位置づけるべきかについて考察する。最終的には、構文を単純な意味と形式の対応物として考えるのではなく、表現パターンと認知事態のシンボリックな対応物であると位置づけることで総合的な解決を図る。同時に、こうした見方は、身体性を中心に言語現象の見直しを推し進めてきた認知言語学の理論的パラダイムとも高い整合性を持つことを指摘する。

8.1　理論化に向けての問題提起

　本節では、これから行う議論に対する道筋を立てるべく、論点の具体化を行う。前章までの調査結果の理論的位置づけを以下の順で考察する。

1)　名詞の問題と構文の関係をどのように理論化すべきか。
2)　理論化の際に生じうる問題としてどのようなものが考えられるか。
3)　生じうる問題に対し、どのような理論的態度を取るべきか。
4)　理論化が持つ意義は何か。

1)や2)については第2章および第3章で行った認知言語学的構文研究の立場で考察する。具体的には、フィルモアやゴールドバーグらによって展開された構文文法の枠組みでこれまで行ってきた言語現象の分析結果をどう位置づけるかについて考察する。とりわけ、名詞の意味的特徴の問題を意味の問

題として捉えるのか、それとも形式の問題として捉えるのかということに焦点をしぼって考察する。この問題を考察するため、まず 8.2 節でそもそも文の意味というものをどう考えるのかという問題を考察した上で、8.3 節では名詞の意味的特徴と構文の問題を考察し、この問題に対する答えを提示する。次に、3) の問題に対し、8.3.2 節では従来の構文研究に対する批判的検討を行った上で、本研究の理論的態度を明確化する。そして、4) の問題に対し、8.4 節では本研究のアプローチが構文文法や認知言語学に対してどのような貢献をするか明示化し、4) に対する答えを提示する。

8.2 非線形的現象としての文の意味

これまでの考察で明らかになったことの一つとして、文意の決定に関する難しさの問題がある。というのは、従来の構成主義的分析モデルでは、構成要素の意味を線形的に加算することで全体の意味が導き出せると仮定しており、そこから得られた全体の意味は自明なものとして位置づけられてきたのである。しかし、第 6 章の考察が示すことでもあるが、こうした従来の分析モデルが射程に収めている現象は極めて狭い範囲に留まっており、生のデータに対する包括的な説明としては不十分なものだと言わざるを得ない。

本研究では、文の意味は、線形要素が複雑に絡み合った非線形的現象として位置づけるべきであると考える。この見方は、池原 (2007) によって提案されたものと非常に近い。池原 (2007) は自然言語処理の観点からの研究であり、ここで言う線形要素とは「一つ以上の代替形を持ち、その代替形へ置き換えても全体の意味が変化しないもの」と定義されており、その反対が非線形的要素と定義されている。つまり、置き換えによって全体の意味が保持されないものが非線形的要素であると考えられている。非線形的要素の典型例は単語である。例えば、「林檎」という単語を他に置き換えて全体の意味が保持されることはない。なぜなら「林檎」の意味は「リンゴ」という形式でしか得られないからである。こうした非線形的要素と線形的要素の関係を図示した場合、以下のようになる。

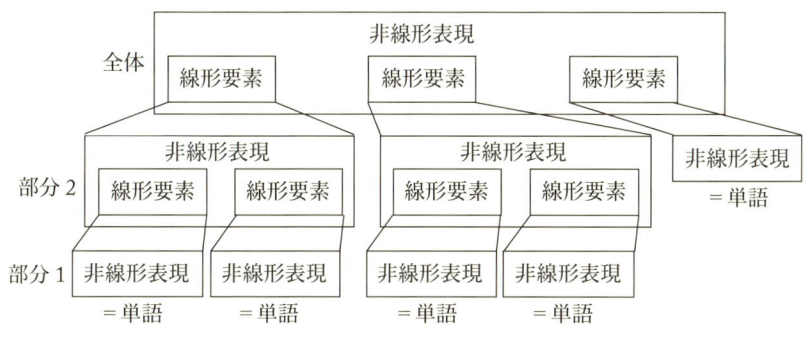

図 8-1　線形・非線形要素の関係

　図 8-1 において、要素とは表現の一部で、表現とは要素のまとまりを指すものである。このように考えた場合、単語は単独で見た場合は表現になりえるということになる。また単語は上述の「林檎」の例で説明した理由から、単独で非線形的表現の位置づけを有する。しかし、単語と単語が結合し、さらに大きな単位（部分 2）を形成する場合、単語は表現ではなく要素として位置づけられる。また、部分 2 において、部分 1 は、部分 2 に対して要素としては代替形が存在するので、線形的なものとして位置づけられる。しかし、この線形的なもの同士が結合した場合、結合した全体は代替形を使うと全体の意味が保持されないので、非線形的なものとして位置づけられる。こうした関係が、部分 1 と部分 2 の間で発生することになるが、全く同じことが部分 2 と全体の間でも発生する。このモデルで示す通り、要素と表現、線形性と非線形性という四つの軸が動的に変化していく過程こそが意味的現象であると考えられる。

　図 8-1 のように意味的現象を捉えることは三つの重要な意味を持つ。一つ目に、認知言語学が主張する「ミクロからマクロまでゲシュタルト的特徴を有する」という見方とも互換的なものになる (cf. 山梨 2000)。これは、慣用句で代表されるようなイディオマティックなものから、文で代表されるようなシステマティックなものまで、さらには、語のようなミクロな現象から文のようなマクロな現象までを包括的に捉えるための見方であり、図 8-1 では、これらの動的な振舞いを捉えることができる。二つ目に、構文パターン

の多面性に関する問題が捉えられる。具体的には句レベル、文レベルにおいて構成要素の入れ替えが可能という事実がある一方、句レベル、文レベルにおいて、その全体が予測不可能だという特徴を共に捉えることができる。さらに、三つ目に、こうした見方に立つことによって、7.2.2 節で示した全体の揺れが説明できる。というのも、仮に文の意味が構成要素の加算的手続きによって（線形性を保持しながら）自明なものとして解釈できるなら、すべての認知主体によって同じような評価がなされるはずだからである。しかし、実際の結果はそうではなかった。また、第 4 章で示した様々な言語事実が示唆することとして、全体の文意は、動詞のみからも格パターンのみからも予測できるものではないということがある。言うまでもないことであるが、名詞のみからも、個別の格助詞のみからも予測できるものではない。第 7 章の調査結果が示すもっとも経験的に妥当と思われる仮説は、格助詞と特定の意味クラスの名詞の共起によって確率論的に発生する表現パターンの効果であると考えるべきであり、それは非線形性を内在的に有するものとして考えなければならないということである。

　さて、本研究が示す上記の見方を現在の構文文法の枠組みで位置づけるには、いくつかの理論的問題が存在する。その一つとして、(136) および (137) で示したパターンの実態がそもそも明らかでないということが考えられる。以下では、この問題を構文文法の枠組みで位置づけるため、どのような理論的態度が必要かを明らかにした上で、なぜこうした見方をする必要があるのか、これによって得られる利点は何かという問題を議論する。

8.3　名詞の意味的特徴を構文の定義に含める問題

　本節では、(136) および (137) を用いて日本語の構文を定義した場合、どのような問題に直面するかを考察する。主として、構文文法における文法構文の定義上の問題に関連して、(136) および (137) の表示がどのような位置づけになるかを考察し、形式の定義に関わる根本的な問題を提起する。そして、最終的には従来型の形式と意味の慣習的対応による文法構文の定義を見

直し、表現パターンと事態の慣習的対応による文法構文の定義を提案する。

8.3.1　予想される問題点

さて、従来型の構文文法では、2.3.2.1 節および 2.3.2.4 節で示した通り、統語形式と意味ないしは機能の対応によって「文法構文 (Grammatical Construction)」を定義してきた。ところで、言語の形式と機能という二分された領域において、(136) および (137) を捉えた場合、その位置づけは非常に曖昧なものになる。これには、(136) および (137) は純然たる形式的存在物でもなければ、純然たる意味的存在物でもないところに本質的問題が存在する。

上述の問題に関連する理論的位置づけは実際のところ、非常に複雑である。そもそも言語現象の記述にとって形式を定義するとはどういうことであり、意味を定義するとはどういうことであるかという問題に立ち戻って考えていかなければならない。また、それぞれにおいてどのような問題が内在し、その問題点を克服するにはどのような理論的態度に立つべきか、というところも同時に考えなければならない。

8.3.2　形式から表現パターンへ、意味から認知事態へ

生成文法で代表される形式主義的言語モデルであれ、認知言語学で代表される機能主義的言語モデルであれ、従来の言語モデルの多くが、言語の形式は自明なものであると想定してきた。しかし、この想定は妥当なものだろうか。

日常の言語表現における意味と形式の対応の問題を考えた場合、言語の形式を決定することは実際のところ容易ではない。具体例として、(142) の例から考えてみよう。

(142)　靴底で火は消えても、吸殻は消えない。

(142) の例において注目すべきは、前件と後件とでは、実際の言及内容が異

なっている点である。いずれも変化を表すということにおいては確かに並行しているが、しかし、この変化というものの実態を見ると、前件では、火を消すこと、すなわち「消火」を表すのに対して、後件では物の存在を消すこと、すなわち「消滅」を表しているのである。この一見些細にも見える事実は、日本語の本質的な側面を示唆している。

　ここで問題提起したい点は、こうした意味的な相違はどのような言語的要素によって表れるのであろうか、ということである。本研究では基本的に、このような意味的な相違は名詞に動機づけられているものと考えている。具体的には「火」が持つ「事」としての特徴と、「吸殻」が持つ「具体物」としての特徴を捉えておかない限り、(142)の意味を適切に記述することはできない。なぜなら、単に「Xガ消える」というスキーマのみからはこの二つの文に見られる相違は予測できないからである。このように考えた場合、日本語に対する具体的な構文現象の記述のために、構文文法が仮定するような純然たる「形式」というものを決定することが可能かという別の問題が浮上する。少なくとも意味との対応関係を考えた場合、仮に純然たる「形式」が決定できたとしても、それが日本語の構文現象の具体的な記述として果たして有効だろうかという疑問がある。この点に関して、本研究がこれまで扱ってきた「XガYニVする」パターンで言えば、このパターンが表す意味の実態はほとんど空の状態、すなわち単なる容器性を持った抽象的構造物以上のものではないと考えている。よって、この「形式」を用いて、日本語の構文現象に具体的な記述を与えることは実質的ではない。これと全く同じ理由で、格助詞「ニ」や「ガ」の意味を求めることも、同じくらい実質的でないと考えられる。

　本研究では、これまでの事実を踏まえ、(136)および(137)を形式と意味の両方を取り込んだ「表現パターン」として捉える。そして、その表現パターンが表す意味は、認知事態に対応するものとして捉えなおすことを提案する。こうした立場に立つことで、初めて還元主義モデルに見られる限界を克服できると考えている。具体的には、第6章で考察した通り、全体の意味を要素に還元することで生じる様々な問題を回避しつつ、同時に日本語に

対する実質的で具体的な記述が可能になる。

8.4 構文文法への見直し―身体性への回帰

本研究では、従来、形式と意味の対応による線形的現象として位置づけてきた構文現象を表現パターンと事態認知の対応による非線形的現象として位置づけることを提案してきた。さて、こうした捉え方には、どのような利点があるのだろうか。こうしたアプローチが目指すさらなるゴールは、構文研究における身体性の問題に対する新たな問題提起をすることである。

2.3.3 節で示したように、構文文法は、理論的拡張の結果、様々なサブモデルを提案してきた。それによって、多くの言語現象に対する説明力を持つこととなり、言語理論としての深化を得ることができた。しかし、その一方で次の問題を派生させた。二点を指摘しておきたい。一点目は見かけ上の被覆率を追求したあまり、記述が抽象的になってしまっていること、二点目は、言語理論としての一貫性や求心力を失いつつあることである。一点目の問題点をもっともはっきりと示唆しているのが Goldberg (1995、1998) の研究であり、それを土台とする李 (2002a、2002b) や伊藤 (2005) などの研究である。これらの研究において共通しているのは、項構造の問題を捉えるために抽象化された形式のクラスを仮定し、それらが英語や日本語の項構造をエンコードしていると主張しているところである。しかし、彼らが行った考察の多くは、議論のロジックとして項構造をエンコードするのは動詞ではないため、形式クラスとしての構文と考えざるを得ない、という論法であり、形式クラスが項構造をエンコードしているということの直接的な証拠は示せていない。事実として、名詞が持つ貢献度に関しては、考察の射程に入っていないという問題がある。また、二点目の問題として、近年構文文法のシリーズ本が出るなどして、見かけ上の研究の生産性はかなり盛んであり、同時に様々なモデルとの統合による理論的拡張が行われつつある。実際、その中には、概念意味論モデルとの統合を目指すなどの研究もあり、そもそも理論的互換性の面で内的矛盾を引き起こしているものもある。こうした傾向が必然

的にもたらす弊害の一つとして、理論としての求心力を失うという問題がある。

　さて、以上で示した二点の問題に対して、本研究の調査分析は次のような方向性を示すものである。まず、一点目に挙げた問題に対して、(136)および(137)の表現パターンによる記述は次のことを意図している。それは、グラウンド化されたレベル、すなわち使用基盤モデルが重要視する下位レベルスキーマ(low-level schema)として構文を定義することである。このことの理論的意義は、構文を身体化された下位レベルに落として、特徴づけることにある。また、上述の二点目の問題提起である、求心力の欠如に関する問題に対しても新たな見通しを与えてくれる。というのは、認知言語学の成立においてもっとも重要視されてきた身体性の問題を構文記述においても実践し、貢献していくという態度は、構文文法の求心力を取り戻す一つの原動力になりえるからである。

　ゴールドバーグを中心とする従来の構文文法では、構文を抽象的・理論的存在物として特徴づける手法をとったのに対して、本研究は、より身体化された下位レベルに落とし、特徴づけることの重要性を示した。というのは、言語の本質として形式が定義困難である状況において、形式と意味のペアとして(抽象的レベルで)構文を定義する手法は、多くの言語事実を捨象することで可能となるアプローチであり、言語の身体性を軸に経験基盤主義の言語分析を目指す認知言語の立場にとっては、必ずしも健全な方向とは言えない。

　こうした問題点を解決するため、本研究は形式と意味の絶対的・先験的な相違を仮定せず、表現パターンと事態認知の対応として捉えなおすことを提案する。その具体的な記述法の一つとして、本研究では名詞の意味的貢献度を重視した構文モデルを提案する。こうした試みが意図する構文の新たな位置づけを認知事態との関連で示した場合、以下のように図示できる。

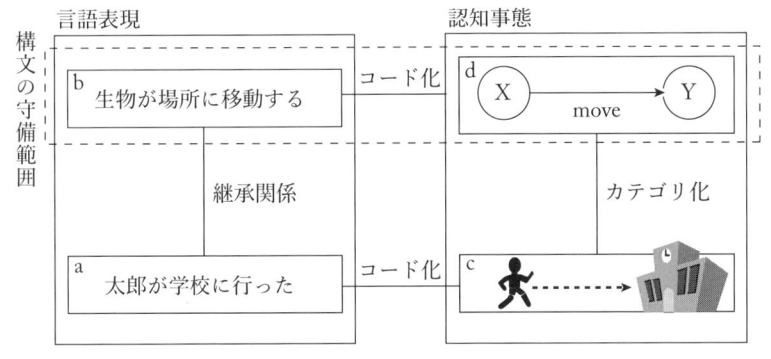

図 8-2　構文と認知事態の関係

　図 8-2 には、本研究が意図する構文の（研究プログラムとしての）理論的位置づけを概略的に示した。まず、a の実際の発話に対して、b の表現パターンが対応している。そして、b は、経験世界における経験の理想化されたスキーマ d と関係づけられる。なお、a と b の関係は、多くの単層文法において用いられている継承（inheritance）関係にあるものと考えられ、c と d は経験世界におけるカテゴリー化の関係にあるものと位置づけられる。また、構文文法の記述的射程は b による d のコード化に対する諸現象を記述することであると位置づけられる。というのは、筆者が理解する限り、構文文法が進むべきもっとも健全な方向は（従来のシンタクティックなアプローチに対して）意味論や語用論を取り込んだ文文法のモデルを構築することであり、この点を考慮した場合、構文文法において重要なのは、b と d の関係に対する精緻化が望まれると言えよう。

8.5　関連分野の知見との統合

　本研究が提案する構文記述の枠組みは、従来の自然言語処理（Natural Language Processing）の分野をはじめ、近年、認知科学を中心に盛んに行われつつある、文処理研究の研究成果とも互換性の高い分析モデルである。また応用研究として、第二言語習得の事実を説明する上でも非常に有効なモデルと言える。

とりわけ自然言語処理の研究との関連で見た場合、「日本語語彙大系 CD-ROM 版」や「IPAL 辞書」などが行ってきた語義記述の方法と共通している点を挙げることができる。

(143) a. 属性変化（状態 受身不可）N1 が 消える N1 go out
　　　　［N1（903 灯火 970 通信機器 2060 火事 2310 火 2335 電気 2345 光）］
　　 b. 属性変化（状態 受身不可）N1 が 消える N1 wear away
　　　　［N1（1062 言語 1109 文書）］
　　 c. 27 消滅・破壊（状態 受身不可）N1 が 消える N1 melt away
　　　　［N1 (*) N2 (*)］
　　 d. 消滅・破壊（状態 受身不可）N1 が N2 から／より 消える N1 disappear from N2
　　　　［N1 (*) N2 (*)］
　　 e. 20 属性変化（状態 受身不可）N1 は 火が 消える（ようだ）N1 be still as death
　　　　［N1（388 場所 2610 場）］

(143)では池原（他）（編）(1999)が開発した「日本語語彙大系 CD-ROM 版」による「消える」の記述例を示した。(143a)で言えば、「N1 が消える」というパターンが全体として「属性変化」を表し、N1 に共起しうる名詞の特徴として、「灯火、通信機器、火事、火、電気、光」などが来るということを示している。この点においては、動詞の意味記述を共起名詞の意味情報を取り入れながら記述しており、名詞の貢献度に対する重要性が十分に認識された言語資源である。「IPAL 辞書」などにおいても同様のことが言える。というわけで、(143)で示した記述方法は、本研究が提案する構文モデルと類似点が多い。ただ、こうした名詞の意味的特徴の重要性に関して、「日本語語彙大系 CD-ROM 版」でも、「IPAL 辞書」にしても、記述こそしているものの、実証的な考察に基づくものではないという問題点がある。この点

に関連し、本研究は名詞の意味的特徴が文の意味決定に関わる重要度を様々な角度から考察しており、「日本語語彙大系 CD-ROM 版」や「IPAL 辞書」の記述に対する理論的補強を行っているものとして評価することもできる。しかし、「日本語語彙大系 CD-ROM 版」や「IPAL 辞書」では、動詞自体の意味的特徴として記述しているのに対して、本研究の分析モデルでは、構文レベルで名詞の意味的特徴を踏まえた定義が必要であることを示している点で異なる。とは言うものの、本研究の構文モデルはこれらの成果を否定するものではなく、図 7-9 のようなスキーマとインスタンス間の継承関係として捉えることもできる。

次に、本研究が示す構文モデルの汎用性を示す研究として、李（2004c、2004d）、李・井佐原（2006b）がある。これらの研究では、コーパス分析の観点から助詞「に」の習得に関する問題を考察しているが、名詞の意味的特徴が助詞の分布を捉える上で重要であることを示した。同様の研究として野田・迫田（他）（2001）では、日本語学習者の中間言語を綿密に観察した結果として、助詞の選択に名詞の抽象性や具体性の問題が深く関わっていることを明らかにしており、本研究の主張とも同様の方向性が見られる。

以上で示した通り、本研究の分析モデルは、理論的意義を有するほかにも言語に関わる様々な分野の問題意識やその知見を取り入れつつ、統合していくものと位置づけられよう。

8.6 使用基盤の構文研究の一般的展望

本研究では、冒頭部の問題提起の中で、これまでの言語の研究プログラムの問題点として、理論化や一般化を重視したあまり、言語の実態に対する具体的な記述からかけ離れてしまったことの問題点を指摘した。また方法論レベルの問題として、生成文法で代表される従来の形式主義的構文研究では、分析者による作例が過度に重視されてきたこと、さらにはその作例を元に心的実在性が不明確な理論的装置が作られたことの問題点を指摘した。

本研究がこれまでに行った考察の結果は、冒頭部に示した問題提起を強く

後押しするものになっている。具体的には二点が考えられる。一点目として、構文の意味的振舞い、さらにはその使用を考えてみた場合、動詞という単一の要素ですべての現象を予測し、具体的に記述することは困難であること。二点目として、言語の使用実態を忠実に捉えた場合、そこには確率論的に推定される緩やかな制約が存在するのみであって、これまでの理論言語学が重視してきたような絶対的な制約、すなわち一切の反例も許さないような強い制約が存在するという考え方は、言語の実態に合っていないことである。この種の問題意識は事実上、認知言語学が提唱してきた言語のプロトタイプモデルの考え方とも重なる部分が多い。

　使用基盤の構文研究が望むパラダイムシフトの一つとしては、分析者ベースの言語研究から、認知主体、さらには言語使用者の観点から言語研究を行うことである。こうした見方の重要性・必要性を示すもっとも有力な実践策として考えられるのが、コーパス分析である。生成文法では、言語の実態を捉える枠組みとして言語能力(言語を生み出す能力)と実際の言語使用を二分論的に捉え、言語能力の解明こそが言語研究の本質であると主張している。また、記述説明の対象として人間言語の普遍的特徴を捉えることの必要性を強調してきた。こうした二つの方向性は、必然的な流れとして合理主義的言語研究のモデルとして生成文法の位置づけを確立させた。しかし、コーパスを利用した言語研究、概してコーパス言語学では言語運用や個別言語の記述の重要性を強調しつつ、徹底した経験事実に基づいて、新たな発見に結びつけていく。この点において、コーパス分析は言語研究の単なる手法の域を超え、従来の言語研究では認識されてこなかった問題や現象を発掘し、解明していく新たな言語研究のパラダイムとして確立しつつある(Tognini-Bonelli 2001)。さらに、近年の方向としては、言語的単位(単語や形態素や文など)を客観的に切り出す理論的装置と見なす視点も定着されつつある(Huston and Francis 1999)。

　こうしたコーパス言語学の進化に対して、認知言語学の現状はどうだろうか。結論的に言うと、認知言語学では、言語使用の問題を重視すべきとは言うものの、現状として多くの先行研究では、依然として作例に基づく理論的

研究が多く、コーパス分析に対しては積極的とは言えない状況下にある。例えば、認知意味論の創始者の一人であるレイコフなどは、コーパスには意味情報が書かれていないことを理由にコーパス利用に関してかなり否定的な見解を示している。さらに、使用基盤モデルの提唱者であるラネカーの一連の研究においても、コーパス分析的方法論については言及されたこともなければ、実践されていない。この意味において、ラネカーにおける一連の使用基盤による研究が真にボトムアップ的アプローチになっているのかどうかは、必ずしも明確ではないように思う。実際、バイビー（J. Bybee）の研究を除く多くの認知言語学的研究においてコーパス分析に対しては、消極的な態度が取られている現状があり、その最大の理由は次のように考えることができる。それは、意味分析におけるコーパス利用の明示的な方法論が確立されていないことである。英語を中心とするこれまでのコーパス言語学の流れを見た場合、その多くは共起語を数えることで、語や句の使用実態を記述していくというものであるが、意味の複雑な交差関係を定量的に扱おうとする研究は世界的にもあまり多くない。

　こうした現状に対して、本研究が提案するコーディングと多変量解析による探索的な意味分析は、複数の変量の交差を統制しながら扱うことができるので、意味論研究におけるコーパス分析の方法論の一つになりえると考えられる。分析者が重要と考える変数を用いて、実際のサンプル文をコーディングし、その変数が実際の文の意味形成にどの程度貢献しているかを、複数の条件づけをすることで結果を比較しながら調査分析を行うことができる。さらに、同じデータを異なる方法で解析することで、結果の一般性を検討することができる。以上の点において、本研究が提案する分析モデルとその方法論は、主観的解釈でゆれることが多い構文研究・意味研究に対して、統計的手法を取り入れることで、言語の科学的研究プログラムとしての新たなパラダイムシフトを促すものと位置づけることができる。

8.7 まとめ

　本章では、これまで行ってきた実験的方法論に基づく構文研究を理論的研究につなげていくための第一歩として、「具体的な構文の定義」が持つ意義について考察した。とりわけ、構文を表現パターンと認知事態のシンボリックな対応物であると位置づけることで総合的な解決を図った。同時に、こうした見方は、身体性を中心に言語現象の見直しを推し進めてきた認知言語学の理論的パラダイムとも高い整合性を持つことを指摘した。

第9章　結語

9.1　本研究の意義

　本研究では、これまでの考察を通じて、先行研究の問題点として、次の点を指摘した。それは、文意に関わる現象は本質的に非線形的な性質を持つものであり、動詞意味論を中心とする従来の研究モデルでは、表現の多様性が正しく記述できていない。このような問題点を踏まえ、本研究では、代替案として意味クラスレベルで定義された名詞と格パターンのゲシュタルト的「表現パターン」を個々の認知事態に関連づける構文モデルを提案した。また分析の方法に関しても作例基盤の方法ではなく、コーパスから収集した生の言語データを実験的方法で分析するモデルを提案し、本研究の構文モデルの妥当性を示した。

　本研究の構文モデルは、記述面においては、動詞偏重の研究モデルに対して見直しをせまるものであると同時に、方法論面においては、分析者の内省に基づく分析が多い認知言語学に対しても見直しをせまるものである。

9.2　今後に向けて―残された課題

　本研究の残された具体的な課題として、三点が挙げられる。一点目は、主張に対する現象の一般性が確保されていない問題、二点目は、用いられたデータの代表性 (representativeness) が十分に確保されていない問題、三点目は、名詞の意味に関する規定が静的なものになっている問題である。一点目

の問題については、本研究の基本的主張として、構文の意味を捉える上で、名詞の意味クラスがもたらす情報が重要であることを指摘した。ただ、その論証として用いていたもののほとんどが、「X ガ Y ニ」パターンに限られていたことは本研究の最大の盲点になりえる。例えば、「X ガ Y ヘ」になった場合はどうかという問題や「X ガ Y から」になった場合はどうか、さらには、「X ガ Y カラ Z ヲ」のように項が増えた場合はどうかといった問題に対しては明示的なデータを示していない。これに関しては李・井佐原 (2006c) や中本・李・黒田 (2006a) である程度の見通しを得ており、他の構文パターンに関しても本研究と矛盾しない結果を得ている。このことを踏まえ、今後は別の構文パターンに関しても同様の調査を行うことで、現象レベルの一般性をさらに確保していく必要がある。

　二点目に、データの代表性が十分に確保されていない。本研究のデータ収集は、小規模で均衡でないコーパスを用いて行ってきた。そのため、代表性の問題は必ずしも十分に配慮されていない。本研究では、質の面で代表性の要請を満たすべく、複数のコーパスを使ってはいるものの、絶対量として小さい規模のテキストデータであったため、今後、別の形で検証を行う必要がある。その一つの可能性として考えられるのが、国立国語研究所によって推し進められ、2011 年に完成予定の「現代書き言葉均衡コーパス」を利用し、再調査を行うことである。

　三点目の問題について、本研究における名詞の意味記述の方法は、主として「日本語語彙大系 CD-ROM 版」のようなシソーラスを基盤とする名詞の内在的な意味から構文現象を捉えてきた。しかし、名詞の意味をめぐる問題はそう単純ではない。具体的には李・黒田・井佐原 (2005) が指摘する (144) から考えてみよう。

(144) a. この本はつまらない。
　　　b. その本は遅かった。
　　　c. この本は高い。
　　　d. この本は汚い。

(144)におけるすべての「本」は「日本語語彙大系」の記述に従った場合、「具体物→無生物→人工物→道具→文具→出版物」という階層において位置づけられている。つまり、「本」という名詞は、その物理的実体性において、具体物の中でも無生物に属し、無生物の中でも人工物、さらに人工物の中でも道具、道具の中でも文具で出版物といった属性を帯びる。しかし、問題は(144)の意味理解はこうしたシソーラス的知識には還元できない側面がある。なぜなら「本」という語の概念化における帰属先としての意味役割は必ずしも一様ではないからである。個々の文脈が想起させる「本」の実際の言及対象は以下のように考えられる。

(145)a. この本の {内容／中身／ストーリー構成} はつまらない。
  b. その本の {刊行／発売開始／配布} は遅かった。
  c. この本の {値段／価値／評価} は高い。
  d. この本の {装丁／紙質／表紙} は汚い。

(144a)における本は(145a)が示すように本の内容や中身について言及している。同じことが(145b)から(145d)においても言えよう。その論証として(146)を挙げることができる。

(146)a. この本の {*刊行／*発売開始／??値段／?評価／??装丁／??紙質} はつまらない。
  b. その本の {??内容／?ストーリー構成／*値段／??評価／??装丁／*紙質} は遅かった。
  c. この本の {??内容／*刊行／*発売開始／?装丁／*紙質} は高い。
  d. この本の {?ストーリ構成／#内容／*刊行／*発売開始／??値段／?評価} は汚い。

李・黒田・井佐原(2005)の指摘を、本研究に取り入れるための明確な方針は今のところない。というのも、(144)や(145)に示した事実を客観的に記

述することが非常に難しいからである。本研究では、判断の明示性を優先し、シソーラスを使った静的な記述に留まっていることは一長一短あるが、将来的には何らかの形で再考察したい。

　本研究が行った考察は、日本語の構文に見られる意味的複雑さの実態の一端を示したものである。ということは、本研究の考察は、問題を解決した部分より、問題が存在することを示し、その解決のための方法論の一部を示したものであると位置づけられる。

Appendices

資料1 消える文の共起テスト結果

文	XがYに入った	XがYに変わった	XがYによって(い)なくなった
患者が診察室に消えた	1.0	0.0	0.0
エルフの船が光の中に消え、	1.0	0.0	0.0
ゆうは闇に消えた	1.0	0.0	0.0
ヒュウガが地割れに消えた	0.5	0.0	1.0
ヒュウガがビルの中に消えた	1.0	0.0	0.0
この火が雨脚に消えた	0.0	0.0	1.0
生活費が飲み代に消えた	0.0	1.0	1.0
決勝点が幻に消えた	0.0	1.0	0.0
思いが宙に消えた	0.0	0.5	0.0
長崎市長候補者が凶弾に消えたこと	0.0	0.0	1.0
その巨体が茂みに消えてしまった	1.0	0.0	0.5
キャリーが人ごみに消えた	1.0	0.0	0.5
オレンジジュース2,3杯が胃袋に消えました	1.0	0.0	0.0
ボーナスは給料の半月分が餞別に消えた	0.5	1.0	1.0
太陽が山並みに消え夕闇が迫って来た	0.5	0.0	0.5
可愛らしいウェイトレスに導かれ、二組が店内に消えた	1.0	0.0	0.0
富士山が春霞に消えてしまった	0.5	0.0	0.5
賃金が衣食住に消えてしまう	0.0	0.0	1.0
お給料の半分がローン返済に消え、毎月ほとんどが赤字続きです	0.5	0.5	1.0

資料2　評定結果

文	潜在的動作主	Xは動作主	Xは被動作主	Yは行為の対象	Yは空間	Yは相手	Yは出来事	移動	変化	行為(働きかけ)	存在
うその情報が広い地域に流れた	3	0	3	0	4	0.5	0	4	1	0.5	0.5
お皿が真二つに割れる	2	0	3	0	0	0	0.5	0.5	4	0	0.5
お湯が床を流れる	0	2.5	0	0	3	0.5	0	4	0.5	0	0.5
ごみが下水道に詰まった	0	2.5	0	0	4	0	0	2	1.5	0.5	1.5
ジーンズの色が白いワイシャツに移ってしまった	0	2	0	1.5	3	1	0	3	4	0.5	0.5
しゃれた店が町の一画に集まっている	0.5	0.5	0.5	0	4	0	0	0.5	0	0	2.5
その行為は法に触れる	1.5	1	1	1	0	0	0	0	0	0	0
ふとんは押入れの中に入っている	2	0	2	0	4	0	0	1.5	0	0	3.5
ボールが窓に当たる	2	0.5	2	2	2	1	0	3.5	0.5	2	0.5
委員たちはすぐに行動に移った	0	4	0	1	0	0	4	1	3.5	1	0
委員会が調停に入った	0	4	0	2	0	0	4	1	3.5	2	0
委員会で祇園が三つの派に割れて争った	1	3	1	0	1	0	0.5	0	4	1	0
何千万という金が金庫に詰まっている	2	0	2	0	4	0	0	0.5	0.5	0	3.5
汗が額に流れた	0	2	0	0	3	0	0	3.5	1	0	2
議論が抽象論に流れた	3.5	1	2.5	0	1	0	1.5	1.5	4	0	0
客が家に上がった	0	4	0	0	4	0	0	4	0	0	1
休日が5月に固まっている	0.5	1.5	0.5	0	2	0	0.5	0	0	0	2
計画が難問にぶつかる	2	1.5	0.5	1	1	0.5	0.5	1	2	0	0
作品が本にまとまる	4	0	3	1	0.5	0.5	0	0.5	4	1	0.5
私は勇気をもって困難にぶつかっていくつもりだ	0	4	0	4	0	1	2.5	1	0.5	4	0
社長は返済の金に詰まった	0	2	0	0	0.5	0.5	0	1	0	0	0
車が電柱にぶつかる	3	2	2	3	1.5	3.5	0	3.5	1	2	0
従業員がストライキに入る	0	4	0	1	1	0	4	1	3.5	0.5	0

文	潜在的動作主	Xは動作主	Xは被動作主	Yは行為の対象	Yは空間	Yは相手	Yは出来事	移動	変化	行為(働きかけ)	存在
消防隊員が消火に当たる	0	4	0	1	0	0	4	1	0	4	0
真由美が鏡に向かっている	0	4	0	2	2	0	0	1.5	0	1	0.5
神戸は海に向かって開けた町である	0	0.5	0	0	2.5	1	0	0	0	0	2
身の回り品が部屋の隅にまとまった	4	0	3.5	0	4	0	0	3	1.5	0	2
世間の関心が事件の成り行きに集まった	2	1	1	2	1	0	2.5	1	1	1	0.5
成績が上位に上がった	3.5	0	2.5	0	1	0	1	1	4	0.5	0
生徒が校庭に集まった	0	4	0	0	4	0	0	4	0	0	3
生徒たちが部屋の隅っこに固まった	0	4	0	0	4	0	0	4	1	0	3
選手がゴールに向かって全速力で走った	0	4	0	0	2	0	0	4	0	0	0
息子が大学に入った	0	3.5	0	0	2	0	0	1.5	3.5	0	0
珍しい壺が裕子の目に触れる	1.5	0	2	0	2	1	0	0	0	1	0
電車がホームに入る	3	3	1.5	0	3.5	0	0	4	0	0	2
猫が屋根に上がった	0	4	0	0	3.5	0	0	4	0	0	1
髪の毛が目に当たる	0	0.5	0	1.5	2	0	0	1.5	0	1.5	0.5
彼女は私の叔母に当たる	0	1	0	0	0	1	0	0	0	0	1
夫の気持ちが別の女に移っていた	2	1	1.5	2	1.5	3.5	0	2	3.5	0.5	0.5
父が過労に倒れる	0	3	0.5	0	0	0	3	0	3	0	0
父の病気が快方に向かった	0	1.5	0	0	1	0	1	0	4	0	0
風邪が子供にうつった	0.5	1.5	0.5	0	1	3	0	3	1	0.5	0
本社が東京に移る	3.5	1	3	0	3.5	0	0	4	2.5	0	2.5
本棚が床に倒れる	0	1.5	1	0.5	2.5	0	0	2.5	2.5	0.5	1
娘は今年短大に上がった	0	3.5	0	0	2	0	1	1.5	3.5	0	0
隣の男の肩が洋子の肩に触れる	2	0.5	0	3	2	2.5	0	2	0	1.5	0

資料3　実験文

実験1のデータ：寺村リストにある高一致例
1. 初めての女性名前の台風[が]本土[に]上がった日だった。颱風に名前がつけられていることが、
2. 対空射撃をやっているのが見えたが、やがて上空直衛の零戦[が]これ[に]追いすがった。これは結構な観物といえた。
3. 海軍であり、これを以て米国を制することは不可能としても、アメリカの艦隊[が]西太平洋[に]進攻して来た場合日本がこれと互角の戦いをするに要する最少限の
4. しかし、すぐと雀の群れ[が]屋根[に]舞いおり、忙しくちちと鳴いて、やがて元ノ原の方角に飛び去っていった
5. 彼の立ったところは小さい川[が]海[に]流れ込んでいる川口であった。潮が引いていたので川には水が
6. 前に、まるで大きな鳥が翼を羽ばたかせたように、森のズボン[が]空中[に]舞い上り、続いて水音、飛沫、そしてがくんと揺れた舟の上に、森の
7. 運のわるいことに、どじょうは作者[が]穴[に]もぐりこみたいほどの駄作であった。一座がどっと笑った。
8. もう着きますよ。どすんと和船[が]砂[に]乗り上げた音がした。
9. 蛆[が]水[に]流れ出し、屍体から二、三尺離れた草の根にかたまって、もがいていた。
10. 中はもう薄暗かった。僕[が]席[に]就くか就かないうちに、ピアノの澄んだ音色がきらびやかにステージから降って来
11. それを履いて飛ぶと、飛ぶひとの姿は消えて、杳だけ[が]宙[に]ひるがえり、地上からはあたかも二羽の燕が舞って行くとしか見えない。馬車
12. この記事に対する反響は、ともかく大きなものがあった。投書[が]朝日[に]殺到した。甚だしからん事のように言って来るのは、比較的若い層
13. それはぼくの肺に達し、君、空気[が]肺[に]満遍なく行きわたってゆくことがぼくにははっきりと理解できるのだ……」
14. まばたきをせぬまでになっていた。不意に火の粉[が]目[に]飛入ろうとも、目の前に突然灰神楽が立とうとも、
15. 昨晩、僕が眠った後、広島から大勢の怪我人[が]ここ[に]辿りついて来たらしい。昨日の夜の工場長の発表で、工員たちの
16. いきいきと輝やいているように見えた。六月にはすでに米軍[が]サイパン[に]上陸し、連合軍はノルマンジーの野を馳駆していた。
17. 蟹沢の出はずれで、当世風の紳士を乗せた一台の人力車[が]丑松[に]追付いた。見れば天長節の朝、式場で演説した高柳利三郎。
18. で、乗組員たちは、大型爆弾かと錯覚した。が、それ[が]海面[に]着水すると、雷跡をひいて一斉に走ってくる。
19. な城がすべって行く。それは、一つの生き物だった。尾部[が]海面[に]突っ込むと、はげしい水飛沫が上った。
20. 皮にやせ衰え、その前二、三日は声も立てず、大きな蟻[が]顔[に]はいのぼっても払いおとすこともせず、ただ夜の、蛍の光を眼
21. 威儀を正して整列しているのだ。これから衆議院議員の院長先生[が]宮中[に]参内するのを見送るというわけなのだ。

22. 病みてあれば心も弱るらむ！さまざまの泣きたきこと[が]胸[に]あつまる。寝つつ読む本の重さにつかれたる手を休めては、
23. 人は豚舎の裏につき、どぶいたを中においてメリケンとやっぱ[が]左右[に]別れた。「プロレスみたいなことをやっている」大塚が言った。
24. を縒っているのは、片目の老処女で、私の所で女中[が]宿[に]下がった日には、それが手伝に来てくれるのであった。
25. 見る目には保養この上も無き景色なりき、二人[が]桜ヶ岡[に]昇りて今の桜雲台が傍近く来し時、向ふより五六輛の車
26. が明らかなった時は報告せよ、将来オランダの船でローマ教のキリシタン[が]日本[に]渡ることがあり、これを奉行に報告しなかったことが判れば、
27. で総員整列訓練をおこなわせていた。海上を走ってきた内火艇[が]武蔵[に]近寄り、数名の士官たちが舷梯を上ると足早に艦内に消えた。
28. 中を見すかされたと思って目をそらすものもあった。小林先生[が]分教場[に]かよいだしたころの生徒は、わざと一列横隊になっておじぎをしたり、
29. 出費など比較にならない不運が、またもまとわりついてきた。その船[が]インド[に]寄港した時、英国の官憲により積荷を押えられてしまったのである。
30. にもってかえり、戸棚の奥に投げこんでしまった。それにしても、包[が]ここ[に]もどって来るまでにはどういう経路をたどったのだろう。
31. と言った。時計は七時四十五分でとまっていた。飛行機[が]ジャングル[に]突入する前の、はっきり機上での戦死であった。
32. を撫でながら、じっと眺めていました。すると、一人の若い兵隊[が]そば[に]にじりよって、自分が食べ残した肉をやって、「おーい、水島」といい
33. 長いのだ。それがやっと動きだすころには、こちら側の横須賀線の電車[が]ホーム[に]すべりこんでくるというわけである。
34. 中野どまりで、零時三十三分発が三鷹どまりだった。いまから職員[が]駅[に]かけつけても、もちろんこれらの電車に間にあうはずがなかった。
35. なくなってしまった。「いい娘さんだね。―」およね[が]下[に]おりると、父親は首をふりながら感心していた。
36. いい。」ガラッと、から紙があいたと思うと、次野[が]玄関[に]飛び出してきた。吾一はあわてて戸ぶくろのかげに隠れようと
37. たと挨拶し、今晩から明朝にかけて島根県の部隊と暁部隊の一部[が]広島[に]到着すると通告した。これをきっかけに柴田助役や市の幹部たちは、
38. こんなさばさばした気持は初めてだぞ」超満員の電車[が]構内[に]進入してき、人波がどっと移動し、まだなにかわめいている中年男の声
39. ばしの道楽者ができあがっていた。その後、年をへて、一栄[が]江戸[に]舞いもどって来たときには、父はとうに死んで、家は姉賀の
40. のことではないか？如何？」言葉半ばにして衛律[が]座[に]還ってきた。二人は口を噤んだ。
41. 、と言っている。このところ三度も続けて、書画好きらしい泥棒[が]書斎[に]這入り、軸物か額を持ち出していたからである。
42. どうか少時の間、御退屈でも御聞き下さい。わたしが鬼界[が]島[に]渡ったのは、治承三年五月の末、或曇った午過ぎです。
43. 支那から山口が、ほら看護人でいたでしょうが、あの山口[が]内地[に]帰還してやって

きましたが、支那じゃあ日本軍はずいぶんひどいことも
44. に練り上げられていたものに相違あるまい。その証拠には、わたし[が]門内[に]踏み入るやいなや、あの眼の光は早くも遠くからわたしの額に焼きつきはじめた
45. と受け止められていると、佐倉の方はあせりが出て来る。それ[が]エラー[に]直結した。三対二で加藤は佐倉に勝った。
46. の目に美しく見えだしたのである。美の不毛の不感の性質[が]それ[に]賦与されて、乳房は私の目の前にありながら、徐々にそれ自体の
47. 五万円は、これはそっくり陽子の手にわたした。そのことを伝吉[が]ひと[に]はなすときにはこういう調子であった。
48. はさして相手の言葉に重きをおきもせずに言った。「精神病[が]みんな[に]感染るっていうの？」「感染りはしませんがね」と米国はしばし
49. 、びくとも母はうごかなかった。焼夷弾か、あるいは小型爆弾のちいさな破片[が]胸[に]くいこんだので、私はじかにはみなかったけど、
50. 肉を削り取ったので、共済病院へ行った。その瓦は、まるで誰か[が]空[に]放りあげたボール紙のように、宙を切りながら向うの方から飛んで来て
51. それきり私は、彼女と口をききませんでした。私は彼女[が]熊谷[に]通牒したりすることを恐れて、書簡箋、封筒、インキ、鉛筆、万年筆、郵便
52. を出したのだということであった。またある時、武井[が]山本[に]贈った歌に、「光直射す時は来向ふ」とあるのを見
53. それなら角さんに怒ればいいのに、と私は考えた。しかし医学生[が]汐見[に]怒鳴ったのには、やはりそれ相応の理由があった筈だ。
54. 」うがいをして、カルテをのぞきこんでみると、前日、あたし[が]受付[に]登録した偽の名前がちゃんと書きこんであります。
55. ばかりの歌ではない。いまきこえるあの竪琴の曲は、すべての人[が]心[に]ねがうふるさとの憩いをうたっている。
56. んで、陸男さんは声を嗄らしてしもうた。今度は、わし[が]専門[に]喚ぶ」僕はこの人たちと並んで逓信病院の方に向って歩いて
57. にとっても暑く永い夏であった。殊に海が重かった。ときとして海[が]全身[に]のしかかってきたこともあった。
58. 様に頼みました。私は彼のこれまで通って来た無言生活[が]彼[に]祟っているのだろうと信じたからです。
59. 雲へゆかないかぎり今日ももう日は見られない」にわかに重い疲れ[が]彼[に]凭りかかる。知らない町の知らない町角で、堯の心はもう再び
60. 黙っていた。書記は義肢をがちがち鳴らして坐りこむと上衣から黒人兵[が]彼[に]献じたパイプを取り出し、彼の煙草をつめた。
61. 女として不幸な境遇に居る者として考えていた。そして僕は自分[が]富[に]交渉して行くのは幸福な者が不幸な者を救おうとしている
62. ちゃん、」と、葉子は息切れしながら、ちょうど恐ろしいものを逃れた子供[が]母親[に]縋りつくみたいに、駒子の肩を掴んで、「早く帰って、様子が
63. たのであった。妹背家での別れの宴では親しい客たち[が]口々[に]褒めそやしたものであったのに、この家では誰にも見事だとも美しい
64. のに、黒羽二重の紋付と云う異様な出立をした長田秋濤君[が]床柱[に]倚り掛かって、下太りの血色の好い顔をして、自分の前に

65. ことを躊躇した。横に三畳の畳を隔てて、花房[が]敷居[に]踏み掛けた足の撞突が、波動を病人の体に及ぼして、微細な
66. 竣工までには、おそらく三千名、四千名という所員[が]それ[に]取組むことになりますが、機密保持の方法については、どのように考えますか
67. 上京した反町栄一に、彼は芝の水交社で、「僕[が]海軍[に]奉職して、今年で三十六年になった。
68. をむずかしく考え過ぎているように思われるね。其処だよ、僕[が]君[に]忠告したいと思うことは。だって君、そうじゃ無いか。
69. 殺された。百年ばかり以前のこの事件に就いて一人の弟子[が]孔子[に]尋ねたことがある。
70. 私に与えられた難問は美だけである筈だった。しかし戦争[が]私[に]作用して、暗黒の思想を抱かせたなどと思うまい。
71. をめくらにすると、彼は、物憂い顔つきで、地図を出し、彼[が]足下[に]記した一条の基線の延長の霧の中に目標を求めた。
72. ここまで取りに来なければ十円近くの金は、私[が]帳場[に]立て替えなければならないし、転んでも只では起きないカフェーのからくりを考える
73. 山本[が]辻[に]約束したという、この「大和」ガダルカナル乗りつけの強行作戦は、結局実行さ
74. 快適に思われたこのうすっぺらな本をひらいた。寐惚先生[が]銅脈先生[に]応酬する五言古詩ぶりの戯詠に、「慕春十日書。卯月五日
75. 「馬にまたがり、気をつけいっ。」みんな[が]馬[に]またがれば、まもなくそこらはしんとして、たった二疋の遅れた馬が、鼻
76. の製図工というふうな中傷と侮蔑に満ちた言葉を登山家の一部[が]彼[に]投げつけていることに対するレジスタンスがこういう、窮屈きわまる格好となって表面に出たの
77. そうして思い返してみると、今さらのようにこの仕事[が]彼[に]課した重荷と圧迫、そういってよければひそやかな陶酔とよろこび、─その
78. や向うのお浜等まで彼是噂をする。これを聞いてか嫂[が]母[に]注意したらしく、或日母は常になくむずかしい顔をして、
79. 「誰だい、その花子さんというのは」加藤の父[が]話[に]割り込んだ。「そら、網元の清さんとこの娘の花子さん……」」
80. いまは課長と技師の間柄であったが、影村[が]加藤[に]浴びせかけて来る眼は、十年前の眼といささかも違ってはいなかった
81. の心をかすめたのはこの時である。しかし次の瞬間、それ[が]私[に]課するものを考え、私は自分の心を疑った。
82. 「何をそんなに見ていらっしゃるの?」ベッドから病人[が]私[に]問うた。「こんな雨の中で、さっきから花を採っている看護婦
83. にひしめくいっさいのエネルギーの気配を知らずに演技をつづけるのだ。局長[が]彼[に]命じたのはこの部屋の扉を閉ざすことではなかったか。
84. 云うことに就いては、問題にしていないのでした。私[が]彼等[に]持ちかけた相談と云うのは、折角当人も学問が好きだと云うし、
85. も区別はないよ。素人が死者に対してお経を読むことは、素人[が]病人[に]投薬するのとは訳が違う。法規的にも違反は問われない。
86. 、底冷えのする二月の日の出来事、貞子に迫ったおのれのすがた[が]そこ[に]浮み出

た。そのおり貞子の手で突かれた歯の痛みが、
87. たのか。窓の日ざしが急に強くなり、ひとの飛ばす唾[が]ほこり[に]浮き立った。カーキ色がちらちらする。
88. が、建艦にたずさわった長崎造船所の或る技師が、その貴重な資料[が]永遠[に]消滅するのを惜しんで秘蔵しておいたものなのである。
89. 弁護士は、安坂さんの事故を運だと言ったが、まあ、きみ[が]横道[に]逸れてしまったのは、これもひとつの運だな。
90. 灌木ほどの高さに育ち、鉈状の房[が]褐色[に]熟れてはじけ、小さな黒い粒を露出させていた。
91. 容赦なく起訴すると、後藤閥の一掃どころか、逆に現在の総督府[が]混乱[に]おちいりかねない。賀来は退官したあと熱帯産業という会社の社長になり、久邇
92. 両手に巻いた繃帯にどす黒い斑点が見え、頬[が]紫色[に]腫れあがっていて誰だか分らない。ぼろぼろに破れたシャツの胸に、
93. うちにしたって、安吉の好意で住まわしてもらっているので、愛川[が]事業[に]失敗した時に、裏の貸し屋があいているから、よかったら、はいり
94. 皇太子継宮明仁親王が誕生したのである。しかしその翌年、周二[が]小学校[に]入学した年の昭和九年の正月早々、青山と松原双方の病院の賄い
95. むきのまま教室へみちびいた。はじめてじぶんにかえったようなゆとり[が]心[に]わいてきた。席におさまると、出席簿をもったまま教壇をおり、
96. 銀色の背、樺と白との腹、その鮮しい魚[が]茶色[に]焼け焦げて、ところまんだら味噌の能く付かないのも有った。
97. が、当のせきは却って気にも留めなかった。白鼠の岡蔵[が]中風[に]罹り、郷里へ帰ってからは賛次郎もいよいよ一本立ちで何事もやらねばなら
98. 時ちゃんを待ちながら、寺の庭を見ているとねむの花[が]桃色[に]咲いて、旅の田舎の思い出がふっと浮んできた。
99. で生活していて帰国した者を集めたクラスである。彼女ら[が]日本語[に]適応するようになると適当な学年に編入される。
100. はえたいの知れぬデキモノにおおわれ、そのウミの流れたの[が]烈日[に]乾きかたまって、つんと目鼻を突き刺すまでの悪臭を放っていて、臭いもの身知らず
101. 新しいもの好きのアメリカでは企業化もなされ、冷蔵庫[が]一般[に]普及しはじめていた。食品関係の生産、加工、販売の面で、
102. 噴出する愛宕と高雄の近くに爆雷投下をはじめた。白い泡沫の円[が]海面[に]盛り上り、つづいて海中の炸裂音が絶え間なくつづいた。
103. をした午前にうっとりとした。暫くして彼は、葉[が]褐色[に]枯れ落ちている屋根に、つるもどきの赤い実がつややかに露われている
104. これも変なふうに歪むと、障子がはじけるように外れ、家全体[が]斜め[に]つぶれた。叫び声、悲鳴があちこちであがるようである。
105. なるほど、こうして善太郎とわたしとならんだところを眺めては善作の眼[が]呪詛[に]燃え出すのも無理はないが、そもそも善作はあの粗い神経をもって一目でこの
106. た柱時計、それがこの部屋の附属物のすべてであった。藍子[が]寝巻[に]着かえて一つの蒲団にもぐりこんだとき、遥か青山墓地をへだてた三連隊の
107. 罷めて、見えぬ目でじっと前を見た。その時干した貝[が]水[に]ほとびるように、両方の目に潤いが出た。。

108. なく斬殺し、死体をそのまますてて行進をつづけた。彼らは犠牲者[が]他界[に]再生することのないよう、かならず首を切りおとした。
109. ひい爺さんが東京の人から貰いなさった手紙、文字[が]茶色[に]薄れています」「お前、いつそれを見た」
110. 兵達は急いで四散し、新しい死者と傷者[が]道端[に]増えた。夜になった。伍長は我々を導いて道をはずれ、
111. はこの次です。則ち論難者は、そのうち動物を食べないじゃ食料[が]半分[に]減ずるというこいつです。冗談じゃありませんぜ。
112. らかな、魂の包帯……あと一分おくれたら、全身の皮膚[が]べろべろ[に]腐って、はげ落ちてしまうだろう。
113. 昂奮していると注意してくれました。そうしてどんな場合に、善人[が]悪人[に]変化するのかと尋ねました。
114. 、ただ私の感謝を受取って貰いたいという事だけだ。お前たち[が]一人前[に]育ち上った時、私は死んでいるかも知れない。
115. の自宅から出勤しかけたところで被爆したのだそうだ。頬[が]灰色[に]変色して腫れあがり、しかし視力も聴覚も衰えていなかったとのことで
116. もらいたい。又そこに金閣が出現した。というよりは、乳房[が]金閣[に]変貌したのである。私は初秋の宿直の、台風の夜を思い出し
117. なり。水を流し、ドアのシンチュウをみがく。やりきれなくなって来る。手[が]紫色[に]はれあがって来る。泣いているディンプル・ハンド。女の子が鳩笛を吹いている。
118. の食料は動物と植物と約半々だ。そのうち動物を食べないじゃ食料[が]半分[に]減る。いかにもご尤なお考ではありますが大分乱暴な処もある様

実験2のデータ：寺村リストにない高一致例
1. か、所有されているのだと云おうか。それとも稀な均衡[が]そこ[に]生じて、私が金閣であり、金閣が私であるような状態が
2. 普請にかかっている建物があって、この秋にはシャレエふうの小屋[が]そこ[に]できあがるはずである。ひろい畑のまんなかに、秋のみのりの中に、その小屋
3. せた、しののめ縮緬の単衣の着物を着た花子の姿[が]プラットフォーム[に]浮び上った。加藤は足を止めた。花子と視線があった。加藤の顔
4. その日は宿直の当番として、丑松銀之助の二人[が]学校[に]居残ることに成った。尤も銀之助は拠ない用事が有ると言って出て行
5. の顔を見ると、今までに一度も見えなかった不思議な輝き[が]眼[に]宿っている。姦婦——そう云う気が、己はすぐにした。
6. まだわが隊がいるのをみて、ほっと安心しました。私[が]肩[に]とめていた青い鸚哥は、私がときどき独り言をいうのをきいて、それ
7. 内湯から出て来ると、ロシア女の物売り[が]玄関[に]腰かけていた。こんな田舎まで来るのだろうかと、
8. 吉はとぼとぼと台所の前を行きすぎた。廃墟のような煉瓦建築[が]行手[に]たちはだかっていたが、それは現在は物置代りに使っている、焼けおちた
9. 沼向うからでも来たらしい、いい着物を着た娘達[が]所々[に]かたまって場の開くのを待っていた。帰って来る途、鎮守神
10. 鈴木貫太郎の家を訪れたら、山本の言った通りラバウルでの寄せ書[が]神棚[に]上げて

11. 高がスタチストなのである。さて舞台に上らない時は、魚[が]水[に]住むように、傍観者が傍観者の境に安んじているのだから
12. そういう時、妻は殊に快活だった。或時、一番下の娘[が]病院[に]泊り、夜中に急に自家に帰るとあばれ出した時、妻が自動車で
13. それを繰返す度に何程の猜疑と恐怖とを抱いたろう。もし父[が]この世[に]生きながらえていたら、まあ気でも狂ったかのように自分の思想の変っ
14. しろいを塗ろうとして、水ばけを取りあげようとすると、まだ吾一[が]そこ[に]すわっているものだから、彼女はタカのような目をして、彼
15. その逆に、永遠が目ざめ、蘇り、その権利を主張した。金閣[が]そこ[に]未来永劫存在するということを語っている永遠。天から降って来て、
16. 風と共に流れ去っている。溝の手前の湿っぽい地面には杉苔や銭苔[が]ところどころ[に]密生し、溝の向側には疎穂状の薄赤い小花をつけた水引
17. 学んだことだけは事実だ……。「城のある街か。おまえ[が]小田原[に]すむんなら、俺も小田原でラーメン屋をひらけるといいなあ」「小田原でラーメン
18. 国内ばかりでなく、キニーネは外国にも輸出し、販売代理店[が]数カ国[に]できた。ある日、重役の安楽が星に言った。「いままでは
19. ている。そしてそれがだんだんはっきりして来るんですが、思いがけなくその男[が]そこ[に]見出したものは、ベッドの上に肆な裸体を投げ出している男女だったの
20. 「由よ。汝には、そういう小義の中にある見事さばかり[が]眼[に]付いて、それ以上は判らぬと見える。古の士は国に道あれば
21. のか、机の上には、寒菊が二輪活けてあり、それ[が]眼[に]滲みた。鮎太は八分通り残っている一升壜をその菊の横
22. だろうかといぶかりながら、便箋をひろげたとたんに汐見茂思という名前[が]眼[に]写った時には、急に手がふるえ出して便箋を手に持っている
23. 感じなかった。そういうときは、もっとも快調のときであり、いろいろのこと[が]頭[に]浮び上るときでもあった。考えながら歩いていられるのは、彼が泊るべき
24. 途端に、全く醜悪な画に見え出した。我慢がならぬ。結論[が]頭[に]閃く、あんまり拙い贋作だから引っかかったのだ、もっとよく出来た奴なら何の
25. 日常性というものがまるでなくなっていた。入学当初から、私[が]柏木[に]注目したのは、いわれのないことではない。彼の不具が私を
26. こそ出され、もち前の疳癪したに堪えがたく、智識の坊さま[が]目[に]御覧じたらば、炎につつまれて身は黒烟りに心は狂乱の折ふし
27. もっと劇的な、もっと痛烈なものがある筈だった。老師ともある人[が]それ[に]気づかぬことが、私をして老師を軽蔑させる又一つ大きな理由になっ
28. 別れる前の晩に不思議な夢を見たこと、妙に夫の身の上[が]気[に]懸ったこと、それを言って酷く叱られたことなぞを話した。かれこれを
29. うか）すると、なぜかキチジローの怯えた鼠のように小さな顔[が]心[に]思い浮んできました。長崎の代官所で踏絵に足をかけて逃げ去り
30. 燃えはじめた火に塩魚があぶられると、たまらなくうまそうな匂い[が]あたり[に]漂いだしました。「食べなっせ」歯をむきだし、私はあさましくその干し
31. ように貧相に滑稽に見えた。編隊の前後左右に高射砲の弾[が]野原[に]炸裂していた。
32. の伊藤達三と同道して艦政本部に出頭した。かれら[が]一室[に]待っていると、本部長

の上田宗重海軍中将が、第四部長、総務部長
33. を大きく振って又何か云おうとしましたが、今度も声[が]咽喉[に]つまって、まるで変な音になってしまい、とうとう又泣いてしまったのです
34. になる。ほかに部屋らしいものはないのだ。しかし、家のもの[が]奥[に]寝て、客に入口の部屋をあたえるというのも、ずいぶん変ったやり方だ
35. 」「ミニ・マックス！その言葉は君の発明かい」研究課長[が]横道[に]それてにわかに学者的な興味を抱いたらしいので俊介はハイボールに逃げることに
36. が、だしぬけにやってくるということは起らないだろうか。だが日本本土[が]危殆[に]瀕している現在、その期待はどう考えてみても実現される道理が
37. 眠りは浅くて、幻影に充ちており、眠っているあいだも頭脳[が]恐怖[に]慄えているようであった。幻のなかに、大学の図書館の閲覧室
38. 中に混って、私も何だか愁々として旅心を感じている。私[が]銀杏返し[に]結っているので、「どこからおいでました？」と尋ねるお婆さんもあれば
39. をうつしています。めずらしい形をした円屋根、鐘楼、尖塔など[が]空[に]そびえています。この空の色が、熱帯ですからじつに綺麗なのです
40. に差す。真赤なリボンの幾つかが燃える。娘の一人[が]口[に]銜えている丹波酸漿を膨らませて出して、泉の真中に投げた。
41. モルゲンロートとはいささか違っているように思われた。山全体[が]紅色[に]光り輝くというふうには見えなかった。薄絹は紅色からすぐ紫色にかわった。
42. 台湾の裁判が無罪となろうがかまわないし、新しくおこした背任容疑[が]裁判[に]てどってもかまわない。こんな巧妙な作戦になぜ早く気づかなかったのだろうと
43. 部屋のなかはまっ暗になった。ふいに夜の野の気配[が]室内[に]みなぎり、あちらこちらでけもののさわぐ物音が聞えた。いくつものやわらかい足が暗がり
44. しかし火傷を布で覆っている左の頬は拭けない。ねっとりと布[が]傷[に]貼りついているような気持である。傷を受けて以来、ちっとも痛みを感じ
45. 行って下さるわね。ありがとう加藤さん、うれしいわ」うれしいわの最後[が]尻上り[に]延びて、そして、それでも彼女は、加藤がまだうんともすんともいわないの
46. 報告しなければならなかった。報告書は麾下の陳歩楽という者[が]身[に]帯びて、単身都へ馳せるのである。選ばれた使者は、李陵に
47. それは糸杉の森のように水底から垂直にたっていた。日光[が]水[に]すきとおり、森の影は明るい水底の砂の斜面におちていた。たしかにこの
48. 投り出された襤褸布のように不規則な形をして、妻[が]掻巻[に]包まり、小さくなって転がっていた。彼は妻のこんな様子を見た
49. そしてやがて一個中隊ほどの蜒々たる行軍隊形になった。道[が]草原[に]露出しているところでは、列は道を外れて林に潜り、先で
50. 大人の恥辱にうちひしがれ、やぶれかぶれになって暴れ始め、そして村中[が]恥[に]青ざめた大人たちの暴動でみたされるだろう。誰が黒人兵に食物をやる
51. なさい」相手はすごすごと引退り、すっかり小気味よくなった藍子は、ブランコ[が]宙[に]舞うほど勢いよく力まかせに漕いだ。そのため彼女のスカートは風にめくれあがり、
52. になった「新生」を取り出して火をつけた。吐いた青い煙[が]宙[に]もつれる間、つぎの質問の用意を考えていた。「その電車は、たしかに
53. と矢代が訊いた。藤木の顔がさっと紅潮し、その身体[が]宙[に]踊り、僕が立ち上った

時にはもう桟橋の上でよろめいていた。石井
54. 壁の向側はどうなってるのだろうと考えると、この部屋[が]宙[に]吊るさっているような気がして来て、なにか不安定であった。しかし
55. 右の手と腹の呼吸ひとつで、竿をぱっと上げると、木片[が]宙[に]おどって、とたんに左の腕がそれを受けとめる。メジマグロを釣る練習なのだ。
56. に出た。家々の庇を長く張り出して、その端を支える柱[が]道路[に]立ち並んでいた。江戸の町で店下と言ったのに似ているが
57. をふせぐためにどうしていいかわからないのだ。お前は、と教員[が]疲れ[に]嗄れた声を出した。どうしても名前をかくすつもりなんだな。僕は
58. 低いかなめ垣で為切った道になっていて、長方形の花崗石[が]飛び飛び[に]敷いてある。僕に背中を見せて歩いていた、偶然の先導者は
59. 黒い憂鬱は失業に対するおそれであろうか。世界大戦の後、世界中[が]不況[に]なやんでいた。日本にもその不況の波がおしよせて来たのだという
60. 向う岸も、青じろくぼうっと光ってけむり、時々、やっぱりすすき[が]風[に]ひるがえるらしく、さっとその銀いろがけむって、息でもかけたように見え、
61. 海の蒼さと山肌のつよさのあいだに蕎麦の白い花[が]風[に]ゆれていた。もう、そろそろ、鴎が南下してくる頃だろうか。
62. 目は落ちつきをなくし、口は性急にわななき、冷たい高い鼻だけ[が]物[に]動иないでいるさまが奇異な対照を示して、顔の調和と均衡は打ち破ら
63. 「あんた、あの手紙を誰に渡した？」鮎太[が]返事[に]窮していると、「加島さん、お母さんに渡したと言って慎てい
64. 着任数日後に松平大使の招宴があって、法華津[が]末席[に]列なっていると、食後山本が今度は、「君、将棋はさすか？」
65. しかし、未亡人の家にこれ以上長くはいられないだろう、夜、節子[が]夢[に]怯えて泣き声立てると、待ちかまえたように未亡人やって来て、「こいさんも兄さんも
66. だしてから帰って来た。ひどい霧だから庭のケンポナシの梢[が]夜空[に]溶けこんでいるように見えた。母屋は土間も縁側も戸がしまってい
67. は、どうやら、あの錦絵の中の、その、どの一人かに俤[が]幽[に]似通う。……「お一つ」と其処へ膳を直して銚子を取っ
68. ポーズに停止した。私は見物が一人もいないのに、彼等[が]踊り[に]熱中しているのを奇妙に思った。気がつくと舞台の前だけでなく
69. 二番機の輪止めが外され、輪止めを抱いたまま整備員[が]甲板[に]ひれふす。轟音を残して予備タンクをつけ翼燈をつけた零戦は、次々
70. でいきながら笑っているという感じだった」「ベケットの芝居に、女[が]砂[に]埋ってそんな笑いかたをするのがあったわ。でもなぜかしら？」「S
71. も取消されないばかりか、三日か四日めごとにきまって新しいビラ[が]新聞[に]はさまって玄関に投げこまれたり、町角に鼠害を強調したドラマチックなポスター
72. 風に煽られて、川向う一面に灼熱色の火焔[が]天[に]舞いあがっていた。近寄ることなど思いもよらなかった。我々の進む道は
73. 家があった。そのモダン様式の玄関から、十人あまりの罹災者[が]道[に]食みだしていた。風船のように顔の脹れた人や、頭の毛
74. はほとんど雑草に埋もれていた。その雑草には白いこまかな十字形の花[が]風[に]わなないていた。インクラインの斜面の起るところまで、汚れた水が淀み、こちら

75. 予兆が含まれることになり、木割の細い繊細なこの建築は瓔珞[が]風[に]ふるえるように、虚無の予感に慄えていた。それにしても金閣の美しさ
76. が立ったと云う。然し、暫くして、大きな荷を背負った人[が]路傍[に]休んでいたので、その人が歩きながら煙草を飲む為に荷の向うで
77. に沼がある。汀には去年見た時のように、枯葦[が]縦横[に]乱れているが、道端の草には黄ばんだ葉の間に、もう青い芽

実験3のデータ：寺村リストにある低一致例
1. 話を聞かされた。「こんど日本に着任したゾルフ大使は、私[が]ドイツ[に]留学していた当時からの友人だ。そんなわけで、先日、旧交をあたためる
2. の石油を見に行った話だけを書いておこう。海軍士官[が]他国[に]在勤して、石油資源と航空界の実情とに注目するのは、当然の
3. 「僕は今波のりしながら考えたよ。波は運命で、人間[が]それ[に]うまくのれると何でも思ったように気持よくゆくが、一つのり損う
4. うなりは、刻々はげしくなってきた。と、それ[が]まくら木[に]つたわって、太い材木まで、かすかな声を立てはじめた。声だけでは
5. 白いものが、雪がちらつきだした。川風にあおられて粗い雪片[が]斜め[に]乱れ飛んで来、周二の顔の面にまともに吹きつけた。それ以上先に進む
6. を許してくれという申出があった。許可になり、彼ら[が]捜索[に]出発する時、山本は例になく口をひらき、「きょうは必ず見つかるから、
7. 空はまだ明けていない。十九日の残月[が]断雲[に]隠れ、また姿を現わしている。海は吸いこまれるように黒く拡がり、白波
8. 虎を愛していた。彼がやってくるまで星の旗印をかかげた軍隊[が]町[に]進駐していたのだが、士気沮喪からか、戦略上の必要からか
9. 季孫に告げて事を計れと言う。季康子[が]これ[に]賛成する訳が無いのだ。孔子は君の前を退いて、さて人に
10. 奨め通り、キチジローがまずそれに足をかけ、次にモキチとイチゾウ[が]それ[に]従いました。だが、これで許されると思っていたのが間違いでした
11. で収入を計らなければいけなかった。」およねを捨てたこと[が]テキメン[に]報いてきたような気がして、彼はすっかり、ふさぎ込んでしまった。
12. ノーマン・デヴィス代表も、「自分がヒューズに劣るか、日本の山本[が]加藤[に]優るのか知らぬが、ワシントンでは、アメリカが頭から抑えたものを、
13. この島に止まっていれば、姫に安否を知らせるのは、誰[が]外[に]勤めるのじゃ？おれは一人でも不自由はせぬ。まして梶王と云う
14. 受けた事がございます。たとえば、或秋の夜に、月の光[が]格子[に]さして、機織りの声が致しておりました時、ふと人を御召しに
15. をしているので、つねづねしゃくにさわっていたばかりでなく、前の主人[が]官軍[に]手むかったことも、ご時勢がら、村民の受けが悪かった。それに愛川
16. にして札幌を立ち去って行ったのだろう。然し君の家庭[が]君[に]待設けていたものは、そんな余裕の有る生活ではなかった。年のいっ
17. 二人同車して都を巡るなどとは以ての外である。孔子[が]公[に]謁し、さて表に出て共に車に乗ろうとすると、其処に
18. から魯に帰っていた。その時小・の大夫・射という者[が]国[に]叛き魯に来奔した。子

路と一面識のあったこの男は、
19. 遣切れなくなってこの家へ飛込んだ。が、流の笛[が]身体[に]刺る。平時よりは尚お激しい。其処へ又影を見た。美しい
20. だから成功は、その本性上、他人の嫉妬を伴い易い。幸福[が]存在[に]関わるのに反して、成功は過程に関わっている。だから、他人からは彼
21. 庭に面した縁側に、藤椅子が二つ置いてあった。庭の外灯[が]池[に]反射して、そこだけが妙にまぶしかった。藤椅子に向い合って坐ってい
22. ていた事を今更に気づいた。それは妻の気持の純粋さ[が]彼[に]反映していたからだと思った。若い医者は生々した気持の
23. 通り過ぎていた。そして何時かそれに気がついてみると、栄養や安静[が]彼[に]浸潤した、美食に対する嗜好や安逸や怯懦は、彼から生きて行こうと
24. のは自分一人だというようなことを言うのよ」「あいつ[が]病気[に]執着するのは」と、欧洲は近頃ますます肥満してきて二重に
25. 闘わなくてはならない。栄子はもちろん許すべからざる敵だ。しかし自分[が]父[に]依存して生活していることの矛盾。父の家をはなれては生きて
26. があったので、黙っていた。「ぬたをの……今、私[が]擂鉢[に]拵えて置いた、あれを、鉢に入れて、小皿を二つ、可いか、
27. すら御承知でない場合がある。これは大臣が無能なため海軍[が]陸軍[に]馬鹿にされているのだという不満が、海軍部内にかなり強かった。金魚
28. をそんなに愛してくれたのでしょう。僕が野島にたいする遠慮から、僕[が]あなた[に]こびず、冷淡にしていた態度をあなたが買いかぶったのではないでしょ
29. スキーを飲みこんだ。全体的に湿雪であったから、やたらに雪[が]スキー[に]くっついて歩行の邪魔になった。シールはやはりうまくなかった。信用できないと
30. の一人が聞えよがしにいっていた。酔ってしまっている菊栄[が]それ[に]口ごたえしようとした。かれは菊栄の膝をおさえつけていった。「
31. ことの証明であるかも知れない。関心をもちながら、彼女の虚栄心[が]それ[に]反撥していた。つまりは彼女の内心の闘いと矛盾との表われで
32. ほかはない。いまはただなりゆきを待つほかはない。いまわれわれ[が]運命[に]さからったところで、それが何になろう。どうしてもさけることができないものなら
33. てくれていることを期待していなかった。もしその時、朝日[が]花子[に]さしかかって来なかったならば、加藤は、うつむいて立っている花子を見逃した
34. てぼおっと見えなくなる。私はたてつづけに三四杯飲む。酒[が]胸[に]焼けつくようだ。壁の鏡のそばで、学生が二人夕刊を読みながら
35. に蹂躙されていた。すでに硫黄島を基地とする戦闘機P[が]空襲[に]参加し、交通機関から通行人にまで銃撃をあびせかけてきた。周二の行っ
36. 冷静さが怪しくなって来た。ともすれば、項羽が彼に、或いは彼[が]項羽[に]のり移りかねないのである。これでいいのか？と司馬遷は
37. 犠牲者が息絶える前に呟いた「食べてもいいよ」という言葉[が]私[に]憑いていた。飢えた胃に恩寵的なこの許可が、却って禁圧として
38. 」に関する迷蒙を一言の下に定義することができる。それは仮象[が]実相[に]結びつこうとする迷蒙だと。―やがて俺は、決して愛されないという俺
39. 米などを一箱根に置いておくとすっかり湿ってしまうので―片桐[が]車[に]積んで持って帰ることになっていた。だが片桐は目白にまわり、余り物

40. 人もいない。市川の証言が正しければ、これは西野泰蔵軍曹[が]証拠[に]持ち去ったのである。棺におさめた十一の遺骸はブインの第一
41. 静かで、急に肌寒い葉群のしめりを感じた。あけびの蔓[が]足[に]絡んだり、低く垂れた栗の枝に行手を遮られたりした。暫く歩い
42. 補強工事を行うことに決定した。「ところで、進水の折、艦[が]対岸[に]衝突するおそれがあるように思えるが……」その質問には、当然
43. 間を過ぎると、私は体がしめつけられるように思った。陽光[が]谷[に]降りそいでいた。私は林の縁に蔭を選んで坐った。日向の
44. 嫌悪を感じ出した。それは彼が安易を見出していると同じ原因[が]彼[に]反逆するのであった。彼が彼女の膚に触れているとき、そこに
45. たのです。ところがちょうど十二日目、今日か昨日のあたりです、船[が]氷山[に]ぶっつかって一ぺんに傾きもう沈みかけました。月のあかりはどこかぼんやり
46. に対し抱いていた気持が変るというものではなかった。花子[が]文太郎[に]抱いている淡い恋心に似たものの源泉は、彼女がまだ三尺帯をしめて
47. 肥ってモデルのようにしなしなした手足を洗っていた俊ちゃん[が]トンキョウ[に]叫んだ。「私のは三月目でおろしてしまったのよ。だって癪に
48. 行った。もうどの木にも死んだ葉が二つ三つ残って、それ[が]風[に]抗っているきりだった。私がその空虚な林を出はずれた頃には
49. て行きながら、ただ私の目の前には、その夢からそれだけ[が]現実[に]はみ出しでもしたように、ほんの少しばかり雪の積った山々と、裸
50. でも手紙出されたら」雪枝の言った興津というのは、彼女[が]秋[に]嫁ぐことになっているらしい家の事だった。「お前が莫迦なことを
51. 勝れていたかを物語るといえよう。華岡流医術の威名[が]全国[に]轟きわたる頃、蘭学の草分けである杉田玄白から謙虚に教えを
52. 暑い盛りに明治天皇が崩御になりました。その時私は明治の精神[が]天皇[に]始まって天皇に終ったような気がしました。最も強く明治の影響
53. の中から父が鉈をさげて踏み出た。僕の父の眼[が]怒り[に]もえて犬のそれのように熱っぽいのを見た。黒人兵の爪が喉
54. させる人間にも二通りあったが、大塚は暗すぎた。行助[が]彼[に]なじめなかったのはこの暗さのせいだった。「大塚、いやなら農芸科
55. を呼ぶのに、貴公とは何事だ。海軍ではな、軍艦で士官[が]酒[に]酔って、後甲板でくだをまいていても、艦長の姿が見えれば
56. と断言している事である。壁を眺めているうちに、両足[が]身体[に]めり込んで了った男、たった今切った自分の腕を、外れた人形の腕
57. ぶらさげることになったのは、いくさののち、新円かせぎということば[が]世間[に]流行するようになってからである。実際に、陽子は敏捷にからだの
58. ばかりの雪を飛雪として撒布した。アイゼンに穿きかえると靴[が]雪[に]もぐった。それもわずかの間で、岩と氷の道にかかるとアイゼンは
59. そんなしらを切るな」男は文吉の顔を見て、草葉[が]霜[に]萎れるように、がくりと首を低れた。「ああ。文公か」
60. 僕と立花との二人だけ。眼の前に機関室の羽目板[が]潮風[に]汚れて灰色に見える。その南向の狭い通路に、日向ぼっこをしながら、僕
61. 蔓を張りめぐらしていた。四季の別なく落ち続ける、熱帯の落葉[が]道[に]朽ち、柔ら

かい感触を靴裏に伝えた。静寂の中に、新しい落葉が、
62. なら、箱根土地株式会社の事務所へ行って聞いていらっしゃい」そう言ってスカート[が]風[に]まくれて腿が丸出しになるほど、得意げにブランコを漕いだものだった。あるいは
63. させてくれるのはその一瞬である。透明な打撃をうけて内圧[が]零[に]おちるとき、私は煉瓦のしたでよろめきながら前後左右のすべての労働者がひとしく

実験4のデータ：寺村リストにない低一致例

1. で立上った。加藤が黙って立上ったのを見て、加藤[が]ここ[に]下宿することを嫌ったのだと見てとった婆さんは一瞬、固くなった
2. おり、その輪郭は定かでなかった。それは黒々と、まるで夜[が]そこ[に]結晶しているかのように立っていた。瞳を凝らして見ると、
3. 前から、故意に流されたものなのか、外国の諜報機関員[が]市内[に]潜入しているという噂も立っていた。その機関員は、特定の市民
4. 一を目指す彼の望も、まだまだ前途程遠い訳である。己が業[が]児戯[に]類するかどうか、とにもかくにも早くその人に会って腕を
5. ほかない。無限級数が極限値に収斂するようなぐあいに、生活力[が]自殺[に]集中してしまう。それでも、ばか正直に自殺という行為を実演してしまったら、
6. 低く太い声で不思議に生なましく僕らをとらえる歌、嘆きと叫び[が]底[に]うずくまって僕らにおそいかかろうとする歌をうたっていた。僕らは彼に故障
7. 静かな場所である。まだ藁屋根があった。山[が]片側[に]せまり、屋根の上には蒼い海が見えていた。九数字のある
8. その形を確かめるために、私の位置を替えることを思いついた。畠[が]林[に]尽きるところまで、二十間ばかり右へ行った時、私はその棒の、上
9. いる間に、藤木、僕、矢代の順で舟に乗り移った。矢代[が]艫[に]陣取って鱸をおろすと、森が及び腰になって桟橋の杭をとんと押した
10. すべての大きな医療機関を国営にする動きである。松原の本院[が]これ[に]該当し、東京都が買上げ、いずれは松沢病院の分院として発足することに
11. 考えられた。だが、どうしても無視できぬもの、もっとも扱いに当惑するもの[が]そこ[に]登場してきた。ほかならぬフロイトとその協力者、またそれに続く幾
12. もなかった。ある秋の午後、母が台所で粟を炊き、私[が]ベッド[に]ねころんで本を読んでいるとき、戸外で叫声が聞こえた。家から走りで
13. 飯田、常磐線の草野、奥羽本線の北能代、関西本線の王寺、みんな、それぞれ汽車[が]ホーム[に]静止している。私がこうして床の上に自分の細い指を見て
14. 」更に云った。「ものを工る家業には人を動かす才覚[が]家中[に]盈ちているものですけれども、医家は門弟が殖えたところでこれを動かして利
15. か」などという男もいた。不況、馘首、失業などということば[が]巷[に]氾濫していた。黒い憂鬱は失業に対するおそれであろうか。世界大戦の
16. もないまま二十年が経過し、昭和四十一年になって、ある人[が]国内[に]秘蔵していることが明らかになった。山本は、軍艦マーチ入りの、景気
17. 今まで来た路に比べると遥に人煙が少ない。殊に当時は盗賊[が]四方[に]横行した、物騒な時代である。—五位は猫背を一層低くしながら
18. で水中に没したということであった。彼の戦死の報[が]新聞[に]載った時、木原と鮎太

19. は佐分利家を訪ねた。珍しく二人は信子
    という感じとは少しちがってるわ。なにか、サラサラした砂みたいなもの[が]頭[に]つまっているみたいなの。でもそれがあたしに、なんの関係もないんです
20. 近いので、週に一二度はプールへ泳ぎに行きます。大学の仲間[が]葉山[に]合宿しているので、そのうち海へも行くつもりです。雉も鴬も居ませ
21. をあおむけたまま進んで行った。管理人室では管理人だけ[が]長椅子[に]寝そべっていて、その横に女子学生の作業衣と手袋が置かれていた
22. ことの謎は、遂に僕に解くことが出来なかった。今、それ[が]僕[に]解けるかどうかは分らない。僕はただこれをゆっくり書くことによって、僕
23. で艦隊決戦に使うならそれでよいが、浅い港の中だと魚雷[が]海底[に]突きささって用をなさなくなる。この点を何とか早急に解決する必要があっ
24. 男とうまれ男と交り負けてをりかるがゆゑにや秋[が]身[に]沁むわが抱く思想はすべて金なきに因るごとし秋の風吹くくだらない小説
25. なのは男の子である。それなのに、峻一にしろ周二にしろ学業[が]人[に]すぐれるどころか、むしろ劣等に近いということは、甚だ理性的でない憤りを
26. 御姫様へ、心を御寄せにはなりますまい。何でも私[が]人伝[に]承わりました所では、初めはいくら若殿様の方で御熱心でも
27. と菊栄がいった。「耳を切りおとされたくないでしょ」アシュレイ[が]痛み[に]呻いた。「ほら、ほら血が出てきたわ」と菊栄は平気で
28. 簡素な生活だから、気の散ることが少なく、知識[が]頭[に]おさまりやすかった。販売店の夫人を招待し、女性だけの講習会も開か
29. 電車に乗っていてもう一つ困るのは車の響き[が]音楽[に]聴えることです。(これはあなたも何時だったか同様経験をしてい
30. て置かなければならない事は有り余る程あるのだ。君は自分[が]画[に]親しむ事を道楽だとは思っていない。いないどころか、君に取っ
31. 隅に寝ころんでいる。鼠が群をなして走っている。暗さ[が]眼[に]馴れてくると、雑然と風呂敷包みが石塊のように四囲に転がっていて、
32. 、二人はやがて一所に宅を出ました。今朝から昨夕の事[が]気[に]掛っている私は、途中でまたKを追窮しました。けれどもKはやはり
33. には寝ないや。」私は何だか淋しく、血のようなもの[が]胸[に]込み上げて来た。「眼が痛いから電気を消しますよ。」と云うと
34. な考慮が足りないとて、何時も孔子に叱られるのである。彼[が]孔子[に]心服するのは一つのこと。彼が孔子の感化を直ちに受けつけたかどうか
35. の二本の腕にこめられた力は意外に強いもので、それ[が]身内[に]滲みるように快かった。冴子は執拗に鮎太の上半身を抱きすくめていたが
36. 慰めの匂い。袂の中で眼を開けると、真岡絣の四角い模様[が]灯[に]透いてみえる。お前はお父さんをどうして好かんとじゃろか？と母が泣き
37. 指の腹にしめつけられてもらす粘つく分泌液のような、死者の臭い[が]鼻孔[に]回復してくるようなのだ。僕らの村で野天の火葬をしなけれ
38. なお方ですよ」基一郎が心安く「おっかさん」と呼ぶ、むかし彼[が]本郷[に]開業した頃から親しくしている「神田のお婆さん」が、ちっとも慰めには
39. であろうに……という私の感じの方が、その当時の記憶[が]私[に]蘇るよりも先きに、私に到着したからにちがいなかった。しかし、

40. 作品を示してはいるものの、仕事一方という姿勢ではなく、生活力[が]あちこち[に]散乱して行くような傾向ではあったが、ピヤノの技価はたしかにすぐれ
41. もないというけれども、かれらは仏教を信じていて、生活のすべて[が]それ[に]のっとっている。そして、若いときにかならず一度は坊さんになって、その教え
42. 来ると、それをどうしても人に伝えたくてたまらなくなるような、自分だけ[が]それ[に]与っているのは惜しいような、そんな種類のものなのでしょう。だから今
43. へ泊めて士官連中と色々漫談をした。花本清登という大尉[が]縁談[に]迷っていたので、そのことを伏せて、水野に手相を見せてみると
44. お尻にしがみついてうんうんやってたのよ、非常識ね」と女[が]軽蔑[に]たえない口調でつけたしたとき、かれはすっかり落着きをとりもどしていた。"He
45. を投げ出すようなことがありようはずがないと思った。しかし、婚礼[が]目前[に]せまった、いまになって、加藤文太郎と山というものを切り離しては考えられ
46. 道にはこわれた皿や椀[が]あちこち[に]散らばり、家という家は開けっ放しになり戸はすべて叩き破られていました。
47. の罹った病気の恐るべき名前を知っていたのです。そうして、自分[が]それ[に]伝染していた事も承知していたのです。けれども自分はきっとこの
48. 力を入れた。藤木が岬に向って呼んだ。幾つもの声[が]それ[に]木霊した。桟橋の上に人影がちらちらするのが見えた時に、
49. アメリカである。しかしそのアメリカの、ノーマン・デヴィス代表も、「自分[が]ヒューズ[に]劣るか、日本の山本が加藤に優るのか知らぬが、ワシントンでは、
50. 数百の燈火の織目から抜出したような薄茫乎として灰色の隈[が]暗夜[に]漾う、まばらな人立を前に控えて、大手前の土塀の隅に、
51. を言ってくれるな、と立花が笑った。魚くさい石畳の道[が]右[に]曲って、人家が尽きた。右手はすぐに海、左手は赤土の露出し
52. い。可うござんすか、可いかえ、貴方。……親御さん[が]影身[に]添っていなさるんですよ。可うござんすか、分りましたか」
53. 彼は目覚めた。蠅[が]音[に]驚いたように飛び立ち、一尺ばかり離れた空間に旋回し、或いは停止して
54. したりするものがあればその場で切り殺した。病人や老人たち[が]過労[に]たえかねて倒れると、これまた容赦なく斬殺し、死体をそのまますてて行進を
55. へ通じる。そこで大人たちの不精鬚におおわれた、貧しく陰険な顔[が]緊張[に]ゆがみながら少年を見おろした。かれらは黙りこんだまま少年を見つめていた
56. 夜目にも見える潮の泡の下に消えます。そういう夜光虫の群[が]舷[に]はりつくようにします。この船を追ってくるのもあります。とおく後に
57. 日であれば、海面が荒れてしまって進水には好ましくない。朝靄[が]港内[に]立ちこめていたのも、機密保持上からは却って好都合だった。起工前
58. 如いかにしたるか平常の沈着に似ず、池のほとりの松[が]根[に]つまづきて赤土道に手をつきたれば、羽織の袂も泥に成りて
59. に、飛び上った。「おのれ、どこへ行く」下人は、老婆[が]屍骸[に]つまずきながら、慌てふためいて逃げようとする行手を塞いで、こう罵った。老婆
60. んだ」と人びとが思う時分には、尾羽打ち枯らしたいろいろな鳥[が]雀[に]混って餌を漁りに来た。もうそれも来なくなった。そして隣りの
61. 忘れず、立居振舞いおだやかで、声荒げることない哲子と、哲子[が]生活[に]満足し

きっている以上当然のことながら、比較になったものでなく、いや
62. 雪をそれほどおそろしいものとは思っていなかった。しかし、いま彼[が]足下[に]踏んでいる雪は、いままでの彼の経験にない雪の感覚だった。
63. ながらも漠然と次のように感じていた。成程、作者の素質[が]第一流[に]属するものであることは疑いない。しかし、このままでは、第一流の作品と
64. 行為を正当化し、責任をのがれるためそう答えたのである。警官[が]犯人[に]同情して見のがしたとしても、犯人が犯人であることに変りがない。あまり
65. ただ一つ困るのは、女房がおれを理解しないことだけだ。おれ[が]文学[に]専心する時、おれも生き、女房や子どもも生きられるのだということが
66. 神田へ出てみる。街は賑やかで、何処も大売出し。明るい燈火[が]夜空[に]ほてっている。停留所のそばには、団扇だいこを叩いてゆく人達がい
67. 現象で体外へそれを排出する。また、身体が疲労して消化機能[が]適宜[に]活動しない場合も体外へ排出する。この何れの条件に照しても合致

参考文献

Aarts, Jan. and Willem J. Meys. (eds.) (1984) *Corpus Linguistics*. Amsterdam: editions Rodopi.

Barlow, Michael. and Suzanne Kemmer. (eds.) (1999) *Usage Based Models of Language*. Stanford, California: CSLI Publications.

Barlow, Michael. and Suzanne Kemmer. (1992) Schema-Based Approach to Grammatical Description. Susan D. Lima, Roberta L. Corrigan and Gregory K. Iverson (eds.) *The Reality of Linguistic Rules*. pp. 19–42. Amsterdam: John Benjamins Publishing.

Bates, Elizabeth. and Michael Tomasello. (eds.) (2001) *Language Development: The Essential Readings*. Malden, Mass.: Blackwell Publishing.

Bergen, Benjamin and Nancy Chang. (2005) Embodied Construction Grammar in Simulation-Based Language Understanding. Östman, Jan-Ola. and Miriam Fried. (eds.) *Construction Grammars: Cognitive grounding and theoretical extensions.*, pp. 147–190. Amsterdam: John Benjamins Publishing.

Boas, Hans. C. (2003) *A Constuctional Approach to Resultatives*. Stanford, California: CSLI Publications.

Bencini, Giulia and Adele Goldberg. (2000) The Contribution of Argument Structure Constructions to Sentence Meaning. *Journal of Memory and Language* 43: pp. 640–651.

Bloomfield, Leonard. (1933) *Language*. New York: Henry Holt and Co.

Bresnan, Joan. (2000) *Lexical-Functional Syntax*. Malden, Mass.: Blackwell Publishing.

Bybee, Joan. (1985) *Morphonology: A Study of the Relation between Meaning and Form*. Amsterdam: John Benjamins Publishing.

Bybee, Joan. (2001) *Phonology and Language Use*. Cambridge: Cambridge University Press.

Bybee, Joan. and Joanne Scheibman. (1999) The effect of usage on degrees of constituency: the reduction of don't in English. *Linguistics* 37: pp. 575–596.

Bybee, Joan. and Paul Hopper. (eds.) (2001) *Frequency and the Emergence of Linguistic Structure*. Amsterdam: John Benjamins Publishing.

Carrier, Jill. and Janet H. Randall. (1992) The Argument Structure and Syntactic Structure of Resultatives. *Linguistic Inquiry* 23(2): pp. 173–234.

Croft, William. (1991) *Syntactic categories and Grammatical relation*. Chicago, IL.: The University of Chicago Press.

Croft, William. (2002) *Radical Construction Grammar*. Oxford: Oxford University Press.

Croft, William. and Alan Cruse. (2004) *Cognitive Linguistics*. Cambridge: Cambridge University Press.

Deane, Paul D. (1993) *Grammar in Mind and Brain: Explorations in Cognitive Syntax*. Berlin: Mouton de Gruyter.

Diessel, Holger. and Michael Tomasello. (2000) The development of relative constructions in early child speech. *Cognitive Linguistics* 11: pp. 131–152.

Di Sciullo, Anna Maria. and Edwin Williams. (1987) *On the Definition of Word (Linguistic Inquiry Monographs, No 14)*. Cambridge, Mass.: MIT Press.

Fauconnier, Gilles. (1985) *Mental Spaces: Aspects of Meaning Construction in Natural Language*. Cambridge, Mass.: MIT Press.

Fauconnier, Gilles. (1997) *Mappings in Thought and Language*. Cambridge: Cambridge University Press.

Fillmore, Charles J. (1968) The case for case. Bach, E. and R. T. Harms. (eds.) *Universals in Linguistic Theory*, pp. 1–88. New York: Holt, Rinehart and Winston.

Fillmore, Charles J. (1985) Syntactic Intrusions and the Notion of Grammatical Construction. *BLS* 11: pp. 73–86.

Fillmore, Charles J. (1988) The mechanisms of Construction Grammar. *BLS* 14: pp. 35–55.

Fillmore, Charles J. (1989)「「生成構造文法」による日本語の分析一試案」柴谷方良・久野すすむ(編)『日本語学の新展開』pp. 39–49. くろしお出版.

Fillmore, Charles J., George Lakoff. and Robin Lakoff. (eds.) (1974) *Berkeley Studies in Syntax and Semantics Volume I*. Berkeley, CA.: University of California.

Fillmore, Charles J., Paul Kay and Catherine M. O'Connor. (1988) Regularity and Idiomaticity in grammatical constructions: the case of let alone. *Language* 64: pp. 501–538.

Fillmore, Charles J. and Paul Kay. (1993) *Construction Grammar Coursebook*. Manuscript, University of California at Berkeley Department of linguistics. (http://www.icsi.berkeley.edu/~kay/)

Fried, Mirjam and Hans C. Boas. (eds.) (2005) *Grammatical Constructions: Back to the roots*. Amsterdam: John Benjamins Publishing.

藤井聖子(2001)「構文理論と言語研究」『英語青年』147(9): pp. 536–541.

藤井聖子(2002)「所謂「逆条件」のカテゴリー化をめぐって—日本語と英語の分析から—」生越直樹(編)『対照言語学』東京大学出版会.

福井直樹(2001)『自然科学としての言語学—生成文法とは何か』大修館書店.

Goldberg, Adele, E. (1995) *Constructions: A Construction Grammar Approach to Argument Structure*. Chicago, IL.: The University of Chicago Press.

Goldberg, Adele, E. (1997) The Relationships between Verbs and Constructions. Eve Sweetser and Kee dong Lee. (eds.) *Lexical and Syntactical constructions and the Construction meaning*, pp. 383–397. Amsterdam: John Benjamins Publishing.

Goldberg, Adele, E. (1998) Patterns of Experience in Patterns of Language. Michael Tomasello. (ed.) *The New Psychology of Language*. pp. 203–220. Mahwah, NJ.: Lawrence Erlbaum Associates.

Goldberg, Adele, E. (2002) Surface Generalizations: an alternative to alternations. *Cognitive Linguistics* 13(4): pp. 327–356.

Goldberg, Adele, E. (2006) *Constructions at Work: The nature of generalization in language*. Oxford: Oxford University Press.

Gries, Stefan Th. and Anatol Stefanowitsch. (2004) Extending collostructional analysis: a corpus-based perspective on 'alternations'. *International Journal of Corpus Linguistics* 9: pp. 197–129.

Haiman, John. (1985) *Iconicity in Syntax (Typological Studies in Language)*. Amsterdam: John Benjamins Publishing.

Haiman, John. (1994) Ritualization and the development of language. W. Pagliuca (ed.) *Perspectives on Grammaticalization*, pp. 3–28. Amsterdam: John Benjamins Publishing.

濱野寛子・李　在鎬(2006)「多変量解析に基づく助数詞「本」のカテゴリー化」『日本認知言語学論文集』7: pp. 553–556.

濱野寛子・李　在鎬(2007)「助数詞「本」のカテゴリー化をめぐる一考察—コーパスベースアプローチから」南　雅彦(編)『言語学と日本語教育Ⅴ』: pp. 73–90. くろしお出版.

服部　匡(2007)「因子分析を用いた程度副詞と述語等の共起関係分析の試み—新聞コーパスのデータから—」『同志社女子大学総合文化研究所紀要』24: pp. 98–109.

Harris, Zellig S. (1951) *Methods in Structural Linguistics*. Chicago, IL.: University of Chicago Press.

早瀬尚子(2002)『英語構文のカテゴリー形成　認知言語学の視点から』勁草書房.

早瀬尚子・堀田優子(2005)『認知文法の新展開』研究社.

Hopper, Paul. (1987) Emergent grammar. *BLS* 13: pp. 139–157.

本多　啓(2005)『アフォーダンスの認知意味論：生態心理学から見た文法現象』東京大学出版会.

Hunston, Susan. and G. Francis. (1999) *Pattern Grammar: A Corpus Driven Approach to the Lexical Grammar of English*. Amsterdam: John Benjamins Publishing.

Hunston, Susan. (2002) *Corpora in Applied Linguistics (Cambridge Applied Linguistics)*. Cambridge: Cambridge University Press.

池原　悟（2007）「セマンティック・タイポロジーによる言語の等価変換と生成技術」戦略的創造研究推進事業 CREST 研究領域「高度メディア社会の生活情報技術」研究終了報告書．（代表者：池原　悟）

井上和子（1976）『変形文法と日本語（上）』大修館書店．

石綿敏雄（1999）『現代言語理論と格』ひつじ書房．

伊藤雅光（2002）『計量言語学入門』大修館書店．

伊藤雅光（2005）「計量言語学とコーパス言語学」『計量国語学』25(2): pp. 89–97.

伊藤健人（2003）「動詞の意味と構文の意味：「出る」の多義性に関する構文文法的アプローチ」『明海日本語』8: pp. 39–52.

伊藤健人（2005）「イメージ・スキーマに基づく格パターン構文：日本語の項構造構文に関する構文文法的アプローチ」未公開博士論文（神田外語大学大学院）．

岩田彩志（2001）「構文理論の展開」『英語青年』147(9): pp. 531–535.

Jackendoff, Ray S. (1983) *Semantics and Cognition*. Cambridge, Mass.: MIT Press.

Jackendoff, Ray S. (1990) *Semantic Structures*. Cambridge, Mass.: MIT Press.

Jackendoff, Ray S. (2003) *Foundations of Language: Brain, Meaning, Grammar, Evolution*. Oxford: Oxford University Press.

Joan Bresnan (ed.) (1982) *The Mental Representation of Grammatical Relations*. MIT Press.

影山太郎（1996）『動詞意味論：言語と認知の接点』くろしお出版．

影山太郎（編）（2001）『日英対照動詞の意味と構文』大修館書店．

Kageyama, Taro. (ed.) (1997) *Verb semantics and syntactic structure*. Tokyo: Kurosio Publishers.

影山太郎・由本陽子（1997）『語形成と概念構造』（日英語比較選書 8）研究社．

Kay, Paul. (1997) *Words and the Grammar of Context*. Stanford, California: CSLI Publications.

Kay, Paul. (2002) An Informal Sketch of a Formal Architecture for Construction Grammar. *Grammars* 5: pp. 1–19.

Kay, Paul. and Charles J. Fillmore. (1999) Grammatical Constructions and Linguistic Generalizations: the What's X doing Y? Construction. *Language* 75(1): pp. 1–33.

Kemmer, Suzanne. and A. Verhagen. (1994) The grammar of causatives and the conceptual structure of. Events. *Cognitive Linguistics* 5(2): pp. 115–156.

Kemmer, Suzanne. (2003) Human Cognition and the Elaboration of Events: Some Universal Conceptual Categories. Michael Tomasello. (ed.) *The New Psychology of Language: Cognitive and Functional Approaches to Language Structure Vol. 2*, pp. 89–118. Mahwah, N.J.: Lawrence Erlbaum Associates.

Kemmer, Suzanne and Michael Barlow. (1994) Variation and the Usage-Based Model. *CLS* 30: pp. 165–179.

岸本秀樹（2001）「壁塗り構文」影山太郎（編）『日英対照動詞の意味と構文』pp. 100–126．大修館書店．

岸本秀樹(2005)『統語構造と文法関係』くろしお出版.
北川久善・上山あゆみ(2004)『生成文法の考え方』研究社出版.
国立国語研究所(1997)『日本語における表層格と深層格の対応関係』三省堂.
熊代文子(2003)「認知音韻論」吉村公宏(編)『認知音韻・形態論』pp. 3–78. 大修館書店.
国広哲弥(1997)『理想の国語辞典』大修館書店.
黒田　航(2003)「認知形態論」吉村公宏(編)『認知音韻・形態論』pp. 79–154. 大修館書店.
黒田　航・李　在鎬(2006)「Pattern Matching Analysis (PMA) を用いた日本語の結果構文の共述語分析」小野尚之(編)『結果構文研究の新視点』pp. 249–288. ひつじ書房.
Lakoff, George. (1977) Linguistic gestalts. *CLS* 13: pp. 236–287.
Lakoff, George. (1987) *Women, Fire, and Dangerous Things: What Categories Reveal about the Mind*. Chicago, IL.: The University of Chicago Press.
Lakoff, George (1993) The Contemporary Theory of Metaphor. Andrew Ortony. (ed.) *Metaphor and Thought* (*2nd ed.*), pp. 202–251. New York: Cambridge University Press.
Langacker, Ronald W. (1987) *Foundations of Cognitive Grammar, Vol I, Theoretical Prerequisites*. Stanford, California: Stanford University Press.
Langacker, Ronald W. (1990) *Concept, Image, and Symbol The Cognitive Basis of Grammar*. Berlin: Mouton de Gruyter.
Langacker, Ronald W. (1991) *Foundations of Cognitive Grammar, Vol II, Descriptive Application*. Stanford, California: Stanford University Press.
Langacker, Ronald W. (1999) A Dynamic Usage Based Model. Michael Barlow and Suzanne Kemmer. (eds.) *Usage Based Models of Language*, pp. 1–64. Stanford, California: CSLI Publications.
Langacker, Ronald W. (2003) Constructions in Cognitive Grammar. *English Linguistics* 20: pp. 41–83.
Langacker, Ronald W. (2005) Integration, Grammaticization, and Constructional Meaning. Fried, Mirjam and Hans C. Boas (eds.) *Grammatical Constructions: Back to the roots*, pp. 157–189. Amsterdam: John Benjamins Publishing.
Leech, Geoffrey. (1992) Corpora and theories of linguistic performance. J. Svartvik (ed.) *Directions in Corpus Linguistics,* pp. 105–122. Berlin: Mouton de Gruyter.
李　在鎬(2001)「他動詞文のゆらぎ現象に関する構文的アプローチ」『言語科学論集』7: pp. 1–21. 京都大学.
李　在鎬(2002a)「構文の意味的動機づけを関する認知言語学的アプローチ」未公刊修士論文(京都大学).

李　在鎬 (2002b)「構文の意味的動機付けに関する一考察：「XがYにVする」を例に」『日本言語学会124回研究大会予稿集』pp. 226–231.

李　在鎬 (2002c)「構文の意味的拡張に基づく第二言語の文法習得：コーパスの定量的分析に基づいて」『言語科学論集』8: pp. 99–127.

李　在鎬 (2003a)「語法の観察に基づく結果構文再考：構文の制約を中心に」『日本言語学会126回大会予稿集』pp. 130–135.

李　在鎬 (2003b)「認知事象の複合的制約に基づく結果構文再考：構文現象の体系的記述を目指して」『認知言語学論考No. 3』pp. 183–262. ひつじ書房.

李　在鎬 (2004a)「電子化コーパス利用による韓国語複数形接辞「-deul」の定量的分析」『日本言語学会128回大会予稿集』pp. 375–380.

李　在鎬 (2004b)「助詞「に」の使用に見られる漸進的習得過程に関する一考察」『2004年春季日本語教育学会全国大会予稿集』pp. 77–82.

李　在鎬 (2004c)「自動移動構文の習得からみた文法習得：中間言語的アプローチの精緻化に向けて」『2004年日本語教育学会国際研究大会予稿集』pp. 71–76.

李　在鎬 (2004d)「助詞「に」の定量的分析への試み：語法研究の新たな手法を求めて」『日本認知言語学会論文集』4: pp. 55–65.

李　在鎬 (2004e)「事態認知に基づく構文文法再考」『言語科学論集』10: pp. 25–51.

李　在鎬・井佐原　均 (2005)「語順の意味的動機付けを求めて」『日本言語学会130回研究大会予稿集』pp. 226–231.

李　在鎬・井佐原　均 (2006a)「助詞「に」の習得をめぐる定量的アプローチ」Fifth International Conference on Practical Linguistics of Japanese (ICPLJ) 5: pp. 12–13.

李　在鎬・井佐原　均 (2006b)「第二言語獲得における助詞「に」の習得過程の定量的分析」『計量国語学』25(4): pp. 163–180.

李　在鎬・井佐原　均 (2006c)「統計モデルを用いた助詞「で」の分析」*KLS* 26: pp. 78–88.

Lee, Jae-Ho. and Hitoshi Isahara. (2006d) A Cognitive Approach to Japanese Constructional Phenomena: Evidence from Motion Construction and Resultative Construction. *International Conference on Japanese Language Education 2006*, pp. 14.

LEE, Jae-Ho and Naoki Otani (2005) Toward a description of its grammatical phenomena based on a cluster analysis. *9th International Cognitive Linguistics Conference: Language, Mind and Brain*, pp. 117.

李　在鎬・濱野寛子 (2005)「多変量解析に基づく助数詞「本」のカテゴリー化」『第6回日本認知言語学会 conference handbook』pp. 225–228.

李　在鎬・黒田　航・井佐原　均 (2005)「名詞の概念的役割解釈における類型化の試み」『第5回日本語用論学会予稿集』pp. 101–104.

李　在鎬・黒田　航・井佐原　均 (2006)「名詞の概念的役割解釈における類型化の試

み」『弟 8 回大会発表論文集』pp. 153–160.
李　在鎬・黒田　航・大谷直輝・井佐原　均（2006）「名詞との共起関係に基づく構文の定義」『認知言語学論文集』7: pp. 160–170.
李　在鎬・伊藤健夫（2007）「決定木を用いた多義語分析：多義動詞「出る」を例に」『第 8 回日本認知言語学会 conference handbook』pp. 45–49.
李　在鎬・鈴木幸平・永田由香・黒田航・井佐原　均（2007）「動詞「流れる」の語形と意味の問題をめぐって」『計量国語学』26(2): pp. 64–74.
Leino, Jaakko. (2005) Frames, profiles and constructions: Two collaborating CG's meet the Finnish permissive construction. Jan-Ola Östman and Mirjam Fried (ed.) *Construction Grammars: Cognitive grounding and theoretical extensions*, pp. 89–120. Amsterdam: John Benjamins Publishing.
Levin, Beth. (1993) *English verb classes and alternations: A preliminary investigation*. Chicago, IL.: University of Chicago Press.
Levin, Beth. and Tova Rapoport. (1988) Lexical Subordination. *CLS* 24: pp. 275–289.
Levin, Beth. and Malka Rappaport. (1992) The Lexical semantics of verbs of motion: The perspective from unaccusativity. Iggy M. Roca. (ed.) *Thematic structure: Its role in grammar*, pp. 247–269. Berlin: Foris Publications.
Levin, Beth. and Malka Rappaport Hovav. (1995) *Unaccusativity: At the Syntax-Lexical Semantics Interface*. Cambridge, Mass.: MIT Press.
益岡隆志(1987)『命題の文法』くろしお出版.
松本　曜（1997）「空間移動の言語表現とその拡張」松本　曜・田中茂範（編著）『空間と移動の表現』pp. 125–229．研究社．
松本　曜（2002）「使役移動構文における意味的制約」西村義樹（編）『認知言語学 1：事象構造』（シリーズ言語科学 2）pp. 187–214．東京大学出版会．
MacWhinney, Brian. (2001) Emergentist approaches to language. Joan Bybee and Paul Hopper (eds.) *Phonology and Language Use*, pp. 449–470. Cambridge: Cambridge University Press.
Michaelis, Laura A. (1998) *Aspectual Grammar and Past-Time Reference*. London: Routledge.
Michaelis, Laura A. (2003) Word Meaning, Sentence Meaning and Constructional Meaning. H. Cuyckens, R. Dirven. and J. Taylor. (eds.) *Cognitive Perspectives on Lexical Semantics,* pp. 163–210. Berlin: Mouton de Gruyter.
Michaelis, Laura A. and Josef Ruppenhofer. (2001) *Beyond Alternations: A Constructional Model of the German Applicative Pattern*. Stanford, California: CSLI Publications.
三原健一（2000）「結果構文〈総括と展望〉」『日本語・日本文化研究』10: pp. 9–35．大阪外国語大学．
森山卓郎(1988)『日本語動詞述語文の研究』明治書院.

森田良行(2002)『日本語文法の発想』ひつじ書房.
村木新次郎(1991)『日本語動詞の諸相』ひつじ書房.
永田由香(2005)「構文文法に基づく他動詞文の分析：日本語の使役移動構文を中心に」未公刊修士論文(京都大学).
永田由香(2006)「交替現象に関する構文文法的分析―「壁塗り交替」を中心に―」*KLS* 26: pp. 32–43.
中本敬子・李　在鎬・黒田　航(2006a)「日本語の語順選好は動詞の意味に還元できない文レベルの意味と相関する―心理実験に基づく日本語の構文研究への提案―」『認知科学』13(3): pp. 334–352.
Nakamoto, Keiko., Jae-Ho Lee. and Kuroda Kow. (2006b) Constructional meaning affects preferred word order of a Japanese sentence: Psycholinguistic experiments on caused motion and possession constructions. *The Fourth International Conference on Construction Grammar* (Tokyo University, Tokyo, Japan): pp. 76–77.
Nakamoto, Keiko., Kow Kuroda. and Jae-Ho Lee. (2007) Preferred word order in Japanese correlates with nonlexical-perhaps superlexical-meaning: Evidence from psycholinguistic experiments. *Proceedings of the Seventh Tokyo Conference on Psycholinguistics*, pp. 197–222. Tokyo: Hituzi Syobo Publishing.
中井　悟(編著)(2005)『生成文法を学ぶ人のために』世界思想社.
中島平三・池内正幸(2003)『明日に架ける生成文法』開拓社.
中村芳久(2001)「二重目的語構文の認知構造：構文内ネットワークと構文間ネットワークの症例」山梨正明他(編)『認知言語学論考 No.1』pp. 59–110. ひつじ書房.
中右　実・西村義樹(1998)『構文と事象構造』(日英語比較選書5)研究社.
中右　実(1998)「空間と存在の構図」中右　実・西村義樹『構文と事象構造』(日英語比較選書5). pp. 1–109. 研究社.
Newmeyer, Frederick J. (1996) *Generative Linguistics: A Historical Perspective*. London: Routledge.
Nikanne, Urpo. (2005) Constructions in Conceptual Semantics. Jan-Ola. Östman and Mirjam Fried. (eds.) *Construction Grammars: Cognitive grounding and theoretical extensions*, pp. 191–242. Amsterdam: John Benjamins Publishing.
西村義樹(1998)「行為者と使役構文」中右　実・西村義樹『構文と事象構造』(日英語比較選書5). pp. 108–204. 研究社.
仁田義雄(1980)『語彙論的統語論』明治書院.
仁田義雄(1997)『日本語文法研究序論』くろしお出版.
野田尚史・迫田久美子他(著)(2001)『日本語学習者の文法習得』大修館書店.
奥田靖雄(1985)『ことばの研究・序説』むぎ書房.

奥津敬一郎（1974）『生成日本文法論―名詞句の構造』大修館書店．
尾上圭介（2001）『文法と意味Ⅰ』くろしお出版．
大堀壽夫（2001）「構文理論：その背景と広がり」『英語青年　特集：構文理論の現在』147(9): pp. 526–530.
小野尚之（2005）『生成語彙意味論』くろしお出版．
Östman, Jan-Ola. (2005) Construction Discourse: A prolegomenon. Jan-Ola Östman. and Mirjam Fried. (eds.) *Construction Grammars: Cognitive grounding and theoretical extensions*, pp. 121–144. Amsterdam: John Benjamins Publishing.
Östman, Jan-Ola. and Mirjam Fried. (2005) The cognitive grounding of Construction Grammar. Jan-Ola Östman. and Mirjam Fried. (eds.) *Construction Grammars: Cognitive grounding and theoretical extensions*, pp. 1–14. Amsterdam: John Benjamins Publishing.
Östman, Jan-Ola. and Mirjam Fried. (eds.) (2005) *Construction Grammars: Cognitive grounding and theoretical extensions*. Amsterdam: John Benjamins Publishing.
Pustejovsky, James. (1995) *The Generative Lexicon* (Language, Speech and Communication). Cambridge, Mass: MIT Press.
Pinker, Steven. (1989) *Learnability and Cognition: The Acquisition of Argument Structure*. Cambridge, Mass: MIT Press.
Rappaport Hovav, Malka. and Beth Levin. (2001) An Event Structure Account of English Resultatives. *Language* 77(4): pp. 766–797.
Sag, Ivan A. and Thomas Wasow. (1999) *Syntactic Theory*. Stanford, California: CSLI Publications.
齊藤俊雄・中村純作・赤野一郎（編）（1998）『英語コーパス言語学：基礎と実践』研究社．
柴谷方良（1978）『日本語の分析』大修館書店．
Stefanowitsch, Anatol. and Stefan Th. Gries. (2003) Collostructions: investigating the interaction of words and constructions. *International Journal of Corpus Linguistics* 8(2): pp. 209–243.
Stefanowitsch, Anatol. (2003) A construction-based approach to indirect speech acts. Klaus-Uwe Panther. and Linda Thornburg. (eds.) *Metonymy and Pragmatic Inferencing*. pp. 105–126. Amsterdam: John Benjamins Publishing.
谷口一美（2005）『事態概念の記号化に関する認知言語学的研究』ひつじ書房．
Talmy, Leonard. (2000) *Toward a cognitive semantics Vol1, Language, speech, and communication*. Cambridge, Mass.: MIT Press.
Taylor, John R. (1989) *Linguistic Categorization*. Oxford: Oxford University Press.
Taylor, John R. (2002) *Cognitive Grammar*. Oxford: Oxford University Press.

玉岡賀津雄（2006）「副詞と共起する接続助詞「から」「ので」「のに」の文中・文末表現を例に」『自然言語処理』13(2): pp. 169–179.

鄭　聖汝（2006）『韓日使役構文の機能的類型論研究：動詞基盤の文法から名詞基盤の文法へ』くろしお出版.

寺村秀夫（1982）『日本語のシンタクスと意味　Ⅰ』くろしお出版.

Thompson, Sandra. A. and Paul Hopper. (2001) Transitivity, clause structure, and argument structure: Evidence from conversation. Joan Bybee. and Paul Hopper. (eds.) *Phonology and Language Use*, pp. 27–60. Cambridge: Cambridge University Press.

Tognini-Bonelli, E. (2001) *Corpus Linguistics at Work*. Amsterdam: John Benjamins Publishing.

Tomasello, Michael. (2000) *The cultural origins of human cognition*. Cambridge: Harvard University Press.

Tomasello, Michael. (2003) *Constructing a Language: A Usage-Based Theory of Language Acquisition*. Cambridge, Mass.: Harvard University Press.

豊田秀樹（編著）（2008）『データマイニング入門』東京図書.

Traugott, Elizabeth C. (2002) *Regularity in Semantic Change* (Cambridge Studies in Linguistics). Cambridge: Cambridge University Press.

Tummers, Jose., Kris Heylen. and Dirk Geeraerts. (2005) Usage-based approaches in Cognitive Linguistics: A technical state of the art. *Corpus Linguistics and Lingustic Theory* 2: pp. 225–261.

辻　幸夫（編）（2002）『認知言語学キーワード事典』研究社.

上野誠司（2007）『日本語における空間表現と移動表現の概念意味論的研究』ひつじ書房.

上野誠司・影山太郎（2001）「移動と経路の表現」影山太郎（編）『日英対照動詞の意味と構文』pp. 40–68. 大修館書店.

上原　聡（2002）「日本語における語彙のカテゴリー化：形容詞と形容動詞の差について」大堀壽夫（編）『認知言語学 2：カテゴリー化』（シリーズ言語科学 3）pp. 81–104. 東京大学出版会.

Utiyama, Masao and Isahara, Hitoshi. (2003) Reliable Measures for Aligning Japanese-English News Articles and Sentences. ACL-2003: pp. 72–79.

Van Valin, Robert D. (1993) *Advances in Role and Reference Grammar*. Amsterdam: John Benjamins Publishing.

Van Valin, Robert D. (2001) *An Introduction to Syntax*. Cambridge: Cambridge University Press.

Verhagen, Arie. (2006) From parts to wholes and back again. *Cognitive Linguistics* 13: pp. 403–439.

和氣愛仁(2000)「ニ格名詞句の意味解釈を支える原理」『日本語科学』7: pp. 70–94.

Washio, Ryu-ichi. (1997) Resultatives, Compositionality and Language Variation. *Journal of East Asian Linguistics* 6(1): pp. 1–49.

山梨正明(1983)「生成意味論」安井　稔(他)(編)『英語学体系5巻：意味論』pp. 337–466．大修館書店．

山梨正明(1993)「格の複合スキーマモデル」仁田義雄(編)『日本語の格をめぐって』pp. 39–67．くろしお出版．

山梨正明(1995)『認知文法論』ひつじ書房．

山梨正明(2000)『認知言語学原理』くろしお出版．

山梨正明(2001)「ことばの科学の認知言語学的シナリオ」山梨正明(編)『認知言語学論考 No.1』pp. 1–16．ひつじ書房．

Yamanashi, Masaaki. (2001) Speech-Act Constructions, Illocutionary Forces, and Conventionality. D. Vanderveken. (ed.) *Essays in Speech Act Theory*, pp. 225–238. Amsterdam: John Benjamins.

山梨正明(2003)「カテゴリー化の能力と構文の拡張ネットワーク」『構文研究への認知言語学的アプローチ』文法学研究会第5回集中講義資料．

米山三明(2001)「語の意味論」米山三明・加賀信広『語の意味と意味役割』pp. 1–85．研究社．

吉村公宏(1995)『認知意味論の方法—経験と動機の言語学』人文書院．

吉村公宏(編)(2003)『認知音韻・形態論』大修館書店．

言語資源とコーパスツール

[1] 池原　悟・宮崎正弘・白井　諭・横尾昭男・中岩浩巳・小倉健太郎・大山芳史・林　良彦（編）(1999)「日本語語彙大系 CD-ROM 版」岩波書店.
[2] 京都大学・NTT「Mecab」(http://mecab.sourceforge.net/)
[3] 情報処理推進機構「IPAL 辞書」(http://www.ipa.go.jp/)
[4] 新潮社「新潮文庫の 100 冊」(http://100satsu.com/)
[5] 情報通信研究機構「日英新聞記事対応付けデータ」(http://mastarpj.nict.go.jp/~mutiyama/jea/index-ja.html)
[6] 奈良先端科学技術大学院大学「茶筌」(Ver. 2.1) (http://chasen.naist.jp/hiki/ChaSen/)
[7] 奈良先端大学院大学「茶器」(Ver. 1.0) (http://chasen.naist.jp/hiki/ChaKi/)
[8] 伝　康晴・山田　篤・小椋秀樹・小磯花絵・小木曽智信「UniDic」(Ver. 1.3) (http://www.tokuteicorpus.jp/dist/index.php)
[9] 樋口耕一「KHCoder」(Ver. 2.10) (http://khc.sourceforge.net/)
[10] 鎌田修・山内博之 (1999)「KY コーパス」(Ver 1.1.) (http://opi.jp/shiryo/ky_corp.html)

索引

あ
アクションチェーン　71

い
一方向性仮説　189
移動事態　68, 132
移動動詞　120, 122, 128
　　移動様態動詞　122, 128
　　有方向移動動詞　122, 128, 129
意味拡張　30, 93, 140
意味関数　119, 120
意味極　52, 71, 72
意味役割　94, 106, 211

え
エンコード　21, 41, 142, 201

お
音韻極　71, 52

か
下位事象　135, 136, 185
概念意味論　35, 119
概念化　16, 62, 211
下位範疇化　118
下位レベルスキーマ　63, 202
格パターン　5, 41, 62, 101, 117, 136

家族的類似性　189
カテゴリー化　3, 16, 27, 203
還元主義　25, 200
慣習化　8, 24
観測値　166

き
記号計算主義　9
客観主義的言語観　15
共起関係　122

く
空間のメタファー　93
クラスタ分析　69, 105
クロス集計　114

け
経験基盤主義　23, 56, 65
計算言語学　63
継承関係　30, 205
形態素解析　125, 154
計量言語学　7, 9
結果述語　96
決定木（決定木分析）　162, 163
言語運用　15, 25, 64, 206
言語構造　15, 192
言語資源　7, 64
言語習得　35, 203
言語能力　2, 17, 24, 64
言語表象　18
原子的統語範疇　56

こ
語彙意味論　35, 117, 187
語彙従属　148
語彙ネットワーク　28
項構造構文　38, 42, 136
構造主義言語学　23

交替現象　41, 79
　　場所格交替　41
　　壁塗り交替　140
構文スキーマ　18, 30, 71, 72
構文文法　6, 34-36
　　根源的構文文法　38, 46
構文の多義　72, 74, 141, 143, 192
コーパス言語学　64, 206
　　コーパス基盤アプローチ　64
　　コーパス駆動アプローチ　64
　　電子化コーパス　31, 64
　　均衡コーパス　210
五大文法　10

し

恣意性　39
自然言語処理　7, 144
従属変数　116, 153, 162
主成分分析　105
受動態　41
状態動詞　130, 133
身体性　9, 16, 201
心的実在性　45, 46, 205
シンボリックビュー　12, 18, 55

せ

生成意味論　34, 119
生成語彙論　142
前景化　20
線形性　197
宣言的データ構造　137, 140

た

多義性　89, 137, 143
　　多義性リンク　51, 74

ち

中間言語　205

抽象化・スキーマ化　72
抽象的統語論　57
チョムスキー言語学　24

て

定量的分析　30

と

統語範疇　46, 48, 56
動詞中心主義　30
動詞意味論　118
独立変数　153, 162
トラジェクター　68

に

認知事態　8, 71, 199, 200
認知的スコープ　20
認知プロセス　16

ね

ネットワーク構造　28

の

能動態　41

は

背景化　20, 21, 109
パラフレーズ　41
判別分析　162

ひ

非意図的行為　78, 82
非還元主義　12, 25, 40
非線形性　196, 197
非対格動詞　72, 136

非能格動詞　72, 136
ビリヤードモデル　136
表現の構造　11, 74
　移動表現　75, 78, 79, 109, 120, 128
　存在表現　183
　対面表現　75, 77, 102
　知覚表現　183
　変化表現　75, 92
　様態表現　183
頻度　31
　タイプ頻度（異なり語数）　32, 33, 154
　トークン頻度（延べ語数）　32, 154

ふ

プロトタイプ　56, 137, 206
フレーム意味論　38
文法構文　6, 41, 136, 140, 141
　結果構文　68, 96
　使役移動構文　51, 140
　自動移動構文　140
　受動構文　20
　他動詞構文　142
　中間構文　20
　二重目的語構文　30, 33, 142
　描写構文　156
文法理論　16
　構成素統語論　58
　構文文法　6, 34-36
　単層文法理論　19

普遍文法　47, 56

ほ

放射状カテゴリー　45, 142

も

モジュール論　2, 15

ゆ

有界的経路　135
ゆらぎ現象　138

よ

容器性　200
余剰性　45
予測値　166

ら

ラング・パロール　2, 23
ランドマーク　68

れ

連語論　49

【著者紹介】

李 在鎬（り じぇほ）

〈略歴〉1973年韓国生まれ。京都大学大学院博士課程満期退学。博士（人間環境学）。現在、（独）国際交流基金日本語試験センター研究員。認知言語学に基づく日本語の構文研究に従事。また、統計的手法に基づく言語研究や言語資源開発も手がけている。日本言語学会、日本認知言語学会、計量国語学会、言語処理学会、日本語教育学会会員。

〈主な著書・論文〉「日本語の語順選好は動詞に還元できない文レベルの意味と相関する―心理実験に基づく日本語の構文研究への提案」（共著『認知科学』13(3) 日本認知科学会 2006）、「助数詞「本」のカテゴリー化をめぐる一考察―コーパスベースアプローチから」（共著 南雅彦編『言語学と日本語教育V』くろしお出版 2007）、『認知言語学への誘い―意味と文法の世界』（開拓社 2010）、『認知言語学研究の方法―内省・コーパス・実験』（編著 ひつじ書房 2011）の他多数。

ひつじ研究叢書〈言語編〉第91巻

コーパス分析に基づく認知言語学的構文研究

発行	2011年2月14日 初版1刷
定価	7200円＋税
著者	©李 在鎬
発行者	松本 功
本文フォーマット	向井裕一（glyph）
印刷所	三美印刷株式会社
製本所	田中製本印刷株式会社
発行所	株式会社 ひつじ書房

〒112-0011 東京都文京区千石2-1-2 大和ビル2階
Tel.03-5319-4916 Fax.03-5319-4917
郵便振替 00120-8-142852
toiawase@hituzi.co.jp　http://www.hituzi.co.jp

ISBN978-4-89476-531-3

造本には充分注意しておりますが、落丁・乱丁などがございましたら、小社かお買上げ書店にておとりかえいたします。ご意見、ご感想など、小社までお寄せ下されば幸いです。